［グローバル・ガバナンス学叢書］

ウクライナ戦争と グローバル・ガバナンス

グローバル・ガバナンス学会【編】

中村登志哉・小尾美千代・首藤もと子
山本直・中村長史
【責任編集】

Russian Invasion of Ukraine and Global Governance

芦書房

もくじ

序 章　秩序か無秩序か
　　　—岐路に立つグローバル・ガバナンス—　7

第1部　国際秩序　15

第1章　ウクライナ戦争が揺るがした国際秩序　17

　1　グローバル・ガバナンスへの衝撃　17
　2　再編されるポスト・ソ連圏とユーラシア　19
　3　困難な戦争終結—領土への固執—　23

第2章　国際秩序とロシアの規範力低下　27

　1　ロシア連邦の前身国家の大国行動　28
　2　ロシア連邦の規範と行動　29
　3　ウクライナ全面侵攻と秩序の毀損　32

第3章　シビリアンパワーの限界と
　　　　「ルールに基づく国際秩序」　37

　1　安全保障政策の原則—「シビリアンパワー」モデル—　38
　2　侵攻への定まらない対応とウクライナからの批判　40
　3　対ロシア不信を強める国内世論　42

第4章　ロシア・ウクライナ戦争における
　　　　「正しい終戦」観の類型　49

　1　ユス・ポスト・ベルム概念による「正しい終戦」観の類型化　50
　2　露ウ戦争における「正しい終戦」観　51

第5章　英国学派で考える21世紀の大国の責任　59

　1　グローバル・ガバナンスにおける大国　59

2 大国の責任の二元性と多様性 *60*
3 体制転換 *64*

第2部　欧州の地域秩序 *69*

第6章　EUの「戦略的自立（SA）」の真意と発展 *71*

1 「戦略的自立（SA: Strategic Autonomy）」概念の背景と意味 *72*
2 「戦略的自立（SA）」の拡大と発展の方向性 *74*
3 地政学・多極世界観と多国間主義 *76*
4 ウクライナ戦争を契機とする共通防衛政策面での
自立・主体性強化 *78*

第7章　ウクライナ戦争とEUのデジタル主権 *81*

1 ウクライナ戦争におけるサイバー攻撃・情報戦とデジタル技術 *82*
2 ウクライナ戦争とEUデジタル主権の概念、主権の強化に向けた取り組み *83*
3 ウクライナ戦争で顕在化したEUデジタル主権の要請とその課題 *86*

第8章　ウクライナからの避難民を
支援するためのガバナンス *91*

1 避難民の受け入れ *92*
2 避難の長期化の現状と課題 *94*
3 なぜ避難民を支援するガバナンスが機能したのか *97*

第9章　ウクライナのEU加盟への道
―永遠の夢から叶いうる夢へ？― *103*

1 加盟への動機と手続き *104*
2 正規加盟へのハードル―待合室か、長期滞在施設か― *105*
3 既存加盟国の慎重姿勢 *107*
4 ウクライナ加盟への展望 *108*

第10章　OSCEの意義と限界
―ミッションはなぜ撤退したのか― *113*

1　前史としてのコソボの失敗　*113*
2　ウクライナとOSCEの30年　*115*
3　2014年から2022年までのOSCEの役割　*117*
4　OSCEの撤退とグローバル・ガバナンスへの示唆　*119*

第3部　アジア太平洋の地域秩序　*123*

第11章　ウクライナ戦争の日米安全保障体制への衝撃　*125*

1　「安保法制」の成立　*126*
2　「安保関連3文書」の発表へ　*128*
3　「ウクライナは明日の東アジアかもしれない」　*130*
4　アジアにおける多国間安全保障枠組みの強化に向けた取り組み　*131*

第12章　ウクライナ侵攻とインド太平洋の連関
―国際構造とステータスから―　*135*

1　国際構造とステータス　*136*
2　中国とロシアのパワーと社会的ステータス　*138*

第13章　中国とグローバル・ガバナンス
―現代史から再考する―　*147*

1　中国とグローバル・ガバナンス―論争の両極―　*148*
2　両極のあいだ―中国研究者による中間的観測―　*151*

第14章　米中の狭間で多元化するASEAN　*157*

1　規範の拡張と連携型ガバナンスの制度化　*158*
2　紛争解決に関するASEANの機能と課題　*159*

第4部　グローバルな政策課題と対応の枠組み　*167*

第15章　G7広島サミットのグローバル・ガバナンスにおける意義　*169*

1　G7広島サミットに至るまでの岸田外交
　　―サミットにおける二つの視点を念頭に―　*169*
2　広島サミットの成果　*170*
3　G7広島サミット後の岸田外交　*176*

第16章　ウクライナ戦争と国連
　　―アカウンタビリティ決議の展開を軸として―　*181*

1　拒否権行使に関するアカウンタビリティ決議　*182*
2　ウクライナの東部4州の帰属をめぐる議論　*184*
3　ウクライナに対する侵略への救済・賠償の推進決議　*187*

第17章　ロシア・ウクライナ戦争は武力紛争ガバナンスを崩壊に向かわせるのか？　*193*

1　理想と現実の間で―黎明期の武力紛争ガバナンス―　*193*
2　理想と現実の接近？
　　―冷戦終焉後の武力紛争ガバナンスの発展―　*195*
3　理想と現実の間の亀裂拡大？
　　―2000年代以降の武力紛争ガバナンス―　*196*
4　武力紛争ガバナンス崩壊のきっかけ？
　　―ロシアのウクライナ侵攻―　*198*

第18章　人の国際移動の管理と科学技術利用の新展開　*203*

1　人の国際移動の管理と技術利用　*203*
2　アフリカにおける国境管理能力と外部主体の関わり　*206*
3　外部アクターによるアフリカ国境での技術利用促進の実態　*208*

第19章　**気候変動対策としての**
　　　　エネルギーの脱炭素化への影響　*213*

　1　気候変動問題をめぐるグローバル・ガバナンスの現状　*213*
　2　EU によるエネルギーの脱ロシア化と脱炭素化の追求　*215*
　3　経済安全保障としてのフレンドショアリングの拡大と脱炭素化　*216*
　4　GHG 排出源としての軍隊・軍事活動への注目　*218*

　　略語一覧　*223*
　　参考文献　*227*
　　年表　*251*
　　索引　*255*

序章

秩序か無秩序か
―岐路に立つグローバル・ガバナンス―

　［グローバル・ガバナンス学叢書］の本書『ウクライナ戦争とグローバル・ガバナンス』は、ロシアによるウクライナ侵攻によって揺らぎを見せる国際秩序のダイナミズムに着目し、グローバル・ガバナンス研究を牽引する専門家が各専門分野の観察を通して、揺らぎの在り様を分析し、「ウクライナ後」を見据えて、国際社会の変容を描き出したものである。

　ロシアが隣国ウクライナに国境を越えて武力で侵攻するという古典的な侵略行為は、国際社会が平和の維持や地域秩序の安定をめざして築いてきた各種の規範、国際法、侵略戦争の違法化などへの重大な挑戦である。ロシアはいうまでもなく、国連安全保障理事会の常任理事国という、本来は国際社会の平和と安全に特に大きな責任を持つはずの国である。ところが、常任理事国自身による侵略により、ロシアの相次ぐ拒否権行使による国連の機能不全は、ウクライナにおける民間人や民間施設の甚大な被害、人道危機に対応できず、国連の存在意義を問われる事態を招いた。また、欧州における協調的安全保障で重要な役割を果たしてきた欧州安全保障協力機構（OSCE）は現地での活動続行を断念せざるを得ず、撤退を余儀なくされた。

　他方、ロシアの脅威に直面した北欧のフィンランドとスウェーデンは直ちに北大西洋条約機構（NATO）に加盟を申請し、フィンランドは 2023 年に、スウェーデンは 2024 年にそれぞれ加盟を認められた。ロシアはウクライナ侵攻により、NATO 拡大という、ロシアにとっては図らずも自国の不利益になりかねない欧州安全保障の構造的変化を招いたのである。米国や EU 諸国などから受ける経済制裁により疲弊したロシアは中国に接近し、当初は中立的態度だっ

た中国も次第にロシアへの支援を隠さなくなったほか、北朝鮮との軍事協力にも動いており、日本を取り巻く北東アジアの安全保障秩序にも影響を与えるのは必至の情勢である。

　この事態に、米国やNATO加盟国、日本、豪州などの西側諸国は既存の国際秩序への挑戦とみて、ウクライナに対する人道支援のほか、「ウクライナ防衛コンタクトグループ」を設立して、軍事・財政支援を本格化させた。しかし、訪欧中のジャイシャンカル（Subrahmanyam Jaishankar）インド外相が2022年6月、欧州諸国の間にはいまだ欧州の問題が世界の問題であるという考え方があるが、もはやそうした時代ではないことを認識しなくてはいけないと述べたことからも明らかなように、ウクライナへの国際的な人道・軍事・財政支援を実施するという西側の立場が、アジアやアフリカなどの新興国や発展途上国にまで共感を得ているとは言い難かった。さらに、中東では、イスラム組織ハマスによるテロ攻撃を契機にイスラエル軍がガザへ侵攻し、2023年末現在で2万人を超すと伝えられる民間人犠牲者を出す深刻な事態に、グテーレス（Antonio Guterres）国連事務総長は国際人道法違反を指摘、米国やドイツはイスラエルへの支持を表明しつつも、民間人の犠牲を出さない抑制的対応を促すことに成功していない。ウクライナ戦争との関連で、西側諸国の「二重基準」を指摘されても致し方なく、日本を含む西側諸国の立場を損ねかねない事態である。

　このような大きな揺らぎを見せる国際秩序を論ずべく、本書は「国際秩序」「欧州の地域秩序」「アジア太平洋の地域秩序」「グローバルな政策課題と対応の枠組み」の4部で構成し、それぞれの部は次のような内容となっている。
　第1部「国際秩序」には、第二次世界大戦の戦勝国であり国連安全保障理事会の常任理事国であるロシアによるウクライナ侵攻が現行の国際秩序にもたらす影響に関して分析した論文を掲載している。第1章「ウクライナ戦争が揺るがした国際秩序」（湯浅剛）は、戦争がグローバル・ガバナンスに与えた衝撃を確認したうえで、戦争に至った背景として、両国のイデオロギーや国家観などの理念の面に着目する。ソ連末期からのアイデンティティ政治と旧宗主国ロシアの役割縮小を理解せずして、国際秩序の行方を論じることはできない。第2章「国際秩序とロシアの規範力低下」（山添博史）では、ウィーン体制以来、ロシアが国際規範を支える大国としての役割をどの程度果たしてきたかが論じら

れる。そうした歴史的経緯を踏まえれば、今回の侵攻の結果として、ロシアは自らの規範の力をこれまでになく失い、国際秩序にも悪影響を及ぼしているといえる。第3章「シビリアンパワーの限界と『ルールに基づく国際秩序』」(中村登志哉) は、ウクライナ侵攻を受けてドイツが外交・安全保障政策の転換を図ったことに着目する。現段階であらゆる政策転換が実現しているわけでないことに留意しつつも、それが「ルールに基づく国際秩序」にもたらす影響を注視する必要がある。第4章「ロシア・ウクライナ戦争における『正しい終戦』観の類型」(中村長史) は、戦争終結を困難にする一因として、国際社会における「正しい終戦」とは何かについての共通理解の欠如を挙げる。今回の戦争の終わり方が国際秩序の行く末を決めかねない以上、戦争当事国や第三国の「正しい終戦」観を把握しておかなければならない。第5章「英国学派で考える21世紀の大国の責任」(小松志朗) では、戦争がグローバル・ガバナンスに与える影響について、体制転換をめぐる大国の責任に着目して論じられる。武力による体制転換がアフガニスタンやイラク、リビア等をめぐって今回のウクライナ戦争以前から論争的であったことを理解したうえで、今後の国際秩序のあり方を検討していく必要があることを論じている。

　第2部は、欧州の地域秩序という観点からウクライナ戦争とグローバル・ガバナンスを議論することが目的である。欧州諸国は、欧州連合 (EU) の下で互いに統合を深化させつつロシアとの経済関係も強めてきた。そのような中で勃発したウクライナ戦争は、対ロシアを含む対外関係全般のみならず、EUの存立自体の練り直しを迫っている。第6章「EUの『戦略的自立 (SA)』の真意と発展」(渡邊啓貴) では、欧州連合 (EU) の戦略的自立を取り上げる。経済統合の機構として深化と拡大を遂げてきたEUであるが、近年はユーロ圏の財政危機、あるいは英国の離脱 (ブレグジット) をはじめとする相次ぐ危機に見舞われてきた。そうした状況にありながらも自立を模索するEUの様相を、ウクライナ戦争に加えて米国や中国との関係も視野に入れつつ分析している。第7章「ウクライナ戦争とEUのデジタル主権」(福田耕治) は、EUのデジタル主権に焦点を当てる。ウクライナ戦争は、軍事面や経済面に加えて、デジタル・サイバー空間でも遂行されている。ウクライナを支援しながら戦争に関与するEUとして、データ、技術および規制といった側面から主権を強化する試みについて考察する。第8章「ウクライナからの避難民を支援するためのガバナンス」(武田

健）では、ウクライナから避難する人達を支援するガバナンスに着目する。ウクライナからの避難民には、近隣国をはじめ、様々な国連機関やNGOが対応していることが想像できる。そうした中で、EUによる支援の態様とその意味について探究がなされる。第9章「ウクライナのEU加盟への道—永遠の夢から叶いうる夢へ？—」（山本直）は、ウクライナがEUの加盟候補国になった過程に接近する。ロシアからの侵攻を受けた同国は、加盟申請してわずか4カ月の間に候補国の地位を得た。その一方で、正規加盟への道がきわめて厳しくなるであろう理由を説明している。第10章「OSCEの意義と限界—ミッションはなぜ撤退したのか—」（宮脇昇）において俎上に載せるのは、ロシアやウクライナも加盟するOSCEの活動である。OSCEは、ウクライナに派遣していたミッション（現地調査団）を撤退させる等、ウクライナ戦争への対応に苦慮している。OSCEの過去の実績と経験を踏まえながら、ここではその意義と限界について考察を行う。

　第3部は、アジア太平洋の地域秩序の構造変化と地域ガバナンスの課題およびウクライナ戦争の影響を考察している。構造変化の最大の要因は、2001年にWTOに加盟した中国が2010年代には世界第2位の経済大国となったことである。同時に中国は軍事力の増強を続け、地域秩序を変更する意思とパワーを顕示するようになった。

　こうした構造変化を背景に、第11章「ウクライナ戦争の日米安全保障体制への衝撃」（菅英輝）は2014年の平和安全法制から2022年の安保関連3文書の発表に至るまでの日米安保体制の質的変容とその問題点を論じている。また、日米同盟の強化が加速した一方、ウクライナ侵攻の影響により欧州とアジアの安全保障の共同対処が進んだが、それは「安全保障のディレンマ」を伴うと指摘している。第12章「ウクライナ侵攻とインド太平洋の連関—国際構造とステータスから—」（畠山京子）は、国際秩序の変容を国際構造とステータスの2点から分析する枠組みを用いて、インド太平洋における中国の現状変更行動とロシアのウクライナ侵攻の関連性を考察している。第13章「中国とグローバル・ガバナンス—現代史から再考する—」（松村史紀）は、中国が現行国際体系の「現状維持」勢力なのか、「現状変更」勢力なのかについて多面的に論じている。そして、中国は米中対立やロシア対欧米という二極対立的思考ではなく、歴史的に第三局の立場で対外戦略を展開してきたことを指摘している。第14章「米中の狭間で多元化するASEAN」（首藤もと子）は、2010年代以降のASEANにおける国際規範の域内

制度化と機能の拡大を概観した後、ASEAN が南シナ海問題、ミャンマー問題および ウクライナ戦争にいかに対応してきたかを、ガバナンスの課題や米中対立との関連から論じている。

　第 4 部「グローバルな政策課題と対応の枠組み」では、国連安全保障理事会の常任理事国であるロシアのウクライナ侵攻によるグローバル・ガバナンスへの影響について、様々な問題領域に焦点を当てて分析している。第 15 章では「G7 広島サミットのグローバル・ガバナンスにおける意義」（四方敬之）について、議長国を務めた岸田文雄首相による一連の外交を中心に、G7 間だけではなく、NATO、さらには ASEAN や G20 などのグローバル・サウスとの連動にも焦点を当てて検討している。また、第 16 章「ウクライナ戦争と国連—アカウンタビリティ決議の展開を軸として—」（庄司真理子）は、国連総会の「アカウンタビリティ決議」に焦点を当てつつ、国連加盟国のアカウンタビリティに対する認識の変化について論じている。戦争や兵器使用をめぐる国際規範に関しては、第 17 章「ロシア・ウクライナ戦争は武力紛争ガバナンスを崩壊に向かわせるのか？」（足立研幾）との観点から論じられ、国家を中心に形成されてきた武力紛争ガバナンスに非国家主体を包含させていくことの重要性が指摘されている。ロシアの侵攻による影響は安全保障分野にとどまらず、世界的に食料やエネルギーの供給不足や価格高騰など広い範囲に及んでいるが、第 18 章「人の国際移動の管理と科学技術利用の新展開」（中山裕美）は、こうした情勢の中で特に中東やアフリカ諸国で移民圧力が増大していることをふまえて、科学技術を利用した国境管理に焦点を当て、国境管理をめぐる先進国と途上国のフレーミングギャップについて論じている。また、エネルギー分野に関して、第 19 章「気候変動対策としてのエネルギーの脱炭素化への影響」（小尾美千代）は、気候変動に積極的に対応してきた EU を中心とするヨーロッパにおけるエネルギーの脱炭素化と脱ロシア化の試みと、軍隊や軍事活動による温室効果ガス排出をめぐるグローバル・ガバナンスについて論じている。

　本書は、グローバル・ガバナンス学会の創設 10 周年記念事業の一環として刊行された。同学会は 2012 年に創設され、研究大会や国際シンポジウム、定例研究会、学会誌『グローバル・ガバナンス』などを通じて、会員が研究成果を発表し、また知見を共有してきた。会員数も創設時に比べて大きく増加し、大学の研

究者や大学院生、シンクタンクの専門家、実務家など多彩な会員を迎え、研究活動は充実の度を増している。同学会は創設 5 周年記念事業で同叢書全 2 巻を刊行し、本学会の存在を学界関係者を中心に示したのに対し、本書においては、学界関係者のみならず、官界や民間研究者の皆さんも視野に入れるアウトリーチを念頭に置き、社会的な広がりを念頭に置いて、分かりやすい記述を心がけたつもりである。執筆は、グローバル・ガバナンス研究の様々な分野で研究の第一線で名実ともにリードし、日頃から同学会の運営にも尽力してきていただいた先生方を中心にお願いした。加えて、外交の現場に立つ日本政府幹部に寄稿をお願いした。ウクライナ戦争でプーチン（Vladimir Putin）大統領（国際刑事裁判所より戦争犯罪容疑で逮捕状発付済）が核兵器の使用を仄めかす中、議長国日本の広島で開催された主要 7 カ国首脳会議を内閣広報官として最初から最後まで支え、国内外のメディアに日本政府の立場を発信し続けた四方敬之さんに執筆をお願いした。四方さんは外務省出身で、同省経済局長などの重責を務められる一方、東日本大震災の際には内閣官房国際広報室長を務められ、パブリック・ディプロマシーの最前線で活躍されてきた外交官である。そのご論考はそうした立場から、G7 広島サミットの意義をグローバル・ガバナンスの中に位置づけて論じたもので、政府要職者の証言として研究史料上、貴重であろう。

　2022 年に始まったロシアによるウクライナ侵攻について、本書では「ウクライナ戦争」の用語を用いた。これまでに出版された日本語の学術書や論文では、このほか「ロシアによるウクライナ侵攻（侵略）」「ロシア・ウクライナ戦争」などが用いられている。英語では、"Russian Invasion of Ukraine"（BBCなど米欧の主要メディア）、"Russian Aggression against Ukraine"（G7 声明など）、"Russia's War in Ukraine" "the War in Ukraine" "Russia-Ukraine War" などが使われている。いずれの用語も、ロシアによる隣国ウクライナへの侵攻という意味で用いられているが、「ウクライナ戦争」という言葉には、侵略者としてのロシアの位置づけを曖昧にする可能性があり、「ロシアによるウクライナ侵攻」などと、その位置づけを明確にする表現を用いるべきだとする議論が、特に侵攻開始当初にあった。しかし、侵攻開始から時間が経過するにつれ、出版される学術書のタイトルの多くに「ウクライナ戦争」の用語が用いられ、責任編集者において慎重に検討した結果、「ウクライナ戦争」の用語を用いても、ロシアの侵略者としての立場を曖昧にすることはないと判断し、本書では、原則とし

て「ウクライナ戦争」と表記することとした。ただし、執筆者の意向を踏まえ、章題や本文中に「ロシア・ウクライナ戦争」等の表記が使われている場合がある。ご理解いただければ幸いである。

　本書の企画から刊行にあたっては、数多くの関係者の惜しみない協力を頂戴した。とりわけロシアのウクライナ侵攻が始まって以降、執筆者の先生方は日常の研究活動や学務、学会業務に加え、新聞やテレビの取材要請にも応じ、それぞれの知見を提供することにより、国内世論の形成への貢献にも誠意をもって対応してきたため、多忙を極める日々がなおも続いている。そのような状況においても、縁あって本学会に所属し、この時代を生きる研究者としての思い、あるいは責任感から、本書への執筆に協力してくださった方々に対して、衷心より感謝申し上げる。責任編集者は本学会第6期理事会会長の中村登志哉、副会長の小尾美千代と首藤もと子、理事（会計担当）の山本直、理事（事務局長）の中村長史が務めた。本叢書が、かつてない揺らぎを見せる国際秩序をめぐる議論やグローバル・ガバナンス学の進展にとって、意義ある素材を提供できているとすれば望外の幸いである。

　　　　　　　　　　　　　　2024年4月
　　　　　　　　　　　　　　［グローバル・ガバナンス学叢書］
　　　　　　　　　　　　　　責任編集者を代表して
　　　　　　　　　　　　　　中村登志哉

第1部　国際秩序

第 1 章

ウクライナ戦争が
揺るがした国際秩序

はじめに

　第二次世界大戦の戦勝国・ロシアは、国際連合（国連）安全保障理事会の常任理事国であり、自他ともに認める世界的な大国であった。グローバル・ガバナンスの一角を担うべきこの国が、国連憲章を犯してウクライナへ侵略行為を行ったこと（これをここでは「ウクライナ戦争」あるいは「戦争」と略記する）に国際社会は驚愕した。

　この戦争は、既存の国際秩序の根幹を揺るがす出来事となった。ロシアはなぜ、またどのようにしてかかる挙に出たのか。この問いに対する論じ方は様々あろうが、本章では国家や地域／世界大の対外・安全保障の背後にある理念（イデオロギー、国家観など）の側面から考えたい。

　以下では国際秩序について、西側世界を含めた安全保障協力のためのグローバル・ガバナンスと、ロシアをはじめとするポスト・ソ連圏を含めた狭義のユーラシアの地域秩序、の二つに分けて考える。同時に、それらが相関して展開していることにも触れていきたい。やや大風呂敷な議論になるが、戦争を始めたロシアの論理を理解するためにも、ソ連末期からの 30 年余りのポスト・ソ連圏における紛争と国家のあり方を俯瞰するとともに、将来に向けた課題を示すことをめざす。

グローバル・ガバナンスへの衝撃

　ソ連末期のゴルバチョフ（Mikhail Gorbachev）政権は、国内の政治制度の変

化と連動して「新思考外交」と呼ばれた外交改革を進めた。これは、20 世紀後半期より米欧諸国が主導して形成されつつあった多国間の枠組みにより積極的に参画し、折り合いをつける政策であった。ソ連は、従来の階級闘争史観にもとづくイデオロギー外交と、核兵器を含め米国に並ぶ軍事力をかかげた軍国主義を修正し、全人類的価値に基づいて米欧諸国だけでなく中国とも関係改善をすすめた。部分的とはいえ中距離核兵器（INF）全廃条約や戦略兵器削減条約交渉（START）に代表される核軍縮の機運もゴルバチョフ政権が主導した。

　ソ連解体によってロシアを引き継いだエリツィン（Boris Yeltsin）政権は、混乱する政治・経済状況のもと背に腹は代えられなかったとはいえ、米欧諸国との協調路線を堅持し、欧州安全保障協力機構（OSCE）や欧州評議会（CoE）のメンバーとして、西欧的な人権や法の支配に基づく内政・外交の構築を進めていくかに見えた。ロシアは北大西洋条約機構（NATO）加盟こそできなかったが、「平和のためのパートナーシップ（PfP）」メンバーとして、さらには NATOとの常設合同評議会（1997 年設置）や、その改良機関である NATO ロシア理事会（2002 年 5 月設置）を通じて、米欧諸国との安全保障協力を制度化する試みが続いた。初期のプーチン（Vladimir Putin）政権も、とりわけ 2001 年の9.11 事件（米国における同時多発テロ）以降の「テロとの戦い」という枠組みで、米国との安全保障協力の機運は維持されていた。

　2010 年代以降、国際社会そして何よりもロシアは、この冷戦末期の遺産を食いつぶしてきた。ウクライナ戦争に至る米欧諸国とロシアとの亀裂は、少なくとも 2008 年のジョージア（グルジア）へのロシア軍侵攻の頃から広がっていたといえよう。

　プーチン大統領本人による NATO 批判は時間とともにエスカレートした。プーチン大統領は既存の国際秩序を米欧主導であると断じ、それによってロシアの権益が脅かされてきたとの不満を示すようになった。前述のジョージア侵攻、そして 2014 年のウクライナでの政変に乗じたクリミア併合は、そのプーチンの認識を踏まえた軍事行動であった。これらの事態に対して西側諸国はロシアへの制裁を段階的に強めていった。2014 年にはウクライナ領であったクリミアを自国領に併合したことで、ロシアは G8 メンバーから外された。

　このように、米欧諸国とロシアとの亀裂は段階的に顕在化していった。しかし、この間も米欧諸国はジョージアやウクライナの事態を局地的なものと捉え、

国際秩序のあり方をめぐる本質的な議論をロシアとの間で交わすことはなかった。

　安全保障分野における米欧とロシアとの信頼関係は、ウクライナ戦争前の段階で既に地に落ちていた。ウクライナ戦争の勃発後、ロシアは CoE やバレンツ海欧州北極圏評議会（BEAC）から脱退（それぞれ 2022 年 3 月 15 日、2023 年 9 月 18 日に通告）。なお、OSCE に辛うじて踏みとどまっているが、この機構は和平に向けた手立てをなんら施すことができていない。

　これらの地域機構以上に、国連安保理の機能不全は戦争勃発後さらに顕著になった。ロシアに加えて中国が拒否権を発動し、事態の解決に向けた決議ができないままとなっている。国連安保理は、いまやウクライナ（および同国を支援する米欧諸国）とロシアが、それぞれの主張を一方的に言い放つ場となり、交渉の余地を示すことができていない。なお、戦争勃発後の黒海を通じたウクライナ産穀物の輸出協定（2022 年 7 月 22 日締結）については、戦争当時国やトルコとともに国連も一定の役割を担ってきたが、2023 年 7 月 17 日、ロシアはこの枠組みからも撤退した。

　ウクライナ戦争勃発後、ロシアと米欧諸国とを取り結んできた多国間安全保障の枠組みは、冷戦後に期待された機能を発揮しないまま命脈を保っているに過ぎない。換言すれば、これらの安全保障の枠組みは結果として、戦争を防ぐための有効な措置をとることができなかった。なおもロシアが加盟する国連や地域機構は、加盟国それぞれの主張の応酬の場となった。安全保障分野における既存のグローバル・ガバナンスは瀕死の状態である。

　ロシアは中国による国際社会の「多極化」の主張、すなわち米欧諸国が支配的であった国際秩序からの脱却の声は強まっている。それが新しいグローバル・ガバナンスのかたちとなるのであろうか。こんにちの状況は、ロシアの思惑通りの多極化した国際社会に近づきつつあるのだろうか。これらの問いに対する答えを示す前に、ロシアに近接する地域秩序の変化について確認をしておきたい。

 ❷　再編されるポスト・ソ連圏とユーラシア

（1）　アイデンティティ政治とウクライナ戦争
ゴルバチョフによる「新思考外交」は連邦解体により頓挫し、社会主義イデ

オロギーに代わる、対外戦略を含めた国家の指針となるような理念を創ること
ができなかった。ロシア国家とその市民たちは、自分たちが何者なのか、改め
て自問するようになる。つまりはアイデンティティの喪失に苛まれた。1990年
代末までに、ロシアの対外・安全保障政策は、「ユーラシア主義」と呼ばれる理
念を拠り所とするようになっていった。それは、アジアとヨーロッパに挟まれ
た地理的特性を運命とする、大国ロシアの独自性を強調する考えであった[1]。

　ロシアにとっての具体的な政策課題は、国内外の安全保障上の脅威を取り除
くことであった。国内ではチェチェン人の分離主義勢力、国外では旧ソ連各地
で噴出した民族対立や内戦がロシアにとって抑え込むべき脅威であった。

　ロシアにとっての脅威や不安定要因となる地域も、それぞれのアイデンティ
ティの確立という課題を抱えていた。かつてソ連を構成していた共和国は、独
立した主権国家としての地位と領域を獲得していたが、モルドバにおける沿ド
ニエストル、ジョージアにおける南オセチアやアブハジア、アゼルバイジャン
におけるナゴルノ・カラバフのように、分離主義的な地域を抱えた国家も多い。
これらの分離主義的な地域もまた主権国家としての地位と領域を確たるものに
すること、つまりは国家としてのアイデンティティを実態化することをめざし
ているが、国際社会はそれを容認しなかった。それらは非承認国家として、親
国家と対立しながら、情勢安定化や「ロシア系住民の保護」を名目とするロシ
アによる庇護を活用しながら命脈を保ってきた。

　ウクライナは、ポスト・ソ連諸国のなかでもアイデンティティ政治のパズル
が極度に複雑化した国家である。ロシアにしてみれば民族としてのウクライナ
もスラブ系の同胞である。だが民族としてのウクライナ人は、キエフ・ルーシ
崩壊後の自分たちの歴史的展開を、モスクワ国家を起源とするロシアと一線を
画すものとして捉えるようになった。ロシア革命を経て、ドンバス地方（ドネ
ツク、ルガンスク）など歴史的にはウクライナ人の領域とは言えない土地を含め
てウクライナ共和国の原型がつくられた。プーチンは今次開戦にあたり、この
ボリシェヴィキによる措置は権力維持のためのナショナリストへの譲歩であっ
た、レーニンの民族政策に非がある、と断じた。スターリン政権期の大飢饉と
独ソ戦はウクライナに惨状をもたらし、モスクワへの反発と恐怖心を植え付け
た。2004年のウクライナにおける「オレンジ革命」後に誕生した親米欧的な
ユシチェンコ政権は、大飢饉をジェノサイドと断じ、第二次世界大戦期のウク

ライナ人ファシズム運動の指導者ステバン・バンデラを英雄視した。⁽²⁾

ソ連時代の領域変更としては、1954年のロシアからウクライナへのクリミ
ア移管も、独立後の係争の火種となった。移管後もクリミアでの主要民族はロ
シア人であり、黒海艦隊の拠点であるセヴァストポリ軍港の管轄をめぐっても
対立が続いた。

2014年のウクライナにおける政変と、それに連動したクリミアやドンバス
地方での分離独立さらには前者のロシアへの併合は、地元政治エリートやその
支持勢力による自立的な行動、そしてそれらに連動したプーチン政権による戦
術的な措置であった。ただし、その結果として誕生したドネツク、ルガンスク
という二つの未承認国家の取り扱いについては、戦争開始直前まではあくまで
もミンスク合意にもとづきウクライナ領内での特別な地位を確保することをめ
ざし、ロシアへの併合の判断を保留していた。

特別な地位、つまりはウクライナの実質的な連邦制を進めるためには憲法改
正が必要であったが、2019年5月に誕生したゼレンスキー（Volodymyr
Zelenskyy）政権は、クリミアの奪還を含めた失地回復政策を強調するように
なった。ゼレンスキー政権の示した国家アイデンティティのかたちは、NATO
加盟を含めたヨーロッパへの統合、1991年独立時の国家領域を奪還するとい
う、ロシアの国家安全保障を脅かすものとなった。プーチン政権はウクライナ
の動きに呼応して、ウクライナとの国境付近での部隊配置や軍事演習をすすめ、
ドンバスの2共和国の独立を承認した。こうしてロシアとウクライナの緊張は
戦争までエスカレートしてしまった。

（2）　旧宗主国ロシアの役割縮小

このように今次戦争は、ロシアとウクライナとの対立的なアイデンティティ
政治の延長線上に発生した。戦争の根底には互いの国のあり方をめぐる理念の
対立がある。⁽⁴⁾

ポスト・ソ連圏のアイデンティティ政治の錯綜は、ロシアとウクライナの関
係にとどまらない。ロシアが旧宗主国としての政治的影響力をこの地域で維持
することをめざしていること（いわゆる勢力圏構想）は、2010年代に入り、制
度的にも一層顕著となっていったといえる。集団安全保障条約機構（CSTO）や
ユーラシア経済同盟（EAEU）といった、ロシア主導の多国間枠組みの構築が

その象徴である。

　ただし、ウクライナ戦争後、これらの枠組みの中での足並みの乱れも観察される。CSTOとEAEUの双方に加盟し、これまで政治・経済面で際立ってロシアに依存していた最貧国のタジキスタンでさえ「我々を見くびらないでほしい」（ラフモン大統領）と公然とロシアに主張するようになった。ポスト・ソ連諸国が望むのは、ロシアとの主従関係でも兄弟関係でもなく、主権国家としての対等な関係である。

　このような中央アジアやコーカサスの国々の言動の変化には、次の三つの要因が考えられる。第一に、中央アジアやコーカサス諸国が独立後30年余りにわたり、中国、インド、トルコ、イランといったロシア以外の地域大国や米欧諸国との関係構築を地道に行っており、これらの国々とロシアとの間でバランスをとって次第に対外・安全保障分野での独自色を強めてきている。(5)

　これに関連して、第二に、これらの中小規模の主権国家群は、ロシアよりも国際社会の動向やグローバル・ガバナンスの実効性に敏感である。地域大国のはざまに立ってバランス外交を駆使するだけでなく、自由で公正な国際秩序を維持することが国家の存続や国益に合致する余地が大きい。

　そして第三に、ロシア側の事情もある。今次のウクライナ戦争に国力を傾けるあまり、ポスト・ソ連圏の自立的動きに逐一対処できなくなってきた、また、ロシアは戦争遂行を前提にポスト・ソ連圏の国々との外交交渉するため、これらの国々から「足元を見られている」という事情もあるだろう。2020年に再燃したナゴルノ・カラバフをめぐるアゼルバイジャンとアルメニア間の係争は、23年9月、アゼルバイジャンがこの未承認国家を掌握し、管理下に置くことで決着した。CSTOはこの問題に何ら具体的な措置をとることができなかった。また、アルメニアの同盟国たるロシアが無策であることをアゼルバイジャンも見透かしていた。

　いずれにしても、ポスト・ソ連圏におけるロシアの影響力は低下傾向にある。このことは中長期的には、ウクライナ戦争やナゴルノ・カラバフ問題のほかにも当該地域の不安定化を誘引することに繋がるかもしれない。前述のタジキスタンは隣国クルグススタン（キルギス共和国）との係争地をめぐって、より強硬な言動を強めている。ロシアを軸とする地域安全保障の機能不全が明確になったとき、ポスト・ソ連圏を含めたユーラシアの地域秩序は新たな再編へと進む

であろう。

 困難な戦争終結―領土への固執―

　ウクライナ戦争は、本章執筆時（2023年10月）で戦況が膠着している。5月末から6月初頭（ロシアとウクライナ双方の元首が認めたのは6月4日）にかけて、ウクライナ側は「反転攻勢」に出たとしているが、局所的な陣地の奪取を除けば、戦線は大局的には変化していない。

　前述したようにロシアとウクライナ間で妥協の余地が見いだせない以上、和平はおろか、停戦に向けた動きも具体化できていない。開戦間もない頃は、ベラルーシ領内ベロベーシにおける一連の交渉（2022年2月28日〜3月7日）、トルコの仲介したロシア・ウクライナ外相会合（於アンタリア、3月10日）などの交渉が積み上げられたが、その後は和平交渉は停滞している。

　ウクライナによる和平案は、それ以前の諸提案を踏まえ、2022年11月15日、バリでのG20首脳会合にオンライン参加したゼレンスキー大統領が提示した「平和の公式（Peace Formula）」が現時点でも「たたき台」となっている。そこで課題として提示された項目は、①放射能および核の安全、②食料安全保障、③エネルギー安全保障、④捕虜および被追放者の解放、⑤国連憲章の履行ならびにウクライナの領土保全と国際秩序の回復、⑥ロシア部隊の撤退および戦闘停止、⑦正義（の回復）、⑧環境破壊問題（エコサイド）、早急な環境保護のための措置、⑨エスカレーションの予防、⑩戦争終結の確認、の10項目である[6]。

　本章の論点に係わる事項としては、⑥については「対ロシア国境の全域においてウクライナの支配が回復されなければならない」とされ、これは後に1991年のソ連からの独立時の国境すなわちドンバスやクリミアを含めたものということが補足説明された。このウクライナの指針は、主権国家としての原理の徹底・完遂という点で、かつてのミンスクⅡよりも過激なものとなっており、当然ロシア側が受け入れられるものではない。

　戦争が膠着し、長期化していることは、ウクライナにとっても好都合な事態をもたらしていない。「平和の公式」を踏まえたウクライナと協力関係にある国々との会議をコペンハーゲン（2023年6月26日）、ジェッダ（同8月6日）、マルタ（同10月28日）、ダヴォス（2024年1月14日）と、相次いで開催し、

参加する国や国際機関の代表も 15 → 40 → 66 → 81 と増加傾向にあるが、報道によれば参加主体の足並みは必ずしも揃っていない。第 3 回目のマルタにおける会合では、中東で進行中のイスラエルとパレスチナの紛争が影響し、共同声明の採択には至らなかった。

おわりに

　国家アイデンティティを構成する重要な要素として領土への固執がある以上、ロシアかウクライナのいずれかが相手を圧倒し軍事的な完勝を果たさなければ、この戦争は終わらない。従来の国際秩序を蹂躙したのはロシアであり、ウクライナ・ゼレンスキー政権がロシアを打倒し、1991 年当時の領土を回復することが正義であるとするのは、大いに説得力のある議論である。しかし、同じようにロシアも独自の正義を振りかざし、戦争の出口戦略を見出すことが困難になっている。

　ウクライナ戦争は、冷戦後の国際秩序にロシアを引き込むプロジェクトが失敗した延長線上に起こった悲劇である[(7)]。同時に、国際社会のなかでのロシア自体の位置づけの変化に伴い、戦争は新たな地域や世界大の秩序再編の兆候を示している。

　戦況のゆくえは、当分のあいだ、当事者たちの打つ手を見守っていくしかない。ここで指摘したいのは、国際秩序のあり方という点で、現時点までの戦争の成り行きがいかなる含意を示しているのか、ということである。二点のみ触れて本章を締めくくりたい。

　第一は、国際政治の多極化は、いわゆるグローバルサウスの台頭とも連動して、今後も強まる傾向であることは明らかであろう。しかし、それは大国であり続けようとする本来のロシアの意図とは異なる形で進行している。戦争が勃発したことで、欧州の対ロシア脅威認識がさらに強まり、フィンランドとスウェーデンの NATO 加盟を招いてしまった。また、戦争の長期化は、国内の経済や産業を含めロシアの国力を削いでいる。軍事部門でも北朝鮮、イラン、中国など特定の国に依存する体質に変貌し、かつての超大国としてのロシアの国際社会での位置づけは明らかに変化しつつある。このような展望はロシアにとって望ましいものであろうか。

　第二に、いつまでもロシアを国際秩序の異端児扱いするとは、国際社会全体

24

にとっても望ましいことではない。国際秩序へのロシアの包摂を失敗した責任が米欧諸国にもあるとすれば、いかなる形で戦争が終結しようと、戦後のユーラシア地域安全保障の体制は何かしらのかたちで包摂しなければならない。

【注】
（1） 浜 2010; クローヴァー 2016.
（2） 塩川編 2023.
（3） 2014年のウクライナ政変以降の「ドンバス戦争」停戦のための一連の国際協定。まず、同年9月5日にはOSCE、ウクライナ、ロシアによる「三者コンタクト・グループ勧告結果に関する議定書」（ミンスクI）が署名された。これにはドネツク、ルガンスクの代表者も署名し、両未承認国家のウクライナ領内での時限的な自治（特別な地位）が認められた。しかし、同議定書の違反行為が頻発し、翌15年1〜2月には休戦状態は破綻。2月12日にはドイツとフランスの仲介により「ミンスク合意に関する一連の措置」（ミンスクII）が改めて署名された。
（4） 高橋編 2023.
（5） 湯浅 2015.
（6） Zelenskyy 2022b.
（7） 遠藤誠治 2023.

（湯浅　剛）

第2章

国際秩序とロシアの規範力低下

はじめに

　ロシアは2022年2月からのウクライナ侵攻で、ウクライナ領内の深刻な破壊や人権侵害を引き起こしている。それに反発する諸国がロシアの行動を制約するための具体的な対抗措置をとる一方で、ロシアの行動に懸念を抱えつつも行動しない諸国、ロシアよりも対抗する西側諸国を非難する諸国、ウクライナの原状回復よりも戦争状態の速やかな停止を望む諸国など様々あり、これらの不一致や対立により、グローバル・ガバナンスの機能は損なわれ、国際秩序における規範の力が低下している。

　本章は、グローバル・ガバナンスへの悪影響のうち、国際秩序におけるロシアの役割の低下に注目する。ロシアはたびたび、大国としての役割を果たしてその地位がより尊重されるべきことを主張してきた。[(1)] 2022年にウクライナ全面侵攻に踏み切った動機の重要要素として大国としての勢力圏の要求が考えられるが、[(2)] それ以前はロシアが大国として果たした役割もあれば、自己利益のために損なってきた規範もあった。その概略をたどり、現在のロシアが損なっている規範の力、国際秩序が失っている規範の力を確認していくのが本章の目的である。

　例えばブル（Hedley Bull）は、国際秩序を構成する制度として大国の役割も挙げている。複数の大国が他の諸国の権利の犠牲のうえにふるまう状況を不正としつつも、それとは異なる秩序という観点であれば大国には秩序を成り立たせる役割を見出すことができる。その機能としてブルは、①一般均衡の維持、②危機の回避と制御、③戦争の限定、④地域的な優越的力の一方的行使、⑤勢

力圏・利益圏・責任圏、⑥大国の協調・共同統治を挙げる。(3) すなわち、大国はそれぞれ単独である地域において一方的に、国際社会においては共同で優越する権利・実力を行使し、それを通じて大規模な戦争への激化を回避することで秩序を崩壊させずに不正や被害の規模を限定すると理解できる。以下では、このような考え方においてロシアは大国としての役割をどれほど果たし、どれほど損なってきたのかを扱う。

ロシア連邦の前身国家の大国行動

（1）　ウィーン体制

　1814年から15年にかけてのウィーン会議において、ロシアは戦勝国として秩序構成主要国の地位を得た。このときは英国、フランス、オーストリア、プロイセン、ロシアが主要5大国として、地位と責務を保持することになった。1830年代のベルギーの独立問題でも、ロシアは会議に参加し、決定に参与した。ロシア皇帝がポーランド王国の君主を兼ねるなど、帝国による支配とその均衡を積極的に肯定していたウィーン体制において、その秩序に反するナショナリズム分離運動は問題である。1848年に欧州で広がったナショナリズム運動に際して、ロシアはハプスブルク家の統治を支援すべくハンガリー人貴族の反乱に対して派兵した。すなわち、帝国統治は、ロシアの利益であるのみならず、オーストリアとの共通の価値でもあり、承認された正当なものとされていた。1853年からのクリミア戦争においてロシアはオスマン帝国のみならず英国、フランス、サルディニアとも衝突することになり、56年にはパリ講和において敗北を受け入れ、黒海における艦隊保持禁止という低い処遇を受けた。とはいえ、ポーランド統治など、たびたび英国やフランスから問題視されてきた権利について、放棄を迫られることはなかった。1870年にロシアは、黒海艦隊の保持を一方的に宣言し、他の大国は新たな合意を結んでこれを体制のなかにとりこんだ。

（2）　米ソ冷戦

　米ソ冷戦の時期、両国は国連常任理事国の地位を持ち、かつ大量の核兵器と運搬手段を配備している軍事均衡関係にあった。この時期、アジアやアフリカ

での独立国は増加して国連に加盟し、多くの主権国家が平等の地位を得つつも、少数の大国が優越的な地位も持っていた。5カ国のみが国連安保理で拒否権を行使できる常任理事国であり、かつ同じ5カの国のみが1968年の核兵器不拡散条約（NPT）において核兵器保有を認められた。この5カ国は核兵器の軍縮と、核兵器を他国に供与しない義務を通じ、核兵器の拡散による不安定を防ぐ責任を負った。

　ブルによれば、この1960年代までに国際秩序における大国の役割を果たしていたのは、軍事均衡関係にあった米ソのみであった。米国とソ連の間に勢力圏を相互承認する法的・道徳的な合意はなく、一定地域における相手国の優越的地位の事実を黙認していた。ソ連が1956年のハンガリー、1968年のチェコスロヴァキアに対して一方的に強制力を行使したが、米国が軍事的に介入しなかったことによって、そのような暗黙の規則があるものとみなされていた。[4]1972年にはデタントの流れにおいて米国はソ連との首脳会談で軍備管理の協定類を締結し、数年前にソ連がもたらした既成事実をその障害としなかった。

 ## ❷　ロシア連邦の規範と行動

（1）　ソ連解体後のロシア、1992～2008年

　ロシアは1980年代まで軍を駐留させていた東欧地域の旧社会主義国からは手を引いたが、ソ連として同国内にあった新独立諸国に対しては影響力保持を試みた。ソ連解体の完了前から生起していた南オセチアおよびアブハジア（現ジョージア領内）、沿ドニエストル（現モルドヴァ領内）、ナゴルノ・カラバフ（現アゼルバイジャン領内）における分離運動に対して、ロシアは兵力派遣や調停などを通じて紛争の烈度低下に努め、解決ではなく状況の固定化に関わった。この際にエリツィン（Boris Yeltsin）大統領がめざしたのは、分離地域の支援そのものではなく、親国家との調整を通じて親国家の集合における主導性を確保することだった。そのため、親国家との関係を決定的に悪化させるような分離の一方的支持を控えていた。[5]このように、ロシアは狭いロシア国益ではなく、この空間の共通利益にも貢献することで、地域の主導性を得ようとしていた。これは排他的な一方的権力行使の場とはいえないものの、ロシアは優越的な地位を望んでいた。

ロシアはまた、国力の不足を抱えながらも、旧ソ連空間を超えた国際問題についてときおり強く主張する意欲があることを示した。ユーゴスラヴィアは、ソ連が1980年代までに優越的な影響力を持った地域ではなかったが、1990年代にロシアは部隊を派遣してまで紛争の管理に関与した。

(2)　大国権利の主張と責任の保持、2008〜2021年

　2008年8月にジョージア領内の分離地域、南オセチアをめぐる紛争が激化し、部隊を置いて関与していたロシアはジョージア領内各所に武力行使した。このとき、ロシアはジョージアによる分離状態の変更を阻止したのみならず、南オセチアとアブハジアの分離状態を「独立の承認」として宣言し取り扱うことで、逆向きに現状を変更した。すなわち、親国家ジョージアと分離地域の紛争を調停して親国家の利益にもなる立場から、分離地域の側に立って、ジョージアとの恒久的な敵対要因を抱え込み、ジョージアの領域の国際的な承認から離脱するという立場に変化した。これは、旧ソ連諸国の領土保全を通じてそれらの盟主の地位を追求したエリツィン政権の姿勢から、ロシアに友好的な地域のみを糾合する姿勢への重大な変化となった。⁽⁶⁾また、フランスの調停により戦闘はロシア優勢で停止し、北大西洋条約機構（NATO）加盟諸国はジョージアの加盟を促進しなくなったことは、ロシアにとって武力行使によって大国としての要求が受け入れられたことを意味した。

　2014年2月にウクライナのヤヌコヴィチ（Viktor Yanukovych）大統領が、反政府運動に直面して逃亡すると、プーチン（Vladimir Putin）政権はウクライナ領のクリミア半島の分離に向けて動いた。標識をつけないロシア部隊の支援を得て、分離派の政治家がクリミア半島の実権を掌握して違法な住民投票を実施し、その結果として分離独立、ロシア連邦編入の作業を行った。⁽⁷⁾この間、ロシアはウクライナ領内で行動していることを否定し、⁽⁸⁾クリミア半島住民が分離を選択せざるを得ないような紛争の存在を立証することも十分に行わず、ウクライナの主権者の意思に反してその領土をロシア領に編入したものとして扱う措置をとった。2008年のように主権国家の領域の国際的な承認から離脱したのみならず、他国領から切り取った領土を組み入れて自国領を拡大する重大な一方的現状変更をともなっていた。

　2014年4月からはウクライナ東部のドネツク州、ルハンスク州で分離運動

30

が武装闘争に転じ、ロシアは関与を否定する形でその分離運動の存続を支援した。7月にマレーシア航空機がドネック州上空で墜落し、国際調査団はこれをロシアから入った地対空ミサイルによる撃墜と判断した[9]。ロシアはこの紛争をウクライナ領内の内戦として扱い、2014年9月および2015年2月に、その抑制を支援するという立場で停戦協定の成立に寄与した（それぞれ「ミンスクI合意」、「ミンスクII合意」と呼ばれる）。このウクライナ東部に関しては、2008年8月以前の南オセチアやアブハジアと同じく、ロシアは分離運動をウクライナ領内のものとして扱い、この立場は2022年2月まで継続した。

　西側諸国はこれらのロシアの動きを、ウクライナの主権に対する重大な国際規範の侵害とみなし、ロシアに対する経済制裁を開始した。また、G8会合へのロシアの参加を停止し、G7として協議し行動を一致させるよう努めるようになった。

　ロシアがこれらを敵対行動とみなしたためか、ウクライナのみならず西側諸国への非公然の攻撃とみられる事案が生起するようになった。2016年の米国大統領選挙において、ロシアが特定の候補を不利にするような情報の流布を違法に行ったことが指摘された。

　一方でプーチン大統領は首脳会談などを通じて西側主要国との対話を継続し、これらの外交関係から完全に排除されない立場を維持した。フランスのマクロン（Emmanuel Macron）大統領は2019年8月にブレガンソン城塞にプーチン大統領を招いて首脳会談を行い、12月にゼレンスキー（Volodymyr Zelenskyy）新大統領を含むウクライナ・ドイツ・フランス・ロシアのウクライナ和平首脳会議を開催した。マクロン大統領はロシアを安定的なパートナーとして位置付けて欧州の安全に資する方向をめざしていた[10]。米国のトランプ（Donald John Trump）大統領は2018年7月にヘルシンキでプーチン大統領と首脳会談を実施し、バイデン（Joe Biden）大統領も2021年6月にジュネーヴで首脳会談を行った。

　このように、ロシアはウクライナに対する重大な国際規範の違反を問題視されながらも、それ以外の多くの国際協力の場で行動してきた。2016年から2017年に北朝鮮が行った核実験やミサイル発射に対する6本の国連安保理決議は、ロシアを含む全会一致で採択され、すべての武器の輸出入など広範にわたる内容を禁じている[11]。この間、ロシアと北朝鮮の間の武器の取引は公式に指摘され

ておらず、ロシアは中国と並んで、北朝鮮の核・ミサイル関連技術開発の中止
を求め、韓国と米国の側にも軍事圧力を抑制するよう求める立場をとっていた。

❸ ウクライナ全面侵攻と秩序の毀損

（1）「特別軍事作戦」

　2022年2月21日、ロシアは「ドネツク人民共和国」「ルガンスク人民共和
国」が独立国であると主張し、それらとの軍事協力協定を成立させた。この段
階で、ロシアはウクライナの領域をさらに損なう立場に転換した。24日、ロシ
ア軍はウクライナ全土を対象とする軍事作戦を開始し、プーチン大統領は声明
を発表した。彼は、ドネツク州およびルハンスク州の住民が攻撃を受けている
ため、それを救援するべく、ウクライナを「非ナチ化」「非軍事化」するための
「特別軍事作戦」の開始を宣言した。このとき、ドネツク州およびルハンスク州
の住民全体が生存の危機にさらされて緊急の行動が必要であると主張できる根
拠は第三者が検証可能な形で示されておらず、ウクライナとの間でも国連安保
理の場でもそのような問題を解決するための協議は十分に行われていない。ロ
シアが攻撃し進軍したのは、ウクライナ東部の問題の解決のためとは疑わしい
ウクライナ南部やウクライナ北部の首都周辺だった。これらを受けて、国連総
会は3月2日にロシアによるウクライナ侵略と呼んでその中止を求める決議を
採択した。⁽¹²⁾

　プーチン政権の狙いは、首都キーウの市街戦を戦い抜いて占領することより
も、軍事的衝撃を与えながら内通者等による政権転覆工作を成功させるものだっ
たと考えられる。⁽¹³⁾ それが成功した場合、ロシアに都合のよいウクライナの政権
と、国際的に承認されていない「ドネツク人民共和国」「ルガンスク人民共和
国」「ロシア領クリミア半島」がそれぞれロシアの勢力圏に存在し、ロシアが一
方的な力の行使ができるようになっただろう。米国や他の欧州諸国はその既成
事実を覆すような実力行使を行うことは困難だが、大規模で違法な侵略とみな
してロシアの行動を長く許容しないだろう。ブルの論じる大国としては、ロシ
アは勢力圏を拡張することができたが、主権国家への大規模侵略という事実を
めぐって立場が対立し、互いを認め合ったうえでの協調した共同統治には至ら
ないだろう。

ところが現実には、2月24日の当日にゼレンスキー大統領は攻撃される首都キーウに踏みとどまる決意を表明し、ウクライナは首都防衛の軍事措置を急速に進め、準備不足のロシア軍を攻撃して進軍を阻んだ。ウクライナ南部以外では、内通による容易な占領の成果はロシアにもたらされず、長期戦の用意がなかったロシア軍は3月いっぱいでウクライナ北部から撤収した。

(2)　ロシアの失敗と規範力の低下

　プーチン政権は「特別軍事作戦」の短期完遂を果たすことができず、おそらく想定していなかった長期戦へ移行せざるを得なくなった。2022年7月にかけてルハンスク州の占領はほぼ完了したが、9月にはその西部にあたるハルキウ州東部とドネツク州北部の主要占領地をウクライナ軍の攻撃により喪失し、11月にはドニプロ川右岸のヘルソンから撤収を強いられた。

　ロシアにとって思わしくない経過により、ロシアは大国として主張したい勢力圏での一方的な力の行使に失敗した。ウクライナは耐久力を増し、米国や欧州諸国からの軍事支援も得てロシア軍と戦える能力を増した。カザフスタンはロシアによるウクライナ領土の縮小を承認しない立場を表明するなど、関係が深い諸国からも同調が減少した。すなわち、プーチン政権は大国の地位を求めていたものの、勢力圏や利益圏と想定する地域での優越的な力の行使も果たせず、大国としての地位への外部からの承認は減退した。[14]

　ブルの想定する大国の役割でいえば、そのような優越的な力の行使が失敗したのみならず、ロシアの行動に対する他の大国からの拒絶が厳しく、さらに大国どうしの危機の回避も危ぶまれている。ロシアは核兵器の威嚇とみられる発言をたびたび発し、ザポリージャ原子力発電所に武器弾薬を持ち込むなどして深刻な事故の危険性を高め、米国との間の新START条約にもとづく査察や定期協議に応じなくなった。ロシアによる核兵器使用の危険、その悪影響を押しとどめようとする米国の軍事力行使の用意などがあり、2021年以前と比べて大国どうしの危機の管理の信頼性は低下している。

　ロシアはまた、厳しい制裁を受けているイランや北朝鮮と軍事を含む協力を進めている。イランからドローンを大量に投入してウクライナの戦場に用いている。2023年9月に北朝鮮がミサイルを発射した際、金正恩総書記をロシアの宇宙基地に迎えていたプーチン大統領はミサイル発射に言及せず、のちにロ

シア製兵器のサンプルを北朝鮮に渡した。10月には北朝鮮からロシアに砲弾が送られたと見られている。(15)これらにより、ロシアは国連安保理が禁じる北朝鮮のミサイル開発や武器取引に加担する態度を明確にしており、安保理常任理事国による共同の責任に違背している。

　上記は大国としての行動をまず扱ったものであるが、国際法規範の明白な違反による重度の人権侵害が数多く報告されている。占領地での拷問や虐殺、強制移住、民間施設への攻撃、それによる穀物輸出などの民生活動の妨害などである。また国内では「軍事作戦に関する偽情報の流布」に厳しい罰則を設け、意見や情報の流通を抑制し、民族憎悪を煽る公共放送を流し、憲法違反の武装集団が刑務所で戦闘員を徴募することを黙認し、凶悪犯を兵役満了後に解放して再犯を許し、対象でない者を不当に動員するなど、2021年以前とは異なる規模で国家の責任による不当な行為が生起している。このような国内ガバナンスにおける規範意識が低下しているのとあわせて、グローバル・ガバナンスへの努力が不足する事態になっている。

(3)　現状から見える規範の状況

　2023年、ウクライナは6月から南部ザポリージャ州のロシア軍防御陣地に対して攻撃を行い、8月までに困難と損害に直面しながらも陣地の一部突破を果たしたが、10月までにはその西部のロシア軍の撤退を強いるほどの成果には到達しなかった。9月にはクリミア半島に攻撃を行い、ロシアによる黒海西部の一方的制圧は崩れた。

　今後ウクライナないしロシアが大幅な防衛線移動ないし政策変更を相手に強いるほどの力を実現しないかぎり、双方の防衛線が大きく移動しない状況が当面の有力なシナリオとして考えられる。その場合、規範においては、ロシアが侵略してウクライナの領土を自国領と主張して権力を行使していることが固定化し、その問題は回復しない。一方で、ウクライナの国家生存は維持されており、国際社会の多くに受け入れられている。その困難な課題への支援は十分ではないものの、ウクライナが国際秩序に関与している度合いは強い。

　ロシアは国際秩序で受け入れられていた頃に関係が深かった主要国の多くとの関係を悪化させている。中国や中東諸国との関係は保っているが、それだけでは十分ではない。旧ソ連空間では、従来の友好国との関係は保っているが、

34

警戒感や不信は高まっており、アルメニアとの関係は希薄になっている。これらの諸国も、ロシアが得たと主張する領土などの結果を承認していない。このため今後も、ロシアは敵対的な諸国に対して打撃手段を用いつつ、不利な条件を除去する動機を持つ。米国などの政権交代にともなう姿勢の変化に応じて、改善を図ることも考えられる。ただし、2017年〜2021年のトランプ政権のもとの米国との関係改善も、ロシアが望んでいたほどに十分ではなく、ロシアが疑われる英国での殺人未遂事件などを通じて、ロシアはさらに制裁を受けた。その当時と比べても、米国や西側主要国の観点からは許容できないロシアの行動はより深刻で、ロシアが望むような地位の回復はありそうにない。

おわりに

ロシア連邦は、ロシア帝国とソ連の大きな部分を継承し、ソ連解体によって支配権を失った部分もあった。ロシア帝国とソ連は、他の大国と敵対し、主要な国際問題の決定過程から排除された時期もあったが、それでも大国としての実力をおおむね保持し、それに見合う畏怖と暗黙の承認によって、他の大国からその権力行使を黙認されていた。2014年にウクライナの領土主権や多くの人権を侵害したロシアは、欧州の主要国から拒否され、かつウクライナの主要部に圧力をかける十分な実力も持たなかった。それでも強制手段のみならず、地位回復のために外交手段も試み、国際規範の護持のための役割も果たした。

2022年2月のウクライナ全面侵攻は、権威を回復する試みに見えた。成功していれば、ウクライナに支配権を及ぼし、旧ソ連空間の諸国はロシアの主導性を認めざるを得ず、その既成事実を実力で覆す者は当面現れなかっただろう。西側諸国の反発が予期されてもあえて踏み切ったプーチン政権の計算では、大国間の相互承認よりも、大国としての権利行使と主張を優先していたと推測される。しかし実際にはロシアはそのような作戦にも失敗し、プーチン政権は目的を達成することも失政をあらためることもできず、戦争の被害を拡大させてウクライナにもロシアにもグローバル・ガバナンスにも損害を与え続けている。国際規範を支える大国としての役割を損なった状態で、政権の利益の追求を優先している。この結果として、ロシアは地位にもとづく責任感に応じた行動をすることなく、自国のガバナンスも低下させ、グローバル・ガバナンスも低下させた。

今後、別の大きな秩序再編が起きるのでなければ、ロシアが責任ある大国の地位に復帰するには、ロシアの変化が必要となる。ロシアが行動をあらためることにより、ロシアが現状より利益を得る、すなわち敵対行動が緩和され、より安全になり、繁栄への道の可能性が高まる状況になるのであれば、ロシアはその道を選択し、ロシアを含むグローバル・ガバナンスが回復する可能性が高まる。現状で見えにくいとしても、そのような状況を実現する条件は何かを検討し続けることは、グローバル・ガバナンスの効果を回復しようとする人々の課題でもあろう。

【注】
（1）　Götz and Merlen 2018.
（2）　山添 2023.
（3）　ブル 2000: 251–273.
（4）　ブル 2000: 269.
（5）　松里 2023: 55.
（6）　松里 2023: 57.
（7）　真野 2018.
（8）　2014年4月にプーチン大統領が、自由な住民投票を保障するためにロシアの軍人がいたと言及。RFE/RL, "Putin: v Krymu deistvovali rossiiskie voennye," April 17, 2014.
（9）　真野 2018.
（10）　遠藤乾 2023.
（11）　外務省 2023s.
（12）　UN Doc. A/RES/ES-11/1, 2 March 2022.
（13）　Zabrodskyi 2022; Watling 2023; 小泉 2022a: 第3章.
（14）　山添 2023.
（15）　Byrne 2023.

（山添博史）

シビリアンパワーの限界と
「ルールに基づく国際秩序」

はじめに

　ロシアによるウクライナ侵攻は、ポスト冷戦期も大規模な武力衝突を回避しつつ、経済関係を中心にロシアとの関係を管理してきた多くの欧州諸国にとって、大きな衝撃と失望であった。なかでも、欧州連合（EU）でフランスとともに指導的役割を果たしてきたドイツにとっては一際深刻だった。ソ連との間でそうであったように、ロシアとも経済的な相互依存関係を深めれば、武力衝突に至る可能性は低く、地域の安定を確保することができるというリベラリズムの考え方があったからである。なかでも、ロシアとパイプラインを結び、それまで天然ガスや原油の過半をロシアに依存するなど、経済関係を深めてきたドイツにとって、経済的相互依存が地域安定につながらなかったことは、それまでの政策が破綻したことを意味し、政策の見直しが急務となった。

　侵攻から3日後の2022年2月27日に開かれた連邦議会での演説で、ショルツ（Olaf Scholz）首相は、侵攻をロシアの「帝国主義」と位置づけた上で、「時代の転換点」（Zeitenwende）と呼び、外交・安全保障政策の見直しに着手したことを明らかにした。それによれば、①紛争当事国への兵器移転を控える従来の政策を見直し、携帯型地対空ミサイルや対戦車火器などのウクライナへの供与、②防衛費の国内総生産（GDP）の2%超への増額、③連邦軍を対ロシア最前線各国に派遣・増派、④北大西洋条約機構（NATO）の同盟国との協力を拡大し、防衛強化策の着手、⑤対ロシア経済制裁の一環として、銀行間の国際決済ネットワーク、国際銀行間通信協会（SWIFT）からロシアの大手銀行を排除、⑥ロシアと結ぶ天然ガスパイプライン「ノルドストリーム2」の稼働手続

きの停止－である。外交・安全保障分野や経済制裁も含む包括的内容だった。

　このことは、ドイツが戦後の外交・安全保障政策の原則を見直すことを意味した。統一前の西独時代、ブラント（Willy Brandt）政権は1960年代後半から70年代初めにかけて、ソ連・東欧の共産圏と積極的に話し合いを進める「東方政策」を進めた。これを構想した首相側近のバール（Egon Bahr）は「接近による変化（Wandel durch Annäherung）」という理念を唱えた。東方政策は、緊張緩和という国際潮流に合致し、東西ドイツ基本条約などに結実、東西両ドイツの国連加盟も実現し、ドイツ統一にもつながったとしてドイツ国内で高く評価されてきた。統一ドイツのシュレーダー（Gerhard Schröder）、メルケル（Angela Merkel）両政権が対ロシア・中国に展開してきた政策は、東方政策の延長線上に、自由と民主主義の価値観を共有しない両国に、経済関係や貿易による交流を通して変化を促す「貿易による変化（Wandel durch Handel）」を求める政策として位置づけられていたからである。

　本章では、ウクライナ侵攻に対応したドイツの外交・安全保障政策の転換の内容を確認し、その政策的意義を検討する。まず、戦後ドイツが維持してきた外交・安全保障政策の原則を確認する。次に、米国をはじめとするNATO同盟国、並びにウクライナから協力を要請された支援内容を確認し、それらの要請に基づく対応を実施する上で、従来の政策との間でどのような齟齬があったかを検討する。さらに、その齟齬を埋めるため、ショルツ政権がどのような政策転換を図り、どの部分が実現したかを確認する。同政権は2023年、いずれも初めてとなる「国家安全保障戦略」と「中国戦略」を発表し、ウクライナ戦争後の国際秩序を見据えた重要政策の再検討を開始した。ドイツや米国、日本など西側が重視する「ルールに基づく国際秩序」形成の観点から、その政策的意義は何か、国内世論はどう受け止めたかを検討し、今後を展望する。

 安全保障政策の原則—「シビリアンパワー」モデル—[(2)]

　ドイツは東西両ドイツ統一後も、NATOの加盟国として、また欧州連合（EU）の共通外交・安全保障政策（CFSP）の枠組みにおいて、旧ユーゴスラビア紛争への軍事対応、アフガニスタンの国際治安支援部隊（ISAF）への派遣などNATO同盟国領域外における活動に相次いで参加し、連邦軍の国際協調行動へ

の参加実績を積み重ねてきた。旧ユーゴ紛争のうち、コソボ紛争を抑止するための空爆作戦に参加したが、その重点は、紛争後の平和維持や社会資本再建・整備の民生分野が中心であり、シビリアンパワーとしての貢献である。このような国際的な枠組みにおける連邦軍派遣を検討する上で、政策的な柱として三つの原則が掲げられてきた。

第一は、単独主義の回避であり、多国間枠組みの重視である。多国間の枠組みを重視するのは、ナチス・ドイツのように、過去に独自の行動を是として、単独で行動したことが悲劇を招き、分断国家であり東側陣営と対峙する前線にあった旧西独の時代から、国家存続のために多国間枠組みが必要不可欠であったからである。

第二に、ナチス・ドイツの侵略が欧州諸国に与えた甚大な災いに対する責務として、ドイツから二度と戦争を起こさないという不戦の原則がある。2度の世界大戦を引き起こしたことに対する反省とともに、国内に軍事組織に対する忌避感、「反軍国主義」が生まれたとする社会構成主義者が主張するものでもある。自国防衛のための武力行使は認めた上での不戦の原則だが、政策手段としての武力行使を正当なものだとは見なしてきたとは言えない。この武力行使に対する自制から、ドイツが対外政策上の課題を検討する場合には、経済制裁や人道援助、民生支援を選択する傾向がある。

第三に、ナチス・ドイツによる暴力的過去を反省し、それらの行動と決別し、アウシュヴィッツで起こしたような殺戮行為や人権侵害を許さないという決意である。他方、第三国が引き起こした大量殺戮の場合、不戦の原則との間で矛盾が起きる場合がある。ある民族が他の民族の抹殺を企図し民族浄化政策のもと甚大な殺戮行為が行われ、それを阻止するために武力行使が手段として用いられる場合、第二の不戦の原則に抵触することになるからである。逆に不戦の原則を優先し、武力行使に参加しない場合、その殺戮行為が続き、人権侵害が止まらず、第三の原則との関係で、殺戮行為の阻止が叶わない可能性がある。

このような原則に基づき、ドイツはシビリアンパワーとしての活動実績を国際社会に残してきた。しかし、コソボ紛争に関連するNATOによるユーゴ空爆では、連邦軍のトルネード戦闘機も作戦に参加し、NATO域外の第三国に対する軍事攻撃に加わったほか、平和維持を目的として赴いたアフガニスタンでは、その後に治安情勢が悪化し、武力衝突にも直面した。このように、ドイツ

は軍事行動に関する課題や自己規制、タブーを克服して許容範囲を徐々に拡大し続け、その手法は「サラミ戦術」(Salami tactics) と呼ばれた。

　他方、ドイツは軍事紛争の拡大や関与を避けるため、紛争地域への武器輸出や移転を控える政策をとってきた。ドイツ基本法第 26 条 2 項は「戦争遂行のための武器は、連邦政府の許可があるときにのみ、製造し、運搬し、および取引することができる。詳細は連邦法で定める」と規定する。連邦法における武器輸出規制としては戦争兵器管理法と対外経済法があり、戦争兵器管理法は武器の輸出入だけでなく、製造、譲渡、売買、輸送について規制、対外経済法は武器輸出管理を定め、対外経済法施行令は輸出制の対象品目を規定する。ドイツは米国、ロシア、フランス、中国に次ぐ世界第 5 位の武器輸出大国だが、[(7)] これにより、紛争に巻き込まれている国、もしくは紛争が勃発する危険のある国に対する兵器の輸出や移転を原則的に禁じてきた。ドイツが当初、ウクライナへの武器供与に躊躇したのはこのためだが、同盟国や友好国の要請に応ずる形で、武器供与を行ったケースもある。2014 年、テロ組織「イスラム国」と戦うクルド人の戦闘部隊に対戦車ミサイルを供与したことはその一例である。

 ## 侵攻への定まらない対応とウクライナからの批判

　次に、ウクライナ侵攻に伴い、国際社会や同盟国、ウクライナからどのような期待がドイツに寄せられ、ドイツがどのような対応を示したかを確認する。

　ショルツ首相は連邦議会特別会議での演説で、紛争当事国へ兵器を移転しない従来の原則を覆し、ウクライナへの武器供与の用意があることを表明した。また、NATO 同盟国の対ロシア最前線の防衛強化に貢献するため、① NATO 部隊のリード国を務めるリトアニアで部隊の増強、②ルーマニアで防空任務の参加延長と拡大、③スロバキアでの NATO の新部隊創設、④北海、バルト海、地中海の安全確保のための艦船の追加派遣、⑤対空兵器による中・東欧同盟諸国の防空協力強化 – を発表した。[(8)] ショルツ首相は演説前日の 26 日に、対戦車火器 1000 発、携帯型地対空ミサイル「スティンガー」500 発をウクライナに供与することを明らかにしていた。[(9)] また、連邦軍強化のため、これまで対 GDP 比 1・1％から 1・5％程度だった防衛費を、2024 年までに 2％超に引き上げるとともに、連邦軍近代化のため 1000 億ユーロの基金を創設する計画を発表し

た。フランスなどの欧州のパートナーとの戦闘機や戦車の共同開発を進める方針も示した。経済制裁面では、前述のように「ノルドストリーム2」稼働手続きの停止、SWIFTからのロシアの大手金融機関の排除など、政策の見直しを表明したのである。

　ウクライナは、NATO加盟国、EU諸国などからの支援を概ね歓迎したが、ドイツには時折、複雑な感情を覗かせた。緊張感が高まる侵攻直前の2022年1月下旬、米国や英国、バルト三国、ポーランド、チェコなどが相次いで武器供与を表明する中、ドイツは緊張を煽ることを理由に武器供与を拒否、ヘルメット5千個を供与すると発表した。ランブレヒト（Christine Lambrecht）国防相は、ウクライナへの連帯を示す「非常に明確なシグナル」と述べたが、首都キーウのクリチコ（Vitali Klitschko）市長は「言葉を失った」と失望感を表明、ドイツ側の情勢認識の甘さに苛立ちを隠さなかった。原油や天然ガスの過半を輸入するなどの緊密な経済関係を築いていたロシアへの配慮から支援に慎重だと受け止めたからだ。

　このため、同国のゼレンスキー（Volodymyr Zelenskyy）大統領は2022年3月17日、オンラインでドイツ連邦議会において演説した際、ドイツが同国の状況の厳しさを理解せず、「ノルドストリーム2」計画を進めるなど、自国経済を優先してきたと批判、今後は「ドイツにふさわしい指導的役割を果たし、戦争を止めてほしい」と支援を要請した。また、連帯を示すべく、2022年4月にポーランド、バルト三国の大統領とウクライナを訪問する予定だったシュタインマイヤー（Frank-Walter Steinmeier）大統領の訪問を拒否し、プーチン氏と緊密な関係にあった大統領への不快感を表明した。同大統領の訪問は同年10月に実現したが、ドイツへの不信は根強かった。

　また、NATO加盟31カ国、EU加盟国、日本やオーストラリアなど非加盟国など計40カ国以上で構成する「ウクライナ防衛コンタクトグループ」が組織され、2022年4月26日にラムシュタイン（ドイツ）米空軍基地で第1回会合が開かれ、本章執筆時点で、オンライン開催を含め20回開催されてきた。

　ウクライナは2022年9月ごろから欧州諸国に戦車の供与を要請していたが、ドイツは当初、紛争激化を招くとして拒否、欧州諸国が保有する戦車レオパルト2A6の供与にも同意しなかった。このため、ウクライナ側が不満を募らせ、バルト三国の外相も戦車供与への同意を求めるツイートを同時配信したことか

ら、ドイツへの圧力は高まった。米国も 2023 年 1 月、オースティン（Lloyd James Austin III）国防長官がピストリウス（Boris Pistorius）独国防相との会談で戦車供与を要請し、ドイツ側は、米国の戦車 M1 エイブラムス供与を条件に供与に同意した。これにより、ドイツはレオパルト 2A6 供与の計画を発表するとともに、欧州諸国やカナダが保有する同戦車のウクライナへの供与にも同意した。また、オランダ、デンマークとともに、旧型のレオパルト 1A5 を 178 両、⁽¹⁴⁾民間在庫を供与する方針も発表、方針を転換した。ドイツ政府の公式発表によ⁽¹⁵⁾れば、同国が実施してきた主な武器支援は、ロシアのミサイル攻撃などに対応する防空システム「Iris-T SLM」2 基や携帯型地対空ミサイル「スティンガー」500 発、そして反攻の主力となるレオパルト 2A6 の 18 両も含まれることとなった。当初、規模が小さすぎ、遅すぎると言われたドイツの武器支援は徐々に評価を取り戻していった。

❸ 対ロシア不信を強める国内世論

　ショルツ政権のこうした政策対応を、国内世論はどのように評価したのか。ドイツ市民の対ロシア観、対米観、NATO の対応、武器供与の在り方について、「ドイツ連邦軍軍事史・社会科学センター」が 2022 年に刊行した世論調査結果「安全保障・防衛政策の世論における時代の転換点」を手掛かりに検討⁽¹⁶⁾する。

　同世論調査の結果によれば、ドイツ市民の対ロシア観は 2022 年、ドイツの安全保障に対する脅威と考える市民が前年比 28 ポイント増の 67% を占め、急速に悪化し、ロシア軍の増強（67%、前年比 28 ポイント増）、同国の外交・安全保障政策（66%、31 ポイント増）、ウクライナ侵略（65%、同 31 ポイント増）、そのサイバー攻撃（60%、10 ポイント増）は、いずれもドイツの安全に対する脅威として認識されている。また、ロシアは信頼できるパートナーではない（67%、30 ポイント増）、ロシアとドイツは共通の価値観を持っていない（65%、2 ポイント増）と考えている。前年とは対照的に、ロシアとの経済関係を制限することに賛成する回答が過半数を占め（67%、40 ポイント増）、反対は 12% だった。さらに、ロシアのガス供給への依存脱却に対する支持は 78%、不支持 7% と支持が大多数を占めた。

こうした認識は、ロシアが 2014 年にウクライナ南部クリミア半島を一方的に併合した際とは大きく異なる。当時は、ドイツの役割は西側とロシアの仲介を果たすことであるとする回答が 49%、米国など西側諸国と歩調を合わせることとする回答の 46% を上回り、ドイツ市民は自国を、米国など西側諸国の一員というより、米国とロシアの間に立つ仲介者と位置づける認識が強かった。

　対米観については、トランプ（Donald J. Trump）大統領の在任中（2017〜2021 年）は信頼感に乏しく、批判的に捉えられていたが、2021 年にバイデン（Joe Biden）大統領が就任すると改善し、信頼できるパートナーとの見方が、2021 年には 54%（前年比 23 ポイント増）、2022 年は 63% に増加した。また、米国の欧州防衛に対する関与の是非についても、2021 年に 56%（前年比 11 ポイント増）、2022 年には 63% がいずれも肯定的と回答し、米国の欧州防衛への関与を肯定的に受け止める回答が増加した。

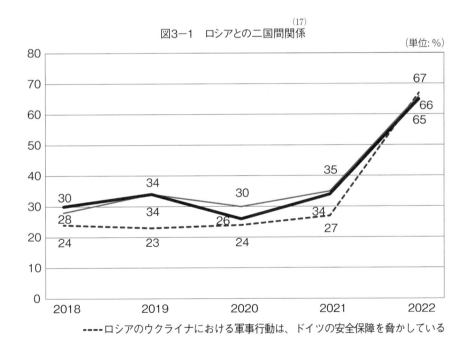

図3−1　ロシアとの二国間関係 [(17)]

（単位: %）

（出所）　独連邦軍軍事史・社会科学センター世論調査「安全保障・防衛政策の世論における時代の転換点」より翻訳作成。

NATO については、ドイツは自国の安全確保のため加盟し続けるべき（73%、前年比 1 ポイント増）、防衛政策では NATO を中心に関与すべき（58%、前年比 3 ポイント増）と、NATO への関与と加盟はこれまでと同様、大きな支持を得た。自国の安全保障・防衛政策の核心が NATO 同盟国としての対応にあることが支持された。

　また、中・東欧における NATO の軍事的プレゼンス強化は、49%（13 ポイント増）が支持、22% は反対、24% 未定と前年より支持が拡大した。さらに、ドイツがバルト諸国を対ロシア防衛のため軍事支援すべきだとする回答は 53%（22 ポイント増）、16% は反対、27% はどちらとも言えないと回答し、バルト諸国への軍事支援を支持する立場が急増した。さらに、NATO の東方最前線を防衛するためドイツが強力な軍事的関与を行うことへの支持は 50%、反対 20%、どちらとも言えないが 26% と、東方前線への防衛協力強化の世論が強いことが

図3-2　米国との二国間関係 [18]

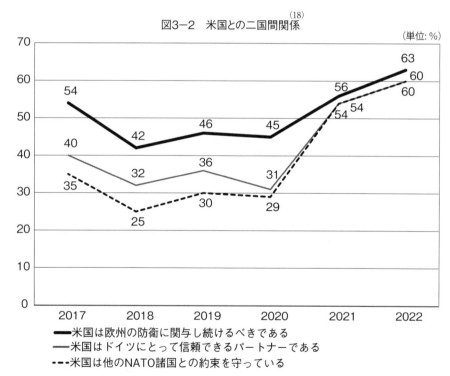

（単位: %）

- ━━ 米国は欧州の防衛に関与し続けるべきである
- ━━ 米国はドイツにとって信頼できるパートナーである
- ┅┅ 米国は他のNATO諸国との約束を守っている

（出所）　独連邦軍軍事史・社会科学センター世論調査「安全保障・防衛政策の世論における時代の転換点」より翻訳作成。

伺われた。

　東方最前線を防衛する連邦軍の任務のうち、リトアニアへの配備は賛成51％（14ポイント増）、バルト諸国における航空支援強化への出動は賛成48％（12ポイント増）と、いずれも対前年比で支持が大幅に拡大した。東方最前線の防衛強化がドイツにとっても重要であるとの認識が強まった。

　友好国への武器供与に関する認識も、ウクライナ侵攻前後で大きく変化し、2021年は不支持36％で、支持の33％を上回っていたが、2022年は支持が48％と、不支持が21％を上回った。

おわりに

　以上みてきたように、ロシアのウクライナ侵攻は、ドイツの外交・安全保障政策に根本的な再検討を迫った。戦後ドイツは、外交・安全保障分野で政治的リーダーシップを執ることを避け、強い自己主張を控える「控えめの文化」（Kultur der Zurückhaltung）の存在が語られてきた。[19] 軍事分野以外の民生部門を中心に国際協力で実績を残し、シビリアンパワーとしての存在を国際社会で印象付けてきた。ドイツのこうした姿勢は、コソボ紛争を抑止するためのユーゴ空爆などにより挑戦を受けたが、それを除けば、概ね貫いてきた。

　他方、ドイツ統一に伴う旧東独地域の経済復興のために莫大な資金を必要としたため、ドイツは1990年代に「欧州の病人」と言われる景気低迷に陥り、ロシアや中国との経済関係強化により経済再建を図った。権威主義国のロシアや中国との経済関係を深めることへの危険性を指摘する声、人権問題や民主活動家の弾圧を毅然と指摘すべきだとする意見も国内外で根強かった。[20] ところが、シュレーダー政権やメルケル政権は、ロシアによるクリミア併合のような戦略的衝撃に直面しても、経済制裁は科したものの、ロシアへの経済依存は解消しようとはしなかったのである。

　ショルツ政権は、天然ガス・原油をロシアに依存しすぎたことが、価格高騰などの経済混乱を招いたとの反省に立ち、ロシアだけでなく、7年連続で最大貿易相手国となった中国への行き過ぎた経済依存を改善する政策の見直しを進めた。[21] 同政権は2023年6月に初の「国家安全保障戦略」をまとめて防衛政策の強化を決めたほか、同年7月に初の「中国戦略」を採択し、「体制上のライバル」としての性格を強める中国との関係を見直し、経済的には「ディカップ

リング」（経済切り離し）ではなく、過度の依存を改善する「ディリスキング」を図る方針を示した。しかし、在中国ドイツ商工会議所が2022年に発表した「ビジネス景況感調査2022/23」では、中国市場の今後5年の見通しを聞いた結果（回答586社）、回答企業の77％は「増加」と回答、日本やインドを含む「チャイナ・プラスワン」の動きも見せるが、「中国戦略」には軍事的対応の言及もなく、対中依存の低下の方向に実際に進むかは不透明だ。

　シビリアンパワーを主唱し、ドイツ政府の政策に影響を与えてきたマウル（Hanns W. Maull）の研究チームは、日独米3カ国での調査結果を踏まえた近著『不本意の戦士—ドイツ・日本と対米同盟のジレンマ—』で、日独両国が依然として、武力行使や戦闘行動を忌避する傾向を持つ「不本意の戦士」であると結論付けた。[22]他方、ドイツ政府は近年、日本を含む同志国と協力し、「ルールに基づく国際秩序」を形成する「ルール・シェイパー」（ルール形成者）をめざす意向を示した。[23]だが、みてきたように、ウクライナ侵攻で挑戦を受ける「ルールに基づく国際秩序」を守り発展させていくためには、「不本意の戦士」のままであり続けることに修正を迫られており、時に挑戦をしなやかに退け、進化の契機とする能力が問われている。

　＊本章は中村登志哉2023aを基に大幅に加筆修正したものである。

【注】
（1）　Regierungserklärung von Bundeskanzler Olaf Scholz am 27. Februar 2022.
（2）　Sebastian Harnisch eds. 2001, pp. 1–9.
（3）　中村2006. 中村2013: 105–124.
（4）　Berger 1998.
（5）　Longhurst 2004: pp. 45–48.
（6）　Dempsey 2012: pp. 32–39.
（7）　Stockholm International Peace Research Institute 2022.
（8）　Regierungserklärung von Bundeskanzler Bundesregierung am 27. Februar 2022.
（9）　Bundeskanzler Olaf Scholz, twitter, 2022年2月26日。
（10）　AFPBB News「独、ウクライナにヘルメット5000個供与　内外から批判や失望」、2022年1月27日。
（11）　Zelenskyy 2022a.

（12） *Zeit Online* 2022.
（13） 'Latvia, Estonia, Lithuania urge Germany to send tanks to Ukraine,' *Reuters*, 22 January.
（14） Presse- und Informationsamt der Bundesregierung 2023.
（15） 'Germany, Denmark, Netherlands to provide at least 100 Leopard 1 tanks for Kyiv,' *Reuters*, 8 February.
（16） Graf 2022.
（17） Graf 2022: 3.
（18） Graf 2022: 20.
（19） 中村 2006: 123–124. Müller-Ullrich 2011.
（20） 中村登志哉 2021: 114–119.
（21） Welle 2022.
（22） Maull eds. 2019.
（23） 中村登志哉 2023b: 153–154.

（中村登志哉）

第4章

ロシア・ウクライナ戦争における 「正しい終戦」観の類型

はじめに

　なぜ、ロシア・ウクライナ戦争（露ウ戦争）は終わらないのか。戦争の長期化により、現地で多くの人命が失われているばかりか、食糧・エネルギー価格の高騰を招くなど世界中に悪影響が及んでいる。終戦こそが世界全体の利益のように思われるにもかかわらず、なぜ終戦に至らないのか。「世界政府なき世界での統治」の可能性を探るグローバル・ガバナンス論が答えなければならない問いである。

　この点につき、既存の「戦争終結論」の知見に基づけば、次の五つの原因が考えられる。①自国に少しでも有利な和平条件につながるように戦局が好転することへの期待が捨てきれないうちは和平合意をまとめる機運は高まらない、②たとえ和平合意がまとまりそうになっても相手が和平合意を遵守するかを信じることができなければ終戦に至らない、③これまでの戦闘によって甚大な犠牲や莫大な費用が生じている以上は簡単には和平に応じられない、④和平に応じると国外追放や訴追といった処罰を受ける恐れのある指導者からすれば和平に応じるよりも自身の政治生命を賭けて最後まで戦う方が得策となる、⑤国内において戦争継続を主張する勢力が強い場合には指導者はこれを説得する必要がある。いずれもあり得る説明であるが、他に考えるべき点はないだろうか。

　戦争を終わらせる難しさが洋の東西を問わず政策決定者により繰り返し語られてきたことを踏まえれば、その原因の一端は、国際社会における「正しい終戦」とは何かについての共通理解の欠如にあるとも考えられる。そこで、本章では、様々な「正しい終戦」観が併存する状況を捉えることをめざす。「正しい

終戦」のあり方について、観察者である筆者がどのように考えるのかではなく、戦争の当事国や終戦をめぐる議論に参加する第三国がどのように考えているのかが分析の焦点である。

　こうした研究は意外にもほとんどなされてこなかった。それはおそらく、終戦の時期や形態は国々の戦略的な利害によって決まり、道徳的な議論が入り込む余地はないと考えられてきたからだろう。しかし、各国はある特定の時期・形態の終戦について「正しい」とか「正しくない」といった評価もまた実際に加えている。国々は戦略的利害を主要因として決まった自国の立場を道徳的価値に基づいて正当化したり、自国の戦略的利害と相いれない他国の立場を道徳的価値に基づいて非正当化したりしているのである。そうした実態がある以上、道徳的な観点にも着目する方が現実に即した議論を展開できると筆者は考える。

ユス・ポスト・ベルム概念による「正しい終戦」観の類型化

　様々な「正しい終戦」観が併存する状況を捉えるには、できる限り視点の偏りや取りこぼしを防がなければならない。ここで手掛かりとなるのが、ユス・ポスト・ベルム（jus post bellum: JPB）という概念である[(2)]。これまで戦争の正当性については主に、戦争の目的の「正しさ」に関するユス・アド・ベルム（jus ad bellum: JAB）や手段の「正しさ」に関するユス・イン・ベロ（jus in bello: JIB）の観点から論じられてきたが、21世紀に入ってからはJPBにも注目が集まりつつある[(3)]。JPBは「戦争をどのように終わらせるべきか」に関するものと「戦勝国はどのようにふるまうべきか」に関するものとに大別できるが[(4)]、本章では前者に着目することとなる[(5)]。ただし、JPBは、その行為主体や構成要素について論者間に大まかな合意さえなく理論化途上の概念と言わざるを得ない[(6)]。そこで、曖昧な部分の残るJPB概念を明確化する必要がある。

　明確化に際し、まず、行為主体を戦争当事国と第三国とに分けよう。当事国にとっての「正しい終戦」と第三国にとってのそれとが重なるとは限らないからである。例えば、被侵略国が領土の奪還に至らないなかで、国民の生命がさらに奪われるのを避けるために、ひとまず停戦することは同国にとって十分に「正しい終戦」であり得る。一方、第三国からすれば、侵略国の領土が増えることは「正しい終戦」として直ちには認めがたい。領土不可侵という国際社会で

最も重要な原則の一つが破られることとなり、ひいては国際秩序全体を揺るがすことになるからである。また、被侵略国が領土の奪還を果たしてこそ「正しい終戦」だとして抗戦を続けることも十分にあり得る。一方、第三国からすれば、当事国間の局地紛争が世界大の紛争へ拡大していく恐れがある際には、局地紛争に留まっているうちの停戦を「正しい終戦」だと判断することもあり得よう。このような主張の違いが当事国か第三国かという立場の違いによって生まれ得る以上、両者を分けて議論する必要がある。

　次いで、構成要素については、各主体の「作為の正しさ」と「不作為の正しさ」とに大別しよう。「正しい終戦」のあり方について、先述のように、「停戦をするべきだ」、「抗戦をするべきだ」といった形での主張以外に、「停戦をするべきでない」、「抗戦をするべきでない」といった形での表明もあり得るからである。また、当事国や第三国が採り得る行為に幅がある以上、「○○まではするべきでない」といった形の主張もあり得る。

　以上を踏まえれば、JPB概念を（Ⅰ）当事国がなすべきこと、（Ⅱ）当事国がなすべきでないこと、（Ⅲ）第三国がなすべきこと、（Ⅳ）第三国がなすべきでないことに類型化できる（表4－1）。むろん、ある行為が特定の類型にのみ収まるとは限らない。例えば、侵略国の政治体制を強制的に転換することは類型Ⅰ・Ⅱのいずれにも入り得るし、そうした体制転換を支援することは類型Ⅲ・Ⅳのいずれにも入り得る。ここで重要なのは、ある行為がどの類型に属するかの判断は主体によって異なり得るし、同じ主体でも時期によって判断が異なり得ると想定されることである。

表4－1　JPB概念の4類型

	作為の正しさ	不作為の正しさ
当事国	Ⅰ	Ⅱ
第三国	Ⅲ	Ⅳ

❷　露ウ戦争における「正しい終戦」観

　以上の4類型を踏まえ、露ウ戦争について具体的にみていこう。以下、①首都攻防期（2022年2月～4月）、②東部攻防期（2022年4月～9月）、③領土奪還期（2022年9月～12月）の三つの時期に便宜的に分けて分析していく。

（1） 首都攻防期（2022年2月〜4月）

　まず、2022年2月24日のロシアによるウクライナ侵攻により首都キーウを
めぐって両国の攻防が繰り広げられた時期を「首都攻防期」として、この時期
における特徴的な言動を確認しよう。

　当事国自身が示した「当事国がなすべきこと」（類型 I）としては、3月29日
の停戦交渉においてウクライナ側から提案されロシア側も好意的に反応したと
される以下の内容がある。すなわち、①「2022年2月24日時点でウクライナ
が実効支配していた領土」が維持できるのであれば、②新たな安全保障の枠組
みを作り、そこにロシアを含む国連安保理常任理事国等が保証国として参加す
る、③ウクライナはNATOを含む軍事同盟に参加せず、他国の軍隊の駐留を
認めないし、核兵器も持たない、④クリミアについては15年間かけて別途協
議する、⑤親ロシア派が実効支配していたドネツク・ルハンスク両州の一部に
ついても別途協議する、といった内容である。侵略国の撤退、被侵略国の中立
化という双方の妥協によって戦争を終わらせることが「正しい」と判断したの
である。

　一方、ウクライナは「当事国がなすべきでないこと」（類型 II）についても行
動によって示している。ゼレンスキー（Volodymyr Zelenskyy）大統領の亡命拒
否である。米国はゼレンスキー大統領に対してポーランド等で亡命政府を樹立
できるように支援する準備があると伝えたものの、同大統領はこの申し出を拒
否したとされる。論理的には被侵略国の大統領の亡命によって終戦へと向かう
ことはあり得るが、ゼレンスキー大統領は首都に留まり続けた。そして、欧米
諸国に対して、被侵略国を支援することで終戦を促すように求めた。それが「第
三国がなすべきこと」（類型 III）だとウクライナは判断したのである。

　第三国に目を転じよう。国連安保理ではロシアの拒否権行使により同国の「特
別軍事作戦」を侵略行為と認定するに至らなかったものの、国連緊急特別総会
においては3月2日に「ロシアによるウクライナに対する侵略を最も強い言葉
で非難する」という文言が含まれた決議が賛成多数で採択されている。同決議
では、ロシアによるウクライナに対する武力行使の即時停止が要求されるとと
もに、「国際的に承認された国境内のウクライナ領域からのすべての軍隊の即
時、完全かつ無条件の撤退」がロシアに求められた。侵略国の撤退による終戦
が「当事国がなすべきこと」（類型 I）だという理解が示されたといえる。

また、侵攻直後より米国、英国、EU、日本、カナダ、豪州等がロシアへの経済制裁措置を発動した。これらの国は、侵略国への経済制裁によって終戦を促すことが「第三国がなすべきこと」（類型Ⅲ）だという理解を示したと整理できる。もっとも、経済制裁によって直ちに終戦へと向かうとは考えづらく、軍事制裁という選択肢が事実上ないなか、侵略という明確な国際法違反行為に対して何もしないわけにはいかないと考えた各国の思惑が見え隠れする面もある。とはいえ、経済制裁による終戦促進がめざされていたこと自体は間違いでない。そのことは、英国のトラス（Elizabeth Truss）外相が「ロシア軍のウクライナ撤退と停戦」を経済制裁解除の条件として明言したことにも表れている。[(12)]

（2）　東部攻防期（2022年4月〜9月）

　首都近郊での戦闘に苦戦したロシアは、兵力をウクライナ東部に集中するようになる。こうして東部をめぐる攻防が繰り広げられるようになった時期を「東部攻防期」として、同時期における特徴的な言動を確認しよう。

　首都近辺からのロシア軍撤退により、ロシア軍が占拠していたブチャやイルピンにおいて数百人に及ぶウクライナ民間人の遺体が発見された。ゼレンスキー大統領は「虐殺」だとの認識を示して国際刑事裁判所（ICC）による処罰を望みつつも、ロシアとの交渉については「ウクライナの人々の平和のために必要」だとして継続する意思を示した。一方、ロシアは態度を硬化させた。プーチン（Vladimir Putin）大統領は、民間人殺害事件をウクライナによる「でっちあげ」だとし、4月12日に停戦交渉の終了を宣言した。

　こうして当事国間の停戦交渉による終戦は遠のいたが、ここで重要なのは、ウクライナの「正しい終戦」観が直ちに変化したわけではないということである。「ウクライナの中立化」は撤回されず、「2022年2月24日時点でウクライナが実効支配していた領土」を維持したうえでの妥協による終戦を「当事国がなすべきこと」（類型Ⅰ）だとする判断は大統領の演説で繰り返されていた。

　一方、一部の第三国の姿勢には変化がみられるようになる。民間人殺害事件後に、欧米諸国のウクライナへの武器支援の規模が拡大したのである。もっとも、こうした変化の背景には、ウクライナがロシアによる首都占領を阻止したこともあると考えられる。ウクライナの早期の敗戦が予想された首都攻防期には同国への武器支援は必ずしも戦略的に妥当な判断ではなかったところ、東部

攻防期に入ると事情が変わってきたのである。そうした戦略的な考慮はあるにしても、侵略国への経済制裁に加えて、被侵略国への武器支援による終戦促進が「第三国がなすべきこと」（類型Ⅲ）だという理解が示されるようになったと整理できる。

　ただし、こうした姿勢の変化がありつつも、米国が次の点に配慮していたことは重要である。米国政府高官は、5月31日、ウクライナが米国から提供された兵器を用いてロシア領内を攻撃しないように確約させたと公表した。被侵略国といえども、侵略国内を攻撃することは「当事国がなすべきでないこと」（類型Ⅱ）だという理解を示したわけである。また、同日、バイデン大統領は、プーチン大統領を追放するつもりはないとして外部からの強制的な体制転換をめざさない旨を明言した。⁽¹³⁾ 侵略国といえども、その政治体制を外部から強制的に転換することは「第三国がなすべきでないこと」（類型Ⅳ）だという理解を示したわけである。こうした一連の発言は、核兵器国ロシアとの対立がウクライナへの武器支援によってエスカレートするリスクを懸念してのものだと考えられる。そうした戦略的な考慮はあるにせよ、類型Ⅱと類型Ⅳが新たに示されたことが、ここでのポイントである。

　7月になるとロシアはルハンスク州の制圧を宣言したが、このときがロシアの攻勢のピークだった。それ以降は、次第にウクライナ側が盛り返すようになる。この背景には、欧米諸国によるウクライナへの武器支援の規模が拡大したことがあるだろう。

　ここで重要なのは、こうした戦局の変化によってウクライナの「正しい終戦」観にもまた変化がみられ始めたことである。それは、8月23日のゼレンスキー大統領の演説に典型的に表れている。クリミア半島を軍事的に奪回するという方針が掲げられるようになったのである。もっとも、これはクリミア半島の返還が議題の国際会議（Second Crimea Platform Summit）における発言であり、文脈を考慮すればレトリックと受け取ることも不可能ではなかった。しかし、次項の内容を先取りするならば、これはウクライナの本格的な方針転換の予兆であった。

（3）　領土奪還期（2022年9月〜12月）

欧米からの武器支援の拡大を受け、9月以降、ウクライナはロシアから領土

を奪還していった。この時期を「領土奪還期」として、同時期における特徴的な言動を確認しよう。

ウクライナの動きは、東部攻防期末期の動きから連続している。9月13日、ウクライナは中立化の提案を撤回した。9月11日にハリコフ州の要衝イジュームの奪還に成功したことが、その背景にあるとみられる。9月21日の国連総会におけるゼレンスキー大統領の演説では、和平実現に向けた5条件が示されたが、そのなかでは「ロシアの侵略に対する処罰」が明示された。具体的には、特別法廷の設置や拒否権の剥奪、損害賠償等である。さらに、9月30日には、(プーチン以外が指導者となった場合のロシアとの交渉はあり得るとしつつも) プーチン大統領とは交渉しないとの発言がゼレンスキー大統領からなされ、10月4日にはこの方針が法制化された。クリミア半島についても、レズニコフ（Oleksii Reznikov）国防相やアレストビッチ（Alexey Arestovych）大統領府顧問から、「1991年の独立時の領土」からのロシア軍撤退、つまりクリミア半島を含む領土からの撤退が和平の条件の一つだとの認識が示されるようになった。

妥協による終戦という東部攻防期まで基本的に維持されていた姿勢は、①侵略国の「1991年の独立時の領土」からの撤退がなされ、②侵略国が侵略に対する処罰を受けたうえで戦争を終わらせるのが「当事国がなすべきこと」（類型Ⅰ）であり、侵略の当事者との交渉は「当事国がなすべきでないこと」（類型Ⅱ）だとする姿勢へと明確に変化したのである。11月18日のカナダでの安全保障会議に寄せたビデオメッセージのなかでゼレンスキー大統領が「ロシアはいま、短い休戦、体力を回復させるための休息を求めている。これを終戦と呼ぶ人がいるかもしれないが、状況を悪化させるだけだ……不道徳な妥協をすれば新たな血が流れるだけだ」（傍点強調は筆者）と発言したのは、「正しい終戦」観の変化を如実に示しているといえるだろう。

こうした姿勢の変化は、ロシアの新たな動きと相互に作用した面もある。ロシアもまた9月21日に予備役30万人を対象とする部分動員令を発令したり、9月23日から東・南部4州の占領地域で編入を問う住民投票を強行し9月30日に併合を一方的に宣言したりするといった動きをみせていた。終戦が遠のいていくのは、もはや明らかであった。

こうしたなか、欧米諸国はロシアへの経済制裁とウクライナへの武器支援を継続した。ただし、重要なのは、プーチン大統領とは交渉しないというウクラ

イナの姿勢が欧米諸国からの働きかけによって軟化していったことである。開戦直後より和平への仲介に意欲を示してきたフランスはもとより、米国もまた水面下でウクライナに終戦を促しているとの報道が絶えなかった。12月1日の米仏共同記者会見において、両国は、ロシア軍の撤退が戦争を終わらせる唯一の方法だとの従来の認識を示しつつ、プーチン大統領との対話の用意があると言及した。侵略国の撤退が「当事国がなすべきこと」（類型Ⅰ）だとの認識に加え、外部からの強制的な体制転換は「第三国がなすべきでないこと」（類型Ⅳ）だとの認識にもまた変化がないことが示唆されたわけである。

　11月15日のG20では、ロシアへの経済制裁やウクライナへの武器支援を控えてきたという意味で「中立」を保ち続けてきた国々から停戦を求める声が多くあがった。背景には、戦争の長期化によるエネルギー・食糧価格の高騰があるとみられるが、その特徴は、ロシアのみならずウクライナにもまた停戦を求めた点に見出せる。領土奪還期に至って、反転攻勢の盛んなウクライナに対する国際社会の眼差しが微妙に変化したことが垣間見える。

　一方、次の点もまた指摘しておかなければならない。それは、欧米諸国のなかでは、ウクライナの望む形で停戦がなされるべきであり、その実現に向けて支援し続けることが重要だとの認識が支配的な点である。つまり、被侵略国の望む形の終戦が「当事国がなすべきこと」（類型Ⅰ）であり、それを支援するのが「第三国がなすべきこと」（類型Ⅲ）だとする認識である。欧米諸国のなかではウクライナ支援に比較的慎重だとみられてきたフランスが12月1日の米仏共同記者会見においてそうした点を明言したことに、この時期の特徴が現れているといえるだろう。

おわりに

　本章では、露ウ戦争における当事国や第三国の「正しい終戦」観を捉えることをめざしてきた。その結論や残された課題、含意として、以下の3点を挙げて結びとしたい。

　第一に、4類型に整理したJPBを踏まえて露ウ戦争を分析した結果、「ある行為がどの類型に属するかの判断は主体によって異なり得るし、同じ主体でも時期によって判断が異なり得る」ことが確認された。第三国については、被侵略国による侵略国領内への攻撃が類型Ⅱに入り、そうした攻撃を支援すること

は類型Ⅳに入るといった認識や、被侵略国の望む形が類型Ⅰや類型Ⅲだとする言説の登場も確認できた。これは、「和平派（即時停戦派）」か「正義派（徹底抗戦派）」かといった巷間よくみられる二分法では必ずしも捉えきれない点だといえるだろう。

　第二に、こうした議論は、あくまでも2022年末までの観察から得られたものであり、現在進行形の戦争である以上、今後も分析を続けなければならない。実際、「戦局膠着期」（2022年12月～2023年10月現在）とも呼ぶべき第四の時期には、「中立」を保ってきた諸国から相次いで和平案が提示されるといった新たな動きがみられる。

　第三に、このような限界がありつつも、本章の議論は露ウ戦争後の国際秩序を占ううえでヒントとなり得る。国際秩序は大戦争の終結を契機として刷新され、次の大戦争が起こるまで維持されるということが繰り返されてきた。露ウ[16]戦争は戦闘面では局地的であるものの、政治面では国連安保理常任理事国間の深刻な対立を惹起している。この戦争の終わり方が国際秩序の行く末を決めかねない以上、各国の「正しい終戦」観の把握に努めなければならないのである。

＊本章は、JSPS科研費23K01286および村田学術振興財団研究助成M22助人028による研究成果の一部である。

【注】
（１）　Ikle 1971/2005: 17–20, 38–42, 59–60, 85, 97–98; Goemans 2000: chapter2; Taliaferno 2004: 3, 9, 14–16; Reiter 2009: chapter 2, 3; Stanley 2009: chapter2; 千々和 2019: 60–63.
（２）　Orend 2002; Bass 2004; Stahn and Kleffner eds. 2008; Stahn, Easterday, and Iverson eds. 2014; Stahn and Iverson eds. 2020; Mileham ed. 2020; Iverson 2021 などが代表的な研究の一例である。
（３）　もっとも、JPB は遅くともビトリアの時代から検討されていたものであり（ビトリア 1993: 222–223）、近年になって JPB が復権を果たしたと表現することもできる。
（４）　若狭 2023: 64.
（５）　後者に関しては、中村長史 2021: 236–237; 中村長史 2023: 9–11 を参照。
（６）　Stahn 2008: 233; 眞嶋 2011: 258; Easterday, Iverson and Stahn 2014: 3.
（７）　東 2023: 50–54.
（８）　UN Doc. SC/14808, 25 February 2022.

（9） UN Doc. A/RES/ES-11/1 para2, 2 March 2022.

（10） UN Doc. GA/12407, 2 March 2022

（11） UN Doc. A/RES/ES-11/1 paras 3–4, 2 March 2022.

（12） *Telegraph* 26 March 2022; 東 2023: 76.

（13） *New York Times* May 31, 2022.

（14） 『朝日新聞』2022 年 11 月 20 日。

（15） *Wall Street Journal* November 6, 2022.

（16） 藤原 1998: 51–55; Ikenberry 2001.

（中村長史）

第5章

英国学派で考える
21世紀の大国の責任

はじめに

　国際政治の舞台で「大国の責任」が強調される場面は珍しくない。例えば2023年6月、フランスのマクロン大統領（Emmanuel Macron）と中国の李強首相の会談において、マクロンが「世界経済への影響の大きさから、中国には特別な責任がある」と語れば、李は中仏とも「責任ある大国」であると返した。[1]同年8月には、中国の王毅外相が英国の外相に対して、「中英両国は大国として協力し、世界の平和と安定を維持する責任がある」と述べた。[2]さらに10月、中国の習近平国家主席が米国の議員団と会談した際、「中米は大国として責任感を示し、世界の平和と発展に貢献すべきだ」と発言している。[3]大国と称される一部の国々が、国際秩序の安定やグローバル・イシューの解決に関して特別な責任を負う。そのような共通認識が国際社会の中にあるとみて間違いない。

　本章はこの点に着目し、21世紀のグローバル・ガバナンスにおける大国の責任の実像に迫ることを目的とする。理論面では主に英国学派を参照したい。というのも、同学派は大国の責任を論じてきた伝統があり、しかもそこにグローバル・ガバナンス論との接点を見出せるからである。

グローバル・ガバナンスにおける大国

　今なぜ大国なのか。グローバル・ガバナンス論の最大の特徴が、国際協調における国家以外のアクター（非国家主体）の役割を重視する点にあるとすれば、それは大国と相性が悪いように思われる。言い換えれば、アクターの多様化を

論じるグローバル・ガバナンス論にとって、大国という古めかしいアクターは扱いにくい存在だといえる。

　大矢根によれば、グローバル・ガバナンス論が非国家主体に注目したことには、理論上の「代償」が伴ったという。「グローバル・ガバナンス概念における主体の多様化は、実質的に国家の機能の限界を、他の主体が補完する意味を持った。とはいえ、国家と他の主体がどのような条件下でどのように機能分担するのか、そこに傾向やパターンがあるのか、明確になってはいない。国家の動揺は指摘されたが、新たな国家像は不明なのである$^{(4)}$」。加えて彼は、この課題に取り組むことの意義が今日ますます高まっていると指摘する。近年の国際政治においてパワーの多極化（大国・主要国の多極化）が進むのと同時に、「〔グローバル・ガバナンスの〕中心的主体が国家へ回帰している」傾向も強まっていることから、「グローバル・ガバナンス概念では国家の位置づけが曖昧であったが、それを見直し、明確化する必要性はいっそう高くなっていよう$^{(5)}$」。

　そして今、現実の国際政治に目を向ければ、2022年に始まったウクライナ戦争がグローバル・ガバナンスに暗い影を落としている。本章では、その点を大国の責任の問題を切り口に考えてみたい。特に注目するトピックが体制転換（レジーム・チェンジ）である。21世紀のグローバル・ガバナンスの展望を左右するのは、体制転換をめぐって問われる大国の責任のあり方なのである。

❷　大国の責任の二元性と多様性

　国際関係論は伝統的に大国を最重要アクターとして扱うことが多かった。なかでも、主流の理論のリアリズムはその傾向が顕著である。同じように、英国学派も大国に強い関心を寄せてきた。しかしリアリズムと違う点は、大国を単なる自己利益追求型のアクターとしてみるのではなく、国際社会に対して特別な責任を負う存在として考えるところである。モリス（Justin Morris）によれば、「大国の責任の実際の範囲をめぐって英国学派の内部で論争はあるが、それにもかかわらず、特定の国々にはその強さゆえに特別な社会的役割を果たす義務があるとの意見を〔同学派が〕認めていることは、大国に対する考え方に関してリアリストと英国学派がいちばん違うところである$^{(6)}$」。英国学派の代表的な研究者であるジャクソン（Robert A. Jackson）も、「大きなパワーは大きな責任を生

む」とか、「少数の国家だけが世界全体の平和と繁栄に対する大きな責任を負っ
ている。もし世界政治において責任がパワーの分身（alter-ego）だとすれば、為
政者の責任はどこの国も同じということはあり得ない」と論じる。[7]

　そして、国際社会のなかで特別な責任を負う大国を「制度」とみなす考え方
が、英国学派の系譜において受け継がれてきた。[8]同学派の最重要人物のブル
（Hedley Bull）は、冷戦期に刊行した主著の中で、勢力均衡、国際法、外交、戦
争、大国の五つを国際社会の制度として列挙した。大国は、単に自己利益の最
大化を図るアクターにとどまらず、国際社会の共通利益のために行動し、互い
に協調する（べき）存在として描かれてきたのである。[9]なお、英国学派の用語
法として、大国（great powers）が国際社会のなかで「管理（management）」を
担うと表現することが多いため、制度としての大国については「大国による管
理（Great Power Management: GPM）」という名称が一般的になっている。本章
でも以下、GPM を用いたい。

　ブルの説明によれば、GPM は大国間関係の内側と外側に分けられる。すな
わち、大国は「大国同士の相互関係を管理すること」、および「その優越的地位
を利用して、国際社会全体の事柄に対してある程度中央から指導すること」の
二つの方法により、国際秩序に貢献するのである。[10]以下の議論では便宜上、前
者を対内 GPM、後者を対外 GPM と呼ぶ。対内 GPM の具体的な中身には、
大国間の勢力均衡の維持や、危機・戦争の回避・緩和が含まれる。冷戦期なら
米ソ関係が、21 世紀なら米中関係が焦点になる。実際、近年は米中両国から、
相互関係を管理する責任を意識した発言がしばしば聞かれる。例えば 2022 年
11 月の米中首脳会談において、バイデン（Joe Biden）大統領は「我々には相違
点を管理し、競争が紛争に近づくことを防ぎ、協力の道を探る責任がある」と、
習近平国家主席は「我々は両大国の指導者として、かじ取りの役割がある」と
語った。[11]また 2023 年 6 月には、米国のブリンケン（Antony J. Blinken）国務長
官が訪中して習と会った際に、「バイデン大統領は、米中には関係を管理する義
務と責任があると信じ、訪中を指示した」と話している。[12]

　一方、対外 GPM は三つに分けられる。大国が特定の地域のなかで他の国々
に影響力を行使すること、大国の間で相互の勢力圏・利益権・責任圏について
合意すること、国際社会全体に関わる問題の解決に向けて協力することである。[13]
はじめの二つが本質的にパワー・ポリティクスの一種であるのに対し、三つ目

はグローバル・イシューをめぐる国際協調とも言い換えられ、グローバル・ガバナンスに近いといえる。ただし、これについてブルは、核不拡散をめぐる米ソの協調行動を批判的な観点から短く論じただけで、深く掘り下げてはいない。恐らく、冷戦という時代背景ゆえのことだろう。

このように英国学派の語る大国の責任は、大国間関係の内側と外側に分かれるという意味で二元性を特徴とする。そしてツェイとブザン（Cui Shunji and Barry Buzan）が、対外GPMの対象分野・範囲が時代の移り変わりとともに広がってきたと論じる。現代の国際社会には気候変動問題、難民、テロリズム、組織犯罪、感染症など様々なグローバル・イシューがあり、それらに対して大国が大国にしかできない役割を果たすことが求められるのである。これは英国学派の系譜において、ブルのGPM論を継承しながら、その中身が多様化する現実と可能性に着目することで、それを発展させようとする議論だといえる。

さらにこの文脈で注目したいのが、ツェイとブザンがGPMとグローバル・ガバナンスの結びつきを明示的に論じた点である。二人はグローバル・ガバナンス論が国家や大国を無視したわけではないにせよ、GPM論との接点を探ってこなかったことや、大国とそれ以外の国家の区別を軽視してきたことを批判した。そのうえで、両者を組み合わせることの意義をこう強調する。

　　基本的に、GPMとグローバル・ガバナンスについて考えることを妨げるものは何もないのだが、実際には二つの研究は正反対の方向を向いてきたし、対立する見解だといってもよいぐらいだった。これらをどのように組み合わせられるのかということは興味深い、重要な問いであり、しっかり向き合うには別の論文が必要なほど大きな問いである。

　　グローバル・ガバナンスは、アクターの幅が広く、合意的・水平的・交渉的な性格が強いものだが、それでもGPMに取って代わるというよりかは、GPMと必ず絡み合うものと考えてもいいだろう。

その後、二人は感染症を題材に改めてこの課題に取り組んだ。そこで注目したのは、2014年に西アフリカでエボラ出血熱が流行した際に、米国や中国など一部の国々がリスクを背負って自国兵士を現場に派遣するなど、大国の責任

を果たさんと動いたこと、その中で非国家主体との協働もみられたことである。まさに多様化した GPM の好例だった。感染症をめぐるグローバル・ガバナンス（グローバルヘルス・ガバナンス）は、国際機構や NGO といった非国家主体が活躍する領域である。しかしエボラ出血熱の事例が物語るのは、大国も重要かつ特別な役割を果たせること、ひいては GPM とグローバル・ガバナンスが結びつく現実なのである。

　加えて、GPM とグローバル・ガバナンスの接点についていえば、実はすでにブルの議論にその萌芽があった。彼は大国の責任や役割を大国間関係の内側と外側に分けて説明する際、次のように述べていたのである。

　　　大国のこの二つの役割ないし機能は、相互に密接に関連しているので、歴史的現実においては分離することは困難である。つまり、大国がその相互関係を管理するためにとる措置は、直接、国際社会全体の事柄に関して、中央から指導・管理する試みにつながっている。〔大国が〕国際社会の残りの部分との関係における優越的地位を利用してとる措置は、大国相互の関係をある程度効果的に管理することが前提とされている。[20]

　英国学派の語る GPM は大国間関係の内側と外側の二つに分かれるとはいえ、決して分離しているわけではなく、むしろ密接に結びつくものなのである。この点に、GPM とグローバル・ガバナンスの接点を見出すことができる。すなわち、GPM は対象分野・範囲の拡大によりグローバル・ガバナンスと結びつく以前に、そもそもグローバル・ガバナンスの基盤の一部を構成していたのである。

　以上をまとめると、英国学派の系譜からみえてくるのは、大国の責任の二元性と多様性、およびグローバル・ガバナンスとの接点である。責任の次元は、大国間関係の内側と外側の二つに分かれている。そして対内 GPM が有効に機能していることがグローバル・ガバナンスを支える一方、対外 GPM の多様化によりグローバル・ガバナンスとの接点が新たに生まれてきたのである。

　それではウクライナ戦争に目を向けよう。ただその前に指摘しておきたいのは、異なる政治体制間の競争が 21 世紀の国際政治の基調をなすことである。米中対立は単にパワーをめぐる競争にとどまらず、政治体制の優劣をめぐる競争の側面も合わせもつ。さらにそれは世界全体を巻き込む形で展開しており、国際関係論や比較政治学において注目を集める研究テーマとなった。2000 年代以降の世界的なトレンドとして民主主義が後退・衰退する一方、権威主義の勢力が強まってきたとの見方が広まっており、その原因と実態、帰結をめぐって活発な議論が交わされている[21]。

　2022 年に勃発したウクライナ戦争はこうした時代状況を反映して、三つの点で政治体制の問題がからんでいる。第一に、ロシアのウクライナ侵攻の背景要因としてしばしば指摘されるのは、2000 年代のカラー革命以降、周辺国で民主化の動きが広がる事態にプーチン（Vladimir Putin）大統領が強い警戒心を抱いていたことである。すなわち、彼は周辺国の体制転換の波が自国に波及する可能性を恐れていた。それに関連して第二に、彼は戦争開始当初、短期間のうちにウクライナの首都キーウを攻略し、同国の体制転換を狙っていたとされる。第三に、西洋諸国はこの戦争を民主主義を守るための戦いと位置付けている。戦争開始から約 1 カ月後、バイデン大統領はポーランドで行った演説のなかで、「民主主義のための戦いは、冷戦終結とともに終わりを迎えたわけではなかった。この 30 年で、専制主義が世界中で復活したのだ」と述べ、さらには「この男〔プーチン〕が権力の座にとどまり続けてはいけない」とロシアの体制転換を仄めかす言葉すら口にした[22]。

　特に注目すべきは、米国の大統領がロシアの体制転換を狙うかのような発言をしたことである。発言の直後に米国政府は火消しに追われたが、それは大統領の単なる「失言」として片づけられるものではなく、政治的に重要な含意がある。というのは、体制転換は 21 世紀の国際政治における重要な争点だといえるからである。米国をはじめとする西洋民主主義諸国は、2001 年にアフガニスタンで、2003 年にイラクで、2011 年にリビアで現地の政治体制を武力で覆してきた。西洋側が軍事介入を決めた直接の理由は、アフガニスタンは 9.11 テロ、イラクは大量破壊兵器の保有疑惑、リビアは人道危機とそれぞれ異なる

が、その帰結は共通して体制転換だった。⁽²³⁾そうして民主主義諸国の軍事介入が相手国の体制転換をもたらす展開が、一つのパターンとなった。バイデンの発言はこの延長線上にあり、その意味では21世紀の国際政治を象徴するものでもあった。当然、ロシアと中国はそうした武力による体制転換に反対してきた。アフガニスタンの事例はともかく、イラク戦争に関しては武力行使を認める安保理決議の採択に反対したし、リビア介入の場合は決議の採択こそ黙認したものの（中露とも拒否権は行使せず、棄権した）、体制転換の必要性、正当性を認めることはなかった。

しかし忘れてならないのは、アフガニスタン、イラク、リビアの各事例で、介入の直接の理由は大国間関係の外側にあり、体制転換の対象も大国ではなかったことである。国際テロリズム、大量破壊兵器の拡散、人道危機は、どれもパワーをめぐる大国の行動と対立に起因する問題ではなく、独裁的な中小国あるいは「ならず者国家」の問題だった。その意味で、3国に対する民主主義諸国の軍事介入を対外GPMの一種、すなわちグローバル・ガバナンスの一環とみなすことも可能である。ただし、国際的な正当性が著しく低かったイラク戦争は評価が難しい。ここで詳しく検討する余裕はないが、一般論として、大量破壊兵器の拡散を止めることに大国が一定の責任を負うと考えることは妥当だろう。先述のように、ブルは核不拡散を対外GPMの一例として挙げていた。正当性の問題はあるにせよ、上記の3事例に関して強調したいのは、軍事介入が大国間関係の外側の問題に対して行われたことである。この事実を重視すれば、少なくとも理論上は、対外GPMの帰結として3国の体制転換が起きたと解釈できよう。

ところが、これらの介入が中露の警戒心を強めた結果、体制転換は次第に対内GPMの争点へと変わってきた。米中間で深まる相互不信に関するブルッキングス研究所のレポート（2012年公開）の中で、共同執筆者の王（Wang Jisi）が中国側の対米認識をこう解説した。

中国の典型的な世界史の理解によれば、米国の政治家は「弱肉強食」を強く支持する人々であり、彼らが民主主義と人権を推進するのも、実際のところはパワー・ポリティクスにおける目標を達成するための政策的手段なのである。〔中国には〕このシニシズムがかなり広まっているので、米国

人は自分たちが人権問題についていうことを本当に信じているのだと、公に認める者は一人もいないだろう。[24]

中央アジアや他の旧ソ連圏諸国における「カラー革命」に対する米国の関与や、2011年のアラブの春に対する米国の態度によって、米国は中国で同じような事態や機会を見つけたら中国共産党の支配を妨害してくるだろうという〔中国側の〕認識がさらに強まった。今日の中国では国内の政治的安定がますます重視されていることから、結果として米国の意図に対する戦略的不信は深まっている。[25]

引用文中の「2011年のアラブの春に対する米国の態度」が、リビア介入を含むことは間違いない。中国からみれば、米国が外国で民主主義を支持、推進する動きは自分たちの政治体制を脅かすものに他ならない。そして、カラー革命に言及した部分が示すのは、体制転換に前のめりな（ようにみえる）米国に対する不信感と警戒心を、中国とロシアが共有していることである。実際、プーチン大統領はウクライナ侵攻を開始する際に行った演説の中で、「ソ連崩壊後に世界の再分割が始まり、その時までに確立されていた国際法規範……は、冷戦の勝者を自称する者にとって邪魔になり始めたのだ」と述べ、過去に米国が国連安保理を迂回して一方的に軍事介入を何度も行ったこと、そこには米国の人道的介入なら認められるとするダブルスタンダードがあることを批判した。[26]

2017年にマザー（Michael J. Mazarr）は次のように論じた。「国際秩序の安定は、主要国が重要な行動規範を守るかどうか、そして周りからそうみられるかどうかにかかっている。秩序のリーダー国がいつも自分に都合の良いようにルールを解釈していると他国にみられると、システムの正統性は損なわれ、他の国々はその秩序が自国の尊厳を保つものではなく踏みにじるものだと確信するようになる」。[27] 現実に中国とロシアは、米国の主導する現在の国際システムが民主主義の推進を通じて自分たちの体制を脅かすものだと認識しているという。[28] ウクライナ戦争が露わにしたのは、対外GPMの帰結としての体制転換が対内GPMの争点に転換したことである。大国はこの現実に向き合わなければならない。

おわりに

　ブルは GPM に関して、次のようなことを考えていた。「大国によって支えられた国際秩序は、国際社会を通じて広範な支持を得ている。しかしながら、大国は、まさに、そのシステム内で自らが果たす特別の役割に対する他の国々の同意を確保し保持するという永遠の問題をかかえている⁽²⁹⁾」。民主主義の大国は、この「永遠の問題」に改めて直面しているといえよう。

　武力による体制転換が、大国の責任の果たし方として正しいものだったのか。そしてこれから、異なる政治体制間の競争と共存をどう両立させるのか。グローバル・ガバナンスの基盤を形作るアクターとして、またグローバル・ガバナンスの様々な問題解決に取り組むアクターとして、21 世紀の大国は体制転換に対する共通認識を固めて、平和的な共存を図る責任がある。

【注】
（ 1 ）　『朝日新聞』2023 年 6 月 25 日朝刊、7.
（ 2 ）　『毎日新聞』2023 年 8 月 31 日朝刊、7.
（ 3 ）　同上、2023 年 10 月 11 日朝刊、7.
（ 4 ）　大矢根 2018: 10.
（ 5 ）　同上 : 12.
（ 6 ）　Morris 2011: 330.
（ 7 ）　Jackson 2000: 139–141.
（ 8 ）　ブザン 2017.
（ 9 ）　ただし、英国学派のなかで大国を制度とみなすことには異論もある。すなわち、大国が国際社会の共通利益に資する行動をとることはあるにせよ、「制度」と呼べるほどの安定性、継続性は欠けているとの批判である（Holsti 2004: 21–22, 25–26）。紙幅に限りがあるため本章はこの問題に深入りせず、ブル（とブザン）の見方に依拠して議論を進める。
（10）　ブル 2000: 251.
（11）　『朝日新聞』2022 年 11 月 15 日朝刊、1.
（12）　同上、2023 年 6 月 20 日朝刊、1.
（13）　ブル 2000: 258–273.
（14）　Cui and Buzan 2016. ただし、二人が「対外 GPM」という用語を用いたり、そのような観点から論じているわけではなく、これは筆者（小松）による解釈と整理である。
（15）　Ibid.: 208–209.
（16）　Ibid.: 209.

（17）　Ibid.: 210.

（18）　Cui and Buzan 2019.

（19）　Harman 2012; Youde 2012. なお、ユード（Jeremy Youde）は、英国学派の視点からグローバルヘルス・ガバナンスの歴史的・制度的発展を描いた著作もある（Youde 2018）。

（20）　ブル 前掲書 : 252.

（21）　Diamond 2019; Lührmann and Lindberg 2019; V-dem Institute 2023; カプチャン 2016; フランツ 2014.

（22）　『朝日新聞』2022 年 3 月 28 日朝刊、1, 3.

（23）　ただ、これらの事例が厳密な意味で「体制転換」といえるのかどうかは議論の余地がある。なぜなら、いずれの国も独裁政権は倒れたものの、その後に安定した民主主義国に「転換した」とはいえないからである。そうした用語上の問題を踏まえつつ、差し当たり本章では独裁政権の崩壊を体制転換とみなして議論をする。

（24）　Lieberthal and Wang 2012: 11.

（25）　Ibid.: 13.

（26）　加藤 2022: 34.

（27）　Mazarr 2017: 26.

（28）　Ibid.: 27.

（29）　ブル 2000: 274.

（小松志朗）

第２部　欧州の地域秩序

第6章

EU の「戦略的自立(SA)」の真意と発展

はじめに

　21 世紀初頭以来中国の台頭やロシアの復活によって、国際社会が多極化していく中、EU はその「生き残りのための新たな戦略」の必要に迫られていた。それが 2003 年の EU の初めての安全保障戦略(『ソラナ報告』)に続く 16 年の「EU グローバル戦略」であり、その真意は「戦略的自立(SA)」である。そしてそれは今日共通安全保障・防衛政策から貿易・金融・産業・環境・テクノロジー・情報面などその政策領域を拡大(「開かれた戦略的自立(OSA)」)させている。本章では、SA の欧州統合における歴史的な意味付けとその現在の意味について考察するとともに、ウクライナ戦争を契機とする安全保障・防衛面での SA の制度的発展について論じる。

　なお本研究では「戦略的自立」とする(「自律」とするものもある)。辞書的な意味では、「自立」と「自律」の違いは外的要素と内的要素での「独り立ち」という違いとして理解されているが、EU 統合では両者は必ずしも切り離しては論じえない。しかし「自律」を内的要素の統合と考えれば、「自律」は EU の「連帯」や「ガバナンス」と重複する[(1)]。他方で「EU グローバル戦略(2016)」では、SA は「戦略的主権(sovereignty)」「非従属・独立(independence)」と同義で使われており、対外的姿勢の「主体性」と考えられるので「自立」とした方が日本語訳の表現としては妥当である。

「戦略的自立（SA: Strategic Autonomy）」概念の背景と意味

（1）　原点回帰としての「戦略的自立」―統合終焉論の誤謬―

　欧州統合とは欧州諸国が危機に遭遇し、それを克服するための各国の協力プロセスである。それは筆者なりの言い方をすれば、「国境を越えたリストラ」というリアリズムである。同じような見解はバルトリーニ（Stefano Bartolini）の業績にみられるが[注3]、西欧型国民国家成立以来の深化・制度再編の一環でもある。他方で統合の手法は、「民主的で対等な連帯感」に支えられた協力プロセスである。いわば「デモクラシーの挑戦」といえ、その意味では欧州統合とは理想主義の追求でもあり、完成することのない国民国家の進化過程である[注4]。

　それだけにコストも時間もかかる。今世紀に入ってから EU は、ユーロ圏の財政危機や増大する難民・テロ・排外主義的なポピュリズムの脅威、「BREXIT（英国の EU 離脱）」や「コロナ禍」、そしてロシアのウクライナ侵攻など多様な「危機の連鎖」に直面している。しかし長期的観点からすると、EU は困難の克服手段として新たな制度設計によって統合の深化を行きつ戻りつ進めてきた。その意味で時々の諸困難は統合の試行錯誤であり、時間はかかるが統合が進んでいるのは確かである。「欧州統合」が「挑戦」といわれるゆえんであるが、そうした歴史的統合の発展の背景には「欧州の自立」という意識があった。それは現在も健全である。「統合の崩壊」や「統合の終焉」と単純に性格づけるのは、うわべの潮流に流された早計な解釈であろう（米英では政治・外交上のプロパガンダ的意味から欧州統合を批判的に見る傾向が強く、西欧の研究者の中にも「戦略的自立」概念のあいまいさを指摘する声もある[注5]）。統合にコストがかかるのは、より平等で民主的立場からの政策合意をめざすからであり、今日 EU が直面する諸国難はいわば「デモクラシーの代償」だと筆者はみている。

　そして今や統合は SA という独自の世界戦略を称揚して、改めて新たな「挑戦」を行っている。その背景には国際社会構造の変容がある。中国が急速に経済成長した一方で、資源輸出を軸にロシアが復活し、さらにインドやその他の急成長する諸国による国際社会のアクターの多様化と多極化に直面して EU はその存在観を揺るがされるようになった。今世紀初めフランスの著名な中国・アジア専門家ゴドマン（Francois Godement）は「中国が国際社会の勝者だとすると、敗者はヨーロッパと日本だ」と悲観的な見解を述べたことがある[注6]。

SA は、2013 年 12 月の欧州理事会の結論部分で「より競争的で効果的な防衛と安全保障部門に向けて」「より強固な防衛・テクノロジーと工業の基盤確立は EU の SA とパートナーとの協調行動能力を高める」と表現されたのが出発点といわれる。それに加えて「アメリカ・ファースト」を掲げるトランプ大統領誕生は多方面での米欧摩擦の火種となったが、とりわけ欧州諸国の防衛予算の増額要求は欧州に防衛面での自立を促す要因ともなった。その一つの試みが SA という概念である。⁽⁷⁾しばしば共通防衛政策でイニシアティブを発揮しているのはマクロン（Emmanuel Macron）仏大統領だと指摘されるが、2016 年 11 月にトランプ（Donald Trump）大統領誕生が決まった直後、もっとも厳しい反応をしたのは実はメルケル（Angela Merkel）首相だった。そのとき同首相は「私たちは私たちの運命を私たち自身の手で取らなくてはなりません」と述べたと伝えられる。⁽⁸⁾冷戦時代以来防衛面でのドイツの突出はタブーであったが、ドイツが改めて一歩踏み出したときだった。つまり多極時代と米国に対する信頼関係が揺らぐ中で、EU は他律的な存在であることを少しでも免れたいという意欲を強くしていたのである。

(2)　「戦略的自立(SA)」の意味

　それでは SA の意味するところは何か。先駆的考察であるドイツ国際安全保障研究所（SWP）のレポートは、それを以下のように定義している。⁽⁹⁾すなわち SA とは、「単独ないし共同で外交安全保障政策に優先順位をつけたり、決定を行ったり、制度・政治・物質的要求を満たす能力」のことだ。「ルールを維持、発展あるいは創設すること、並びに自らを無意識裡に他国のルール下に置かないようにすること」であり、SA の逆の立場とは、「第三国（米国、中国あるいはロシア）の作るルールや戦略的決定がヨーロッパに直接の影響力を持ち、それに従順なだけの立場」のことを言う。これは「自律」を意味しない。

　欧州議会の『「戦略的自立」への道のり—変容する地政学的環境の中の EU—』（2020 年 9 月）では、SA とは、『回復のためのロードマップ』（コロナ禍最中の 2020 年 4 月発表）の鍵となる要素の一つであり、SA の達成には政治的意思と行動能力の確立が不可欠であるとしている。政治的コンセンサスが極めて重要だという指摘である。⁽¹⁰⁾

　包括的で成熟した定義の仕方としては欧州政策センター（EPC）の文書（Grevi）

が代表的である。それによると、SA とは「EU をより戦略的かつ自立的にするための結集の国際的プラットフォーム」と位置づける。SA はヨーロッパに「自立心を与える」ためのものだが、「パートナーシップ・グローバリゼーション・多国間主義からの離反ではない」として、SA の核心は「欧州の単独行動ではなく、自分自身の目標を持ち、他国との協力を通して目標を発展しうるより強固なパワーの基礎を構築する」ことにあるとされている。そして SA は達成すべき条件を意味するのではなく、「多角的領域横断的なイニシアティブを導く《心構え（mindset）》であり、《プロセス》である」と定義している。

❷ 「戦略的自立（SA）」の拡大と発展の方向性

（1）　SA とパートナーシップ

　重要な点は、SA は対外的な「対立概念」ではないことである。この点は多くの文献で指摘されることである。EU の一連の説明では孤立主義や攻撃的なニュアンスを与えないための配慮がうかがえる。改めて言うまでもなく、EU が国際社会の中で「自給自足」の共同体を形成できるわけではなく、相互依存の発展にその将来がかかっていることをあくまでも前提とした概念であった。したがってパートナーシップは EU にとってキー概念の一つである。戦略的自立をその出発点から防衛分野を中心にフォローするフィオットも「欧州の主権」と対外的相互依存関係の維持の重要性を指摘する。

　要は主体性の問題である。他国の論法を簡単に受け入れるのではなく、規範やルールづくりに積極的にかかわっていくことである。しかしそれは独断専行であってはならない。SA とはパートナーとの協力によってはじめて達成可能だと先の SWP のレポートも定義する。「米 vs 中露」の潜在対立構造といわれる「新冷戦時代」において EU は基本的には中露との対立を望まない。2021 年にインド太平洋各地に英仏独蘭の軍隊が合同演習のために寄港したのは中国包囲網を目的としたものではなく、「シーレーン防衛」協力のための「ステークホルダー」としての意味からであった。一方で基本的には EU の欧州政策にはロシアとの協力関係は不可欠という見方は依然として強い。EU の主張する SA とは絶対的な自立を意味するわけではない。また今日「自立」とは孤立化をめざすことでもなく、同盟網の再構築でもない。その最大のパートナーとは NATO

加盟国である。

(2)　「開かれた戦略的自立(OSA)」への拡大の意味・射程とその変容

　今日「戦略的自立（SA）」の意味・射程は当初の安全保障・危機管理能力の自立から大きく拡大している。一般に SA 概念の初出は 2013 年 12 月欧州理事会の結論部分の「より競争的で効果的な防衛と安全保障部門に向けて」の項での「より強固な防衛・テクノロジーと工業の基礎は EU の SA とパートナーとの協調行動能力を高める」とした記載に求められる。

　その意味ではたかだか 10 年程度の時間しかたっていないが、急速にその意味は発展した。欧州議会の最近の報告書『EU 戦略的自立 2013〜2023』（EPRS 2022）では、SA は 2013 年 12 月欧州理事会以後共通安全保障防衛政策（CSDP）の中心概念となり（2013〜16 年）、その後地政学的な欧州の利益防衛正当化の根拠とされ（インド太平洋とユーラシアを含む地理的世界規模での防衛戦略、2017〜19 年）、さらにコロナ禍でのサプライチェーンの混乱の影響で経済的対外依存の縮小へとその論点を移し（2020 年）、2021 年以後 EU の全政策領域（貿易・通貨・環境・情報・通信・産業・科学技術を含む、広範な共通政策領域）へと拡大、「開かれた戦略的自立（OSA）」に至ったとされる。

　最近の論考では OSA を前提とした議論の方が多くなっている。例えばこの分野での研究に活発なシンクタンク欧州進歩研究基金（FEPS）の報告書（2023年 3 月）は、OSA の政策領域を「安全保障・防衛」「経済・貿易」「デジタル・テクノロジー」の三つに大きく分けて考え、その中で 2019 年末フォンデアライエン（Ursula von der Leyen）欧州委員会委員長が提唱した「グリーンディール・エネルギー」と「デジタル変革（DX）」を EU の産業政策全般の核となる政策領域とみている。さらに同シンクタンクのほかの報告書では、今後の懸念される課題として、①人口（特に労働人口）と職業能力、②気候変動、③天然資源・サプライチェーン、④エネルギー政策、⑤デジタル政策と主権の五つの分野を指摘している。また「新戦略アジェンダ　2019〜2024」は、①市民と自由の保護、②力強く、活力ある経済基盤の発展、③二酸化炭素排出量削減、グリーン、公正なソーシャル・ヨーロッパ、④グローバルレベルでのヨーロッパ利益と価値の向上を指摘する。

❸ 地政学・多極世界観と多国間主義

(1) 二つの相互補完的アプローチ

そのうえで SA には二つのアプローチがあると筆者は想定している。筆者はこれを EU の多極世界観と多国間（協力）主義の外交手法に分けて考える。[17] 欧州進歩研究基金（FEPS）のレポートでは SA を「地政学的次元」と「共同行動のための制度的・運用能力」の二つに分けて考えるが、[18] 前者はグローバルな多極外交、後者の「制度的・運用能力」を域内外の多国間主義と考えることができる。つまり EU の「自立」は絶対的なものではなく、相対的な意味におけるものであり、多国間協調に支えられている。

第一は、多極化する世界における EU のほかの極（大国・極大国の影響圏）との外交関係である。ある意味で多極構造の中のパワーポリティックス的なアプローチ（バランス・オブ・パワー）である。第二に、EU の自立は先にも述べたように「単独主義」や絶対的な自立を意味するわけではない。したがって EU が国際社会で自立し、プレゼンスを誇示するには、国際社会での合意形成プロセスの中でイニシアティブを発揮することが重要である。そのためには多国間協調の姿勢は必須である。

(2) 地政学的論点からの多極構造（大国間関係）の中の「戦略的自立」

地政学的次元からの議論は、メルケル元独首相はじめ EU 首脳が言及してきた点である。フォンデアライエン欧州委員会委員長は就任直後に「地政学的同盟（union）」という表現を使い、ボレル（Josep Borrell）HR/VP は度々パワーポリティックスの世界観からの EU の対米中外交について述懐する。[19]

先に述べたように、SWP の報告書（2019）は「戦略的自立」を「自らを無意識裡に他国のルール下に置かないようにすること」としており、2021 年 3 月末、ボレルは EU 公式サイトで「今日の世界は《二進法（二項対立・米ソ二極対立、筆者)》ではなく、《多極》なのだ」と断言し、欧州は防衛上の「対米依存」からも、経済的に過剰な「対中依存」からも脱し、自立すべきだと主張した。したがって SA の議論の前提となる国際環境条件は、「極（大国）」と EU との関係、つまり EU の対米・中・露（ユーラシア）外交に見る「戦略的自立」、あるいは多極化する国際秩序のなかでの EU の影響力とプレゼンスの維持にある。

（3）　多国間主義協調外交と合意形成のための「規範力」の強化

　第二に、EU の外交は個別の政策領域では「多国間主義」であることが多い。「グローバル戦略」にもその表現は繰り返し出てくる。EU は様々な領域での国際制度構築のための合意プロセスにおいて、自身に有利な規範の合法化のための多数派形成の手法として多国間主義を有効に用いている。欧米の研究では EU の多国間主義には多くの研究成果があるが、EU が「グローバル規制パワー（自己の規範を世界制度化）」となっていること、つまり EU の多国間主義外交はその「グローバルな自立戦略」の手段ともなっている。

　EU が多数派の合意形成を行う場合、意見の集約と説得のためには主張の正当化が不可欠である。その時に用いられるのが「法の支配」や「人権擁護」などの共通の価値規範や規制基準である。EU が直接的「EU 益」とともに規範・規制力によるグローバルなプレゼンスを示すときの代表例である。EU の多国間主義外交の基本には、多国間の合意形成や制度化のための「規範力（規制力）」の強みがあり[20]、最近の研究では規制力による「ブリュッセル効果」（Bradford 2020、庄司監訳 2022）という立場でもある。

　実際に環境、共通通商政策、域内市場政策における制度構築の重要部分には、EU の基準（例えば炭素国境調整措置（CBAM））が据えられており、またそこに EU の自立性がみられるという指摘もある[21]。その意味では大国間関係の外交の一方で、EU の主張や利益を価値規範・規制の普遍性を通して国際社会全体の利益と一致させる論法は、その「生き残り戦略」のもう一つの実態であるとみることができる。EU の国際制度の合意形成における規範を用いた多国間主義は「戦略的自立」の実現手段として重要な意味を持つ。「自立のための外交手法としての EU の多国間主義」という視角である。

　他方で、域内での統合の強化はそのために不可欠である。その意味では域内のガバナンス、あるいは組織的「自律（ガバナンス・連帯）」が前提になる。とくに共通防衛政策実施のためには決定の迅速さが問われる。先にも述べたようにそれは政治統合の要であるが、具体的には決定方式としての特定多数決投票（QMV）の機能性である。EU 理事会でも軍事・防衛分野は例外とされるが、全会一致で決定する必要がないと考えられる提案も少なくない。かつてユンケル元欧州委員長は制裁・人権・文民ミッションにも QMV の権限を拡大することを提案したことがあった。QMV 導入の難しさは、それぞれのテーマについて

加盟各国の国益や戦略文化・価値観の違いがあることである。共通戦略文化の発展が不可欠であり、QMVをルール化する最大の障害である。⁽²²⁾

 ## **4** ウクライナ戦争を契機とする共通防衛政策面での自立・主体性強化

(1)　共通防衛政策を出発点とする「戦略的自立(SA)」

2023年10月、EUは初めての「野外部隊演習（LIVEX）」を実施した。EUの共通防衛政策演習計画「MILEX23」の一環であったが、これが2022年2月以後のロシアのウクライナ侵攻を契機とする一連のEUの防衛政策の発展の大きな歴史的画期となる演習であったことは確かだった。

2017年マクロン仏大統領が提唱し、19年に実現した「常設協力枠組み（PESCO）」（緊急展開軍・軍装備インフラ機構、当初46の研究開発プロジェクトを発表）、アフガニスタン陥落直後の2021年9月上旬スロヴェニアで開催されたEU防衛閣僚会議で議論が本格化し、メルケル独首相のイニシアティブで進められ、2022年3月創設された「戦略的コンパス（SC）」、そして22年10月ウクライナ戦争の渦中にはマクロンの主導で「欧州政治共同体（EPC）」などが発足した。2022年10月にはウクライナ支援のためのEU軍事支援ミッション「EUMAMウクライナ」も発足した。ウクライナ戦争はEU共通防衛政策面でのSAの発展に大きく寄与した。

(2)　繰り返す欧州緊急展開部隊の模索

EUの共通防衛政策は緊急展開部隊の創設とその機能的運用にある。実は、それこそEUが長年追求してきた課題である。

1954年の欧州防衛共同体（EDC）構想の挫折から、EU条約（マーストリヒト条約）にみられた共通外交安全保障政策（CFSP）、欧州安全保障防衛政策（ESDP）、さらに1998年欧州共通防衛政策での英仏合意（サンマロ合意）は1999年のヘルシンキでの欧州共通防衛政策採択に至る大きな前進となった。そこでは2003年までに5万人の緊急展開部隊を設立することが決定され、2003年には「欧州戦闘グループ（1500人規模の部隊）」の設立が決定されたが、いずれもいまだに実現するには至ってはいない。

EUの軍事的危機管理体制は不十分である。ボレル外相はイタリアのメディ

アのインタヴューで、「EU は米国がかかわる意思のない時に、自らの利益を守るために介入する能力がなければならない」と発言し、統合軍設立への強い意志を表明した。欧州統合軍実現への期待だ。それはマーストリヒト条約合意直後に当時のドロール委員長が述懐した欧州共通防衛政策にさかのぼる。先に述べた PESCO・SC はそうした EU の政治統合・共通防衛政策の歴史の達成を意味する。ロシア・ウクライナ紛争は欧州安保防衛共通政策にとって一つの分水嶺となった。

　とくに「戦略コンパス（SC）」は一つの節目として、EU の危機管理緊急即応部隊設立の新たな立ち上げとなった。その四つの行動指針としては、① Act、② Secure、③ Investment、④ Partnership である。そのうちでパートナーシップの最も重要な対象は、NATO・US・UK であり、それらの国・機構とのパートナーシップ強化は「戦略的コンパス」の発展の必要条件である。2023 年 3 月に公表された「戦略コンパス年次報告書」によると、発足後 1 年間で SC の財源である「欧州平和ファシリティ（EPF）」は 36 億ユーロの支援を行い（EU と加盟諸国による軍事支援の全体総額 120 億ユーロ）、10 件のロシアに対する制裁とエネルギー輸入削減包括策、3 万人のウクライナ兵士の訓練などに貢献した。

　他方で 2022 年 10 月に発足した欧州政治共同体（EPC）も、ウクライナ戦争を契機として設立されたが、これは防衛協力強化を直接の目的とするのではなく、「新たな対話フォーラム」の試みだ。EU 外交安全保障上級代表・欧州委員会副委員長（HR/VP、EU 外相）・対外行動庁代表ボレルは「地政学的統合には政治統合が不可欠」と述べていた。

　したがって EPC は EU27 加盟国に加えて、ウクライナ、英国、モルドバやジョージアなどの EU 加盟候補国も含む 44 カ国が参加する。EU 加盟のための集まりではない。ロシア・ベラルーシが招集されなかったという点では OSCE（欧州安全保障協力機構）とは異なり、またウクライナ戦争の賜物であることに変わりはないが、英国が入っているという点では EU の枠組みを超えている。キプロス問題で対立するトルコとギリシャの代表、ナゴルノカラバフ紛争の当事者であるアルメニアとアゼルバイジャン、コソボとセルビアなどの対立国の元首が同席した。国際紛争の直接的解決策を出せなくとも、政治的対話による関係の緩和が狙いである。23 年 5 月第二回会合はモルドバで、10 月にはグラナダで第 3 回会合が開催された。モルドバの EU 加盟、24 年 3 月までにウク

ライナへの 100 万発の弾薬の供給、24〜27 年に 500 億ユーロの資金援助など
が話し合われた。[24]

【注】

（ 1 ）　福田 2016, 2021a, 2021b.
（ 2 ）　渡邊 1996.
（ 3 ）　Bartolini 2005.
（ 4 ）　渡邊 2021, 2022a, 2023, 福田 2016, 2021a.
（ 5 ）　Mauro 2021.
（ 6 ）　Fox and Godement 2009.
（ 7 ）　渡邊 2019.
（ 8 ）　Borrel 2021.
（ 9 ）　Lippert, von Ondarza and Perthes 2019, Fiott 2018.
（10）　Anghel et al. 2020.
（11）　FEPS Policy Brief 2022.
（12）　Fiott 2021, Tocci 2021.
（13）　渡邊 2021, 2022a, 2022b, 2023.
（14）　FEPS Policy Brief 2023a.
（15）　FEPS Policy Brief, 2023b.
（16）　European Council 2019.
（17）　渡邊 2006, 2008, 2021, Oudenaren 2004.
（18）　FEPS Policy Brief 2021.
（19）　Borrell 2021.
（20）　先駆的研究として臼井 2015, 市川・髙林 2021, 中川 2022.
（21）　Nakanishi 2023.
（22）　FEPS Policy Brief 2021.
（23）　EEAS 2023.
（24）　渡邊 2023.

（渡邊啓貴）

第7章

ウクライナ戦争とEUのデジタル主権

はじめに

　ウクライナ戦争は、新たな戦争の形態、戦場の「デジタル変革（DX）」の現実を世界に示した。2022年2月ロシアによるウクライナ侵攻は、当初はウクライナ東部の地域紛争として捉えられていたが、次第に権威主義国家ロシアと法の支配とリベラル民主主義の価値を重視する西側諸国との間の戦争という様相を呈してきた。ウクライナ戦争では、サイバー空間が、陸・海・空・宇宙に次ぐ第五の戦場として加わった。戦場では戦車や榴弾砲など伝統的兵器に加えて、情報収集と爆撃のために双方がドローンを使い、AI（人工知能）搭載の無人殺傷兵器が新たな戦争の手段となった。ロシアは、まずウクライナへの「特別軍事作戦」の前に、ウクライナ政府機関や企業を標的としたサイバー攻撃を実施し、ロシアとウクライナの両国民に向けてプロパガンダ、フェイクニュースやフェイク画像・動画を多量に流布し、ロシア国民の愛国心を煽り、ウクライナ国民の士気を下げようと試みた。他方のウクライナは、2019年デジタル変革（DX）省を創設し、フェドロフ（Mykhailo Fedorov）副首相が、スペースX社CEOのマスク（Elon Reeve Musk）に衛星回線スターリンク配備支援をツイッターで要請し、米国がその基地局を多数ウクライナへ供与した。その結果、ロシアによるミサイル攻撃を受け、通信インフラが破壊された戦時下でもウクライナのIT軍と国民が情報通信手段を持ち、サイバー空間にアクセスでき、ウクライナ国家のレジリエンス（強靱さ）を示すことになった。

　ロシア・ウクライナの関係と先行研究、戦況の推移、難民問題等については既に別稿で論じた。そこで本章ではデジタル問題に焦点を絞る。第一に、ウク

ライナ戦争で顕在化した「ハイブリッド戦争」の現実を踏まえ、ロシアへの制裁の有効化もあり、EU の「デジタル戦略的自律（digital strategic autonomy）」と「デジタル主権（digital sovereignty）」が議論されるに至った背景を探る。第二に、「デジタル主権」の概念やその主体、範囲、具体的内容を明確にし、強化に向けた取り組みを検討する。第三に、欧州安全保障の再定義を余儀なくされている現在、EU デジタル主権のグローバル・ガバナンスにとっての含意はいかなるものかを考察してみたい。

❶ ウクライナ戦争におけるサイバー攻撃・情報戦とデジタル技術

　ウクライナ戦争では、現実の戦場およびサイバー空間においてデジタル技術が戦争形態を変化させた。2014 年ロシアによるクリミア併合以降、通常手段と非通常手段、民間軍事会社による不正規戦を組み合わせ、軍事・民間の手段を複合させた「ハイブリッド戦争」という概念が広がり、欧州安全保障・防衛体制の再定義を迫られた。ロシアは、サイバー攻撃や情報操作など、デジタル技術を戦争遂行のための手段として活用し、ウクライナもまた軍事侵攻を受けた直後の 3 月に暗号通貨寄付 Web サイトを立ち上げ、軍事物資の調達を行い、政治的、軍事的にこの動きに対抗した。欧州連合（EU）は、新型コロナ危機やウクライナ戦争への支援を背景として迅速なデジタル対応が要請された。特にロシア制裁を実効的にする観点から、EU の法令・規制と金融手段の多くをデジタル適応させ、またデータ保護、サイバーセキュリティ、AI・ロボティクス倫理規制など、欧州の諸価値や原則をデジタル技術で担保することが喫緊の課題となった。デジタル技術は、従来の軍事力では困難であった遠隔地や規模や国力の異なる国家間での戦争を可能にした。ウクライナ東部ドンバス地域の武力紛争では、ロシアの「偽旗作戦」、サイバー攻撃や情報操作などが多用され、従来の戦争よりも迅速かつ低コストで戦況に重大な影響を与えるサイバー戦争は「新世代戦」とも呼ばれた。

　ウクライナ戦争の第一の特徴は、戦争の非対称性である。軍事力で圧倒的に優位に立つロシアが、ウクライナに対して、軍事力に加えデジタル技術を活用した戦争をしている。これは、従来の戦争とは異なり、国力が非対称な国家間における新たな戦争の形態である。第二に、戦争手段の多様性増大と「ハイブ

リッド化」である。伝統的兵器の火力と共にデジタル技術を駆使して相手国の軍事情報を捉え、ドローン攻撃をサイバー空間で攪乱したり、SNSで世論を誘導したりする情報戦も日常的な戦争形態となった。第三に、デジタル技術の導入による戦争の持続化、長期化を挙げられる。これらの特徴は、戦争の新たな形態を出現させたことを意味している。ウクライナ戦争では、これらの変化により、伝統的な国際法・国際政治経済秩序のパラダイムシフトを促し、人間の安全保障の在り方にも、大きな影響を与えることが懸念される。

❷ ウクライナ戦争とEUデジタル主権の概念、主権の強化に向けた取り組み

(1) EUの戦略的自律のための「技術主権」と「デジタル主権」

2015年5月に欧州委員会のユンカー（Jean-Claude Juncker）委員長は、「デジタル単一市場（DSM）戦略」を発表し、EUの戦略的自律に必要なデジタル経済を推進する法令・制度・通信環境の整備を進めた。戦略的自律という用語は1994年仏国防白書で用いられたのが最初であるが、2016年「外交安全保障政策に関するEUグローバル戦略（EUGS）」で言及されて以降、EUにおいてもキーワードとなった。

その後、地政学的環境の変化と新型コロナ危機やウクライナ戦争を背景にして、EUでは戦略的自律の概念が、軍事・安全保障の分野から、その他多くの公共政策分野にまで拡張され適用された。特にクラウド部門では、米中の企業に依存せざるを得ないEUの現状では安全保障上の懸念もある。そこで欧州委員会は、クラウド・イニシアティブ（2016）、一般データ保護規則（GDPR: 2018）、「欧州のデジタルな未来の形成」（2020）などの施策を矢継ぎ早に打ち出し、EUの「デジタル戦略的自律性」の強化を試みてきた。[(4)]

モリラス（Pol Morillas）に拠れば、「戦略的自律性とは、EUが可能な限りパートナーと協力しながらも、必要があれば単独で行動し、外交政策の目的を達成するために必要な手段を動員する能力である」[(5)]と定義される。地政学的環境の変化とEUの米中との経済的相互依存関係の再認識を経て、EUの価値と利益を守る観点から、欧州委員会の貿易総局は、戦略的自律性の概念を、「開かれた戦略的自律性（open strategic autonomy）」[(6)]の概念へと深化させた。EU新通商政策における開放性と自律性を組み合わせたこの概念は、軍事・防衛分野の

みならず、貿易、エネルギー、レアアース、サイバー技術など多様な産業分野でEUが自らの資源を活用して、単独で行動できる能力を意味する幅広い概念へと拡張され、「EUデジタル主権」概念へと繋がってきた[7]。

2019年12月フォン・デア・ライエン欧州委員会委員長は、EUがデジタル分野の新技術を開発する「技術主権」を持ち、地政学的環境の変容に即応できるEUの「デジタル主権」の強化が必要だと訴え[8]、EUの「デジタル主権（デジタル・ソブリン）」という概念が急浮上してきた[9]。主権とは、国家や政治的組織が自己を統治し、外部の干渉なしに決定を下すことができる最高の権限や独立性を指している[10]。またサウルガーに拠れば、EUは「主権の共有」プロセスによって特徴づけられる。EUにおいては各加盟国がその意思決定権の一部を自発的にEU諸機関へと譲渡することにより、「主権の共有」が可能となり、安全保障のみならず、貿易、農業、環境、技術開発など幅広い政策分野でEUによる共同意思決定権の行使が可能となる[11]。特にリスボン条約の下で競争政策や共通通商政策など特定の政策分野ではEUが独自の判断で決定できる「排他的権限」を有していることの意義も大きい。

（2） EUデジタル主権の概念

EUの戦略的自律にとって不可欠な「デジタル主権」とは何か。EUデジタル主権をめぐる議論は、2016年以降に本格化した。EUは、デジタル経済の競争力を高め、デジタル技術を駆使して新たな産業やサービスを創出するために、デジタル単一市場の構築を進めてきた。EUデジタル主権とは、EUが自らのデジタル技術開発を支配し、デジタル技術を活用して、EUの利益を守ることができる能力のことをいう。フォン・デア・ライエン委員長は、デジタル主権を「デジタル世界において欧州が独自に行動する能力」と捉えている[12]。デジタル単一市場の構築においてEUは、欧州の安全保障やデジタル産業技術の自主開発と利活用の重要性を認識し、デジタル主権概念の確立をめざしてきた。なぜならデジタル空間においては、各国政府の主権は、米中の巨大IT企業からの挑戦を受け、欧州の諸国家、企業、個人が自律的に行動できる範囲が徐々に狭まりつつあったからである。

伝統的な国家主権は、その領域内の資源や人民に対する支配力を意味するアナログ主権である。しかしデジタル空間では、巨大IT企業が独自のルールを

作り、各国の法令を無視する傾向にある。この現実を踏まえ、フランスのアリヨ・マリー（Michèle Alliot-Marie）内務大臣は、2009 年に「デジタル空間への法の支配」の必要性を訴えた。[13] EU におけるデジタル主権の概念は、欧州委員会が 2019 年に発表した「デジタル単一市場戦略」[14]の中で初めて公式に定義づけられた。この戦略では、EU の超国家的なデジタル主権を「EU が自らのデジタル技術を支配し、デジタル技術を活用して、EU の経済、社会、安全保障の利益を守ることができる能力[15]」と明確化した。またブルトン（Thierry Breton）域内市場担当委員は、EU のデジタル主権を「コンピューティングパワー、データの管理、安全な接続性という三つの切り離すことのできない柱の上に成り立つもの[16]」と強調している。

　それでは、デジタル主権の主体となり、それを行使するのは誰か。法的アプローチでは、デジタル主権の主体は主権国家であり、国家主権の一部であると見做す立場がある。また経済的・社会的アプローチでは、デジタル経済で活動をする巨大 IT 企業、プラットフォーム事業者の企業主権であるという立場もある。[17] さらにリベラル・アプローチでは、デジタル主権は、データの持ち主である個人の主権であると考える立場もある。[18] 特に欧州委員会の政策文書「デジタルコンパス」（2021）[19]では、主要分野のデジタル技術の開発・育成、DX によってデジタル主権を確保することを強く要請している。デジタル主権には、AI、量子コンピュータ、半導体などの主要技術開発支援のための立法化を行い、デジタル・コンテンツ利用の適正化、デジタル経済分野における公正な競争とビッグデータを管理する EU 独自のルール策定などが想定される。そこで EU デジタル主権とは、具体的には EU のいかなる内容の主権を内包しているのであろうか。主権の機能面に着目すれば、①データ主権（data sovereignty）、②技術主権（technological sovereignty）、③規制主権（regulatory sovereignty）という三つの側面から分析することができる。[20]

　①データ主権

　EU は、データの流通と利活用を促進し、データ経済を活性化することをめざしている。そのために、データの共有とアクセスを容易にし、データのプライバシーとセキュリティの安全性を確保することが要請される。また、データ活用を促進するための政策を策定する権利も要請される。EU のデジタル主権は、デジタル技術やデジタル・データへの特権的なアクセスを政府機関に与え

たり、デジタル経済・データに対する国家政府の支配を強化したりすることを目的とはしていない。むしろ EU の政策立案者は、デジタルサービス法（DSA）やデジタル市場法（DMA）を通じ、域内の企業や個人の利益を擁護することをめざしている。[(21)]

②技術主権

EU は、AI や量子コンピュータなどの最先端技術の開発と利用を促進し、EU がデジタル技術分野で世界のリーダーとなることをめざしている。そのため、デジタル研究開発への投資を拡大し、またデジタル技術の安全性とセキュリティを確保する新興技術の研究・開発、IT 人材育成のための財政的支援と政策的支援が技術主権を確立する上で不可欠であるとする。

③規制主権

EU は、欧州地域のみならず、地球規模でデジタル時代の規制体制を整備し、デジタル経済における EU の競争力を高めることを狙う。そこでデジタル時代に相応しい規制基準を EU が独自に策定し、デジタル経済社会のルールを世界に提示し、デジタル分野における EU 主導の法的規制体制の構築を狙っている。EU がこれらの諸権利の行使によって EU デジタル主権を実質化させ、EU がデジタル経済社会をリードして欧州市民の安全を保障し、生活の質改善をめざしている。EU のデジタル規制基準を、グローバル・スタンダードへと変換するのには市場原理のみで十分である。なぜなら EU 単一デジタル市場は、世界中の規制基準、標準設定を形成する規制力を既に持っており、EU は域外のアクターに EU 基準を採用させることができるからである。EU 規制に従う意思がない域外企業には、欧州市場へのアクセスを放棄するよう強制することもできる。「デジタル・ブリュッセル効果」の結果、GDPR のような厳格な EU のルールや規制・基準を、事実上グローバル・スタンダードへと転化させていくことが可能になってきた。[(22)]

❸ ウクライナ戦争で顕在化した EU デジタル主権の要請とその課題

（1） ウクライナ戦争と EU デジタル安全保障の要請

EU は、自らの規制上の選好を反映する国際規範を形成していく制度形成・設定能力が極めて高い主体である。例えば、気候変動枠組条約締約国会議でパ

リ協定の制度設計や国連SDGsの17目標の設定・実施にもEUが積極的に加わり、GDPRも市場原理を最も有効に活用してEUの規制力の強さを示した。EUデジタル主権の強化に向けた取り組みでは、①デジタルインフラの強化、②デジタル技術の自主開発と活用、③デジタル技術の安全強化などの施策が挙げられる。欧州データスペース構築は、EU域内の企業や個人が、データの共有や移動を容易にすることを目的とする。こうしてグローバルな市場で「一方的なEU規制のグローバル化」が進行している。その決定要因は何か。なぜ、米国や中国ではなく、EUのみがグローバルな商取引において支配的な規制者となり、覇権力を持ちえたのであろうか。

　その理由には、第一に、EUには27カ国の消費「市場規模」があり、第二に、EU諸機関による「規制能力」、第三に、厳格な規制基準の存在、第四に、公平に拘束力を持って適用される非弾力的対象、第五に、EU域内で経済活動を行う多国籍企業がコスト低減や技術的制約から自発的にEUの厳格な規制に従い、世界に波及させる仕組みの不可分性という5条件がある。IT多国籍企業は、自社製品やサービスを個々の各国市場別にカスタマイズするよりはグローバルに標準化された単一のEU基準に合わせるインセンティブのほうが強い。[23]

(2)　サイバー攻撃と戦場のDXに備えるEUデジタル主権強化の課題

　EUデジタル主権強化の第一の課題は、EUデジタル技術の開発と活用に関するEUの産業競争力の強化である。EUが米中のデジタル技術対立の板挟みになるのを避け、ウクライナ戦争の影響と教訓を踏まえ、欧州デジタル技術の開発と活用で国際競争力を高めるために産・官・学の連携協力を図り、支援を強化する必要がある。

　第二は、EU/欧州デジタル技術の安全保障対策の強化である。ロシアや中国によるデジタル・ハッキング行為、サイバー攻撃や情報操作などの脅威は急速に高まっており、常に最新のサイバーセキュリティ体制の構築・整備が不可欠である。

　第三に、EUがデジタル経済のリーダーとなるために、AI、データ、セキュリティ、デジタル規制などを戦略的に進めることが課題となる。このEUデジタル戦略では、①AI（人工知能）、②データ、③セキュリティ、④規制という四つの側面での対策が挙げられる。EUがAIを倫理的、戦略的に活用し、サイ

バー攻撃への安全性を確保し、データの流通と活用を促進し、リーダーシップを発揮する成長戦略が課題となる。

おわりに

ウクライナ戦争を契機に、EU はデジタル技術の重要性を再認識し、EU の戦略的自律とデジタル主権の確立・強化を図ってきた。さらに 2023 年 1 月に欧州委員会は、「デジタルの権利と原則に関する欧州宣言」を発表した。今後の課題の第一には、DX による EU 経済の成長と戦略的自律性の強化がある。クラウド・AI・ビッグデータなどのデジタル技術の活用により、欧州グリーン・ディールが狙う各産業分野でのエネルギー使用の最適化、温室効果ガス排出量の削減、環境負荷の大幅縮小に寄与し、気候変動への対応も可能となる。

第二に、ウクライナ戦争に伴う地政学的連合の台頭から、欧州安全保障におけるデジタル戦略的自律性とデジタル主権の強化という課題がある。その方策として、ソフト・パワーのみではなく、軍事力の増強のために、欧州防衛産業の育成、加盟国間の軍事協力の最適化と調整を含むスマート・パワー[24]を確保することで、国際安全保障、人間の安全保障のための人道援助、国連 SDGs においても EU のグローバル・ガバナンスへの貢献が期待される。

第三は、EU 共通外交政策におけるデジタル主権の共同行使という課題が挙げられる。世界最大の外交デジタル・ネットワークの手段を持つ EU が、国際機関や首脳会議等の場で EU の影響力を発揮し、非国家的主体をも巻き込んだ EU 独自の外交戦略の実施が可能となる。また、共通の価値と利益を有する日本などとのデジタル規制分野における国際協力も重要である。EU がデジタル技術分野で世界をリードし、EU の AI/ デジタル規制規範を、グローバル・スタンダードへと転化し、波及させることで、EU がデジタル主権を確保し、国際法に基づく世界平和秩序の維持と欧州の利益を守ることにも繋がるであろう。

【注】
（1） Burwell and Propp 2022: 14.
（2） Jasper 2020 (川村訳 2023: 13–14).
（3） 福田 2023b: 13.
（4） OJ L 119, 04.05.2016; OJ L 127, 23. 5.2018.
（5） Pol Morillas, 2021 "Afghanistan, AUKUS and European Strategic Auton-

（ 6 ）　福田 2021a: 104–113.
（ 7 ）　European Commission 2021a; European Parliament 2020: 8–15.
（ 8 ）　European Commission 2019.
（ 9 ）　EPCS 2019.
（10）　Salter 2015.
（11）　Saurugger 2013.
（12）　Policy Center for the New South 2023, Digital Sovereignty, Notes de L'IFRI, p. 2.
（13）　福田 2023a: 21.
（14）　European Commission 2019.
（15）　Ibid.
（16）　日欧産業協力センター 2022: 6.
（17）　Floridi 2020: 369–378.
（18）　福田 2023a: 21.
（19）　European Commission 2021b.
（20）　Burwell and Propp 2022: 2–3.
（21）　福田 2023a: 30–38.
（22）　福田 2023a: 18–19.
（23）　Bradford 2020: 160–169.
（24）　リチャードソン 2009.

（福田耕治）

第8章

ウクライナからの避難民を
支援するためのガバナンス

はじめに

　ロシアによる軍事侵攻により、ウクライナの人々は国内外、様々なところへ避難している。多くの国外避難者がEU加盟国に身を寄せ、様々な形で支援を受けている。この戦争がもたらした惨状のなか、EU内の避難民の受け入れと支援に関しては、秩序だったガバナンスが構築されたと言える。そのガバナンスは、加盟国の中央・地方政府、EU機関、国際機関、非政府組織（NGO）、企業の協力と、数多くのボランティアの尽力によって支えられている。様々な課題や困難があるものの、他の難民・移民危機のケースで見られるような、何百、何千もの人々が過酷な環境に放置されるような事態は起きていない。

　EU諸国は何百万もの避難民をどのように受け入れていったのか。なぜ、欧州の様々なアクターはウクライナの人たちへの支援に積極的なのか。本章はこれらの問いに取り組むが、その際に念頭に置くべきことがある。それは、欧州はウクライナからの避難民を積極的に支援する一方、他の国や地域から来た者の受け入れには厳しい制限をかけている点である。その対応の違いについては、ほかならぬヨーロッパ内部から疑問や批判の声が上がっているが、本章は、今回の事例をもとに、欧州が全体的に難民を積極的に支援することを促進する諸要因についての考察を提示する。

　以下、まずは欧州がどのように避難民の受け入れを進めていったのかを明らかにし、その次に、避難の長期化に向け、どのような対応が行われ、いかなる課題が出てきたのかを述べる。その後、ウクライナからの避難民を欧州全体として協力して受け入れていくことを促進したと推測される諸要因を指摘する。

❶ 避難民の受け入れ

　欧州各国は、2022年2月24日に侵攻が始まる数週間もしくは数日前から、避難民の受け入れに向けた準備を始めていた。EU諸国に限って言えば、ウクライナと国境を接するポーランド、ルーマニア、スロバキア、ハンガリーが大規模な流入に備え、国境警備や検問所の人員を増やし、避難民の一時的な滞在場所となるレセプション・センターの設営に着手した。その滞在施設には地元の文化センター、学生寮、倉庫、スポーツホールなどが転用され、ホテル、休暇用住宅、賃貸住宅などの確保も急がれ、自宅で避難民を受け入れてくれる人たちの募集も始められていた。とくにポーランドには多くの避難民が到着すると予想され、北大西洋条約機構（NATO）の枠組みで欧州に駐在する米軍の兵士たちも、国境の警備やレセプション・センターの設営に協力した。

　2月24日に侵攻が始まると、やはり多くの人たちが様々なところへ避難した。戦闘要員となりうる男性は国内に留まったことから、国外に出た大多数が女性と子どもである。戦争の現実を目の当たりにしながら、凍える寒さの中、何時間、人によっては何日もかけて周辺の諸国へと逃れていった。旅客機は運航不能となったため、ほとんどの者たちが電車やバス、車、徒歩での移動であった。国外脱出のピークは最初の2週間ほどである。侵攻開始から2週間ほどで、およそ250万人が国外に脱出し、そのうちポーランドには約150万人、ハンガリーには22万人、スロバキアには17万人、ルーマニアには8万人ほどが逃れていったとみられている。

　そのようにして押し寄せてきた避難民を、近隣諸国は国境を閉ざさずに迎え入れた。ポーランドのカミンスキ（Mariusz Kaminski）内相は「ウクライナの同胞に連帯を示す」と述べ、ウクライナの人たちに「安全な避難場所を見つけるためにあらゆることを尽くす」と記者会見の場で明言した。スロバキアのヘゲル（Eduard Heger）首相も「私たちはできる限り、全てのウクライナの人たちを支援する」と約束した。ハンガリーのオルバン（Orbán Viktor）首相は、かねてより移民の受け入れに否定的な言動を示してきたが、その彼さえも「ウクライナから逃れてきた者たちは、ハンガリーの友人たちから迎え入れられる」という独特の表現で、国として受け入れる方針を示した。

2017年のビザ協定の発効以降、ウクライナ人は生体認証パスポートの提示のみでEU諸国に入ることができた。ただし今回はパスポートを持っていない避難者もいたため、近隣諸国は他の身分証明書などで代替することで入国を認めることとした。犬や猫などのペットも簡易な手続きで入国が認められた。

　国境近辺に家族や友人が迎えに来た場合もあるが、避難民の多くがまず身を寄せたのがレセプション・センターである。場所によって設備の充実具合に違いはあるが、ポーランドのセンター[(6)]では、水道、バスルーム、トイレの完備のもと、寝具、食料、衛生用品、おむつ、電源、モバイル・バッテリー、SIMカードなどが提供された。子どものスペースや赤ちゃんルームが用意された所もある。

　この度の避難民の受け入れの最大の特徴は、一般の人たちによる溢れるほどの支援である。欧州各地からボランティアが集まり、食べ物や衣類、ベビーカー、おむつ、衛生用品や現金などを提供してくれた。ウクライナ語が分かる者は案内の手伝いをし、医療の専門家も駆けつけてくれた。自宅に避難民を迎え入れてくれた者たちも数多い。自分たちの車を出し、国境検問所から一時的滞在場所へ、あるいは他の場所や国まで避難民を送り届ける場面も多く見られた。

　国連難民高等弁務官事務所（UNHCR）や国際移住機関（IOM）などの国際機関、そしてNGOはウクライナ国内でも支援活動を行っているが、EU内においても避難民支援に従事している。EU内の支援には、休息場所や食事の提供、物資の運搬や配布、情報提供や案内、宿泊先の手配、そして現金の支給が含まれる。「ブルー・ドット」と呼ばれる拠点が、UNHCR、国連児童基金（UNICEF）、および各国当局の協力のもとポーランド、ルーマニア、ハンガリー、ブルガリア、モルドバに設けられている。そこで家族と離れ離れになった子どもたち、身体的に制約のある人々、精神的な苦痛を受けている人々などへの支援や、家族再会の手助けが行われている。また、IOMとUNHCRはバスなどを用意して、車椅子を必要とする人、病気の人、高齢者などの移動を助けた。

　EUとしては一時的保護指令を発動して、この大量流入への対応を図った。[(7)]この適用により、ウクライナからの避難民は、自分が望むEUの国で1年間、最大で3年間の滞在が可能となった。対象者は働くことができ、子どもたちには

教育の機会が保障され、医療も受けることができる。他のEU諸国への移動も制限はあるが可能で、この一時的保護とは別に庇護申請を行うこともできる。

　EUがこの指令を発動した目的はいくつかある。[8]その一つは避難民の保護と支援だが、同時に各国の庇護システムがその大規模流入に耐え切れなくなることを防ぐためでもあった。一時的保護は手続きが簡略であるため、入国管理当局の負担を減らすことになる。また、EU諸国がウクライナからの避難民に一斉に門戸を開き、ある程度、共通のアプローチをとることで、避難民が各国に分散し、国々の間で負担の「均衡」が図られることも期待されていた。そして避難民が職を見つけ、より自立した生活を送れるようになることを促す狙いもあった。

　避難民の受け入れを進めていくなか、何らかの問題が起きなかったわけではない。例えば、入国前の待機時間や交通機関の混雑は、避難してきた者たちを心理的、体力的に消耗させるものであった。一部では入国審査の際、ウクライナ人以外の外国人の扱いが差別的なのではと批判の声も上がっていた。避難民の滞在場所が不足したり、必要な情報が行き渡らないなどの問題も起きていた。時に人身売買の問題も起きている。

　そのような問題があったものの、EU加盟国は600万人近くの避難民をどうにか受け入れた。難民危機が起きると、しばしば国境が閉ざされたり、難民キャンプでの生活を強いられたり、支援が届かずに飢餓が起きたり、組織的犯罪が起きたりする。今回は多角的な支援によって、そのような事態の発生が随分と抑えられている。

 ## 避難の長期化の現状と課題

　避難民の大多数が女性と子どもである。そのなかには家族をウクライナに残し、状況が改善すれば自国に帰りたいと考えている者たちがおり、実際に帰国したり、ウクライナと行き来したりする者たちもいる。しかし現状では戦争が終わる兆しはなく、長期の滞在に向けて様々な対応と順応が進められている。ここでは、①滞在場所、②労働、③教育、の三つの側面に焦点を絞って、その現状と課題を見てみよう。

(1) 滞在場所

避難民の大半は、EU加盟国に入国直後は、レセプション・センターなどに数日ほど滞在し、その後、家族や親族、友人のもとに向かうか、国内外の別の場所へと移動している。移り先として多いのは賃貸住宅である。[9]しかし、その人数の多さから、ウクライナの近隣諸国やドイツの都市部などで住宅不足が起きている。その結果、一時的とされていたはずの滞在場所に、より長く滞在せざるを得ない状況となってきた。それらの施設は、見知らぬ者たちの間で部屋などの仕切りなく過ごしている場合が多く、現地のコミュニティとの接点も薄いことから、長期滞在には向いていない。空きを待つ時間が長くなっており、別の場所や国にやむなく移っていく者たちもいた。

EUの全加盟国において、避難民の宿泊場所を提供した企業や個人には、政府からの補助金が支給されている。[10]その公的支援の一部はEUが補填している。しかし、時間の経過とともにその費用は膨れ上がった。その負担ゆえ、多くの国々が2023年に入って以降、支援額を減らすなどの措置を取り始めた。[11]住宅支援に関しては、ポーランドでは2023年1月下旬から、120日以上、集合施設に滞在した者は、働くことができない層を除き、費用の50％ほどを負担することとなった。スロバキアでは2023年2月末でもって避難民を受け入れた者に対する支援は終了した。チェコも2023年1月から、ホテルに滞在できる日数を150日までとしている。

(2) 労働

支援が徐々に減らされたり、終了したりしていくなか、避難民は職を見つけて、自立する方向へと促されている。ウクライナからの避難民がどれほど働いているのかを正確に把握することは難しいが、労働年齢にある避難民のうち、もともとウクライナで働いていた者の多くは避難先でも職に就いているとの報告がある。[12]就労先として多いのは、宿泊業、飲食業、清掃業、卸売・小売業、製造業などで、とくに地元民が就こうとしない職、もともと人手不足になっていた業種で、多くのウクライナ人が雇用されている実態が浮かび上がっている。一部では専門性が活かされているところもある。教員免許を持つ人々は地元の学校で雇用され、ウクライナの子どもたちの教育支援にあたっている。また、コロナ危機の影響で医療専門家が不足していたところには、医療関連の資格を

持つウクライナ人によって埋め合わせられている。通訳や翻訳を行うことができる人たちへの需要も高い。EU はウクライナで取得した資格を認めるように加盟国に促しており、実際に一部の資格は認められている。

　しかし、働きたいがなかなか職がみつからない、あるいは就活を始めることができない状況の者たちも少なからずいる。大きな障壁となっているのは言語の違いである。[13] 現地語を学ぶコースが無料で提供されているところがあるものの、その習得は容易にはいかない。また、小さな子ども、高齢の親、障がい者と一緒に避難しているため、その者たちの世話のために働くことができない人たちもいる。状況が許せばウクライナに帰りたいと考えている層も就職を躊躇っているという。

(3) 教育

　避難してきた子どもたちを学校で受け入れるため、様々な対応が行われている。未就学児のプレスクールでの受け入れや、学生の大学での受け入れも進められているが、ここでは就学年齢にある児童・生徒の初等、中等教育機関での受け入れに焦点を当てよう。

　EU 内の多くの学校で、ウクライナの子どもたちは既存のクラスに入り、地元の子どもたちと一緒に授業を受けている。[14] 国も言語も異なるため、教務補助が付いて子どもたちの支援をしているところがある。現地の言語を習得するための授業や、またその国の文化や慣習、ルールに慣れるための授業が別枠で実施されている学校が多い。また、学校によっては授業についていくことができるように補習が行われている。一部に、ウクライナの子どもたちだけの別学級が編成されているところもあるが、その場合であっても、現地の子どもたちと一緒になる授業や学校行事が織り交ぜられており、一定期間後は通常のクラスに移ることとなっている。

　ウクライナの子どもたちの受け入れに伴い、教職員の増員が行われている学校がある。ウクライナで教員として働いていた者たちを教員や教務補助として雇い、ウクライナの子どもたちの教育やケアにあたっている。とくに子どもの人数が多いワルシャワでは、ウクライナ避難民を対象とした教員養成プログラムが開始されている。

　ウクライナから来た子どもたちには様々な配慮が必要となる。なかには、戦

96

争を目の当たりにしたり、さらには家族と離れ離れになったり、死別すること
になった子たちがいる。そのように心の傷を抱えた子どもたちに対して、専門
家からの対応が行われているところもあるが、言語の違いなどにより、学校内
で十分な心のケアをすることは難しく、その心理面での対応が遅れがちになっ
ているとの指摘がある。

　同様に深刻な問題となっているのは、学校に通っている子どもの割合が低い
ことである。国や地域による違いはあるが、就学年齢にある子どもたちのうち、
学校に登録しているのはわずかに 3〜5 割程度と報告されている。⁽¹⁵⁾これには主
として親の状況が関係していると考えられている。⁽¹⁶⁾親が職を探しており、他の
場所に移る可能性がある、あるいは、ウクライナに帰国する可能性があること
から、子どもを学校に登録しない状況があるという。また、ウクライナ現地か
ら、正規のオンライン授業に参加することができるため、現地の学校の授業を
追加で通うと負担になる、時間が重なる、ひいては、子どもの学力向上や将来
を考慮して、ウクライナの授業を受けることが良いと判断している可能性があ
るという。また、そもそも近くの学校は既に収容能力がいっぱいで、新たな生
徒を受け入れられないという問題も出てきている。

　これまで、滞在場所、労働、教育の 3 点を見てきたが、避難民は長期的に EU
諸国で過ごしていくための環境を徐々に築き始めている。住まいを見つけ、働
き始めた者たちがいる。地元の学校に通っている子どもたちもいる。ウクライ
ナの避難民は様々な支援を受けつつ、自分たちも現地に順応しようとしている。
だが、住宅が不足しがちで、職を見つけることも難しくなってきており、現地
の学校に通っている子どもの割合が低いなど、少なからず課題も出てきている。

なぜ避難民を支援するガバナンスが機能したのか

　本節では、支援をする側に焦点を当て、なぜ今回の危機に際し、欧州の各ア
クターは積極的に支援の輪に加わっていったのかを考える。ここでは、①共感、
②負担軽減、③ウクライナの人たちを受け入れる素地、という三つの視点を設
定し、考えられる諸要因を整理して提示してみよう。

（1）　共感

　重要な要因の一つであったと考えられるのは、欧州の人たちがウクライナの人々に寄せた「共感（empathy）」である。共感とは、他者が置かれている状況を把握し、その者へ心情的に寄り添うことをいう。誰か困難な状況にいる者がいて、その者に共感した場合、人は助けようと動機づけられる。その共感がまさにウクライナからの避難民に対して沸き起こった。ユーロバロメーターは、8割以上の人たちがウクライナに対してシンパシーを抱き、そのシンパシーは長期に持続しているとの調査結果を発表している。

　人は誰にどのような状況で共感しやすいのか。これまでの社会心理学や認知神経科学で蓄積された知見から、共感しやすい相手は、同じ集団（内集団）のメンバー、すなわち、家族や友人、職場、学校の所属、民族、宗教などを共有する者同士である。

　その知見に符合するかのように、既にメディアなどでは、ウクライナはヨーロッパに属し、キリスト教圏だから助けたのではないかとの指摘が出ている。確かにその一面はあると推測されるのだが、それだけでは内集団意識や共感が強く働くための十分な説明にはなりえない。単に民族や宗教が同じ、近いと言うだけで、人は常にその者たちに強く共感し、積極的に助けるわけではないからである。しかもロシアも民族や宗教面で近いはずである。

　重要なのは、この戦争を機に、欧州の人々の間にウクライナを自分たちと同じ集団に属するという意識（内集団意識）が相当程度、強まったことである。そのことは政治家の言葉に表れている。例えば、2022年3月、EU首脳会談は「ベルサイユ宣言」を採択し、ウクライナを「欧州の家族」の一員と表現した。その後もEU諸機関のリーダーやポーランド、バルト3国の首脳などが様々な場面でウクライナを「欧州の家族」「欧州に帰属する」と表現している。一般の人々の意識も同様で、ユーロバロメーターの調査では、EU市民の7割ほどが「ウクライナは欧州の家族」と捉えている。ウクライナを自分たちと同一の集団に属するとの意識があることは確かである。

　また、人は一般的に、内集団のメンバーが外部の敵を脅威だと感じている場合、あるいは敵から自分たちの生存が脅かされている場合に、その内集団への共感がより強くなる傾向がある。今回の事態では、「敵」となっているのは疑いの余地なくロシアである。ポーランドやエストニア、ラトビア、リトアニアは

EU の中で積極的にウクライナへの各種支援を訴えてきた国々だが、そのバルト諸国の首脳は共同声明の中で「ウクライナをユーロ・アトランティックのファミリーの中にしっかりとつなぎ留めておくことは、欧州の安全保障のために必須[22]」と述べ、ポーランドのモラビエツキ（Mateusz Morawiecki）首相は、ウクライナはロシアと戦って自分たちのためのみならず、「ポーランドとヨーロッパも守っている[23]」との発言をしている。

このようにウクライナと自分たちは同じ集団に属し、その仲間であるウクライナが攻撃を受け、自分たちにも同じように脅威が迫っているという認識になったからこそ、EU 諸国では政治家も一般の人々もウクライナの人たちに強く共感するようになり、幅広い支援を生み出したのだと考えられる。

（2）　負担軽減

多くの人々がウクライナの人たちを支援しているが、一部では、支援にかかる負担を軽減するための措置が取られており、それが支援の輪を広げたと考えられる。その一つが、欧州の各国政府による、ウクライナから来た避難民に宿泊場所を提供した個人や企業に対する補助金支給である。これは多くの宿泊場所の確保に貢献したと推測される。

また、EU 加盟国は負担が長期化しないようにする措置も繰り出している。典型的には、各国政府の生活費の支援の段階的な減額と終了で、それと同時に、EU は一時的保護指令などにより、避難民に職を見つけ、自立して生活していくことを促している。そして実際に、学校や病院を含め、人手不足となっているところを中心に、ウクライナの人たちが働き始めている。このことは、受け入れている側に負担が一方的かつ重くのしかからないようになっていることを意味する。負担となる存在ではなく、共に生活をしていこうという流れが生み出されているのである。

なお、EU は多くの国々が地続きで、シェンゲン規則もあるため、いったんある加盟国に入ると他の加盟国に移っていくことが容易である。ハンガリーやスロバキアなどでは政治指導層および市民の保守層に移民の受け入れに対する消極姿勢が根強くあるが、侵攻後、大規模な流入の際、その制度ゆえ、入国してきた者たちはいずれ他国に移っていくとの見通しを持っていた（実際に多くの者たちが移っていった）。それは負担を一気に背負わず済むという考えに転じ、そ

れらの国々は大規模な避難民の入国を認めたという側面も指摘できる。

（3）　ウクライナの人たちを受け入れる素地

　EUでは、侵攻前からウクライナの人々の受け入れが、労働者を中心に進んでいた。とくに労働力が不足しがちな国や地域は、ウクライナ人向けの労働者の積極的な呼び込みを図っており、実際にポーランドなど多くのEU諸国に短期、長期にウクライナから人々がやってきて、一部にはウクライナ人コミュニティもできていた。侵攻が始まる前の2021年末の時点で、EUにおいて滞在許可証を保持するウクライナ人は約157万人で、短期労働者を含めるとその人数はさらに多い。

　このことは、今回、ウクライナからの避難民を受け入れることを比較的スムーズにしたと考えられる。というのも、避難民を多くを受け入れてくれたのは、以前からEUに住んでいたウクライナの人たちであり、地元民の中にもウクライナ人と共に働いたり、地域で生活したりすることに慣れていた者たちがいる。ウクライナの人たちを多く受け入れる素地が侵攻以前からつくられていたと考えられるのである。

おわりに

　なぜ今回の欧州では、様々なアクターがウクライナの避難民に積極的に支援を行ったのだろうか。本章では、ウクライナの人たちを自分たちと同じ集団だと捉える意識が、無慈悲な攻撃をしかけてきたロシアという外部の敵の存在とともに強くなり、同時に共感も働き、支援に繋がったとの考えを示した。他にも、長期的に避難民を受け入れる際に生じる負担が一部、軽減される措置があったこと、また、侵攻以前から、ウクライナの人たちが多く欧州に入ってきており、それが今回の大量受け入れの素地となっていたことも重要であったと考えられる。

　ただし、今回のウクライナから来た避難民に対しては積極的な支援が行われたが、他方でウクライナ以外から来た者たちに対しては厳しい対応をとり続けている。そのように対局的な対応をとっている欧州は今後、どのような社会になっていくのだろうか、その動向を注視し続けたい。

【注】
（1） European Union Agency for Asylum 2023: 8–9.
（2） OCHA 2022.
（3） Kamiński 2022.
（4） Hudec 2022.
（5） Hungary Today 2022.
（6） IOM 2022.
（7） 小山 2023, 大道寺 2023.
（8） Council of the European Union 2022 の前文から一時的保護指令を適用した意図がわかる。
（9） Mishchuk and Vlasenko 2023: 24.
（10） European Council on Refugees and Exiles 2023.
（11） Mishchuk and Vlasenko 2023: 25.
（12） IOM 2023: 8.
（13） Mishchuk 2023: 2.
（14） European Commission/EACEA/Eurydice 2022: 14.
（15） UNHCR 2023: 9–10.
（16） Ibid. : 11.
（17） Tajfel and Turner 1979, Turner et al 1987.
（18） Stürmer et al 2006.
（19） European Council 2022.
（20） European Commission 2022: 12.
（21） Cikura et al 2011, Richins et al 2019.
（22） Government of Lithuania 2023.
（23） Morawiecki 2023.

（武田　健）

第9章

ウクライナのEU加盟への道
―永遠の夢から叶いうる夢へ？―

はじめに

ウクライナにとって欧州連合（EU）に加盟することは、いつ叶うかも分からぬ永遠の夢であった。西部で隣接するポーランドやルーマニアが2000年代に加盟して以降は、加盟への思いがさらに強まったように見えた。それでも、2021年の時点においてさえウクライナ政府は、早くとも数年後の加盟申請を計画することで手一杯の状況にあった。

このような状況が一変するのが、2022年2月24日のロシアからの軍事侵攻である。ウクライナのゼレンスキー（Volodymyr Zelensky）大統領は、侵攻を受けた翌週には自国の加盟申請書に署名した。それと合わせて彼は、EUが「新しい特別の手続き」を用いて加盟を即決することをEUに求めた。EUでは、侵攻を命じたロシアのプーチン（Vladimir Putin）大統領を非難するとともに、ウクライナの加盟申請に賛同する声が集まった。2022年6月下旬にブリュッセルで開かれた欧州理事会は、加盟国首脳の満場一致によりウクライナとモルドバを加盟候補国とすることを決定した[1]。

これまでEUに新規に加盟した国は、加盟申請から候補国の地位を得るまで平均で3.5年を要している[2]。申請からわずか4カ月での候補国入りは、切迫した事態を背景に異例の早さで判断されたものであった。とはいえ、こと正規の加盟となれば話は異なる。候補国との窓口となる欧州委員会のフォンデアライエン（Ursula von der Leyen）委員長は、両国の候補国入りを歓迎しながらも、加盟に向けて「多くの作業が必要だ」と述べた[3]。ゼレンスキーが求めた「新しい特別の手続き」を用いずに、本来の手続きに則して加盟過程を進める意図であ

ることが読み取れた。

　ウクライナが北大西洋条約機構（NATO）に加盟することは、同国がロシア
と戦火を交える限り実現しそうもない。⁽⁴⁾他方で、経済分野を中心に活動する EU
への加盟であれば、すぐにでも認められてよさそうなものである。しかしそれ
が難しいことは、北マケドニアやモンテネグロ、あるいはトルコといった先行
グループの加盟さえいまだ認められていないことからも察しがつく。本章では、
ウクライナをはじめとする候補諸国の加盟に、EU が消極的であり続ける事情
に注目する。そうすることにより、グローバル・ガバナンスに向けてもはや不
可欠のアクターとなった EU の組織的な特性を明らかにしたい。

 ## 加盟への動機と手続き

　欧州の国々が EU への加盟をめざす動機は、各国の事情により様々であろう。
加盟を通じて経済の活性化をめざす国もあれば、総計 600 億ユーロに上る EU
からの補助金に期待する国もある。⁽⁵⁾あるいは、加盟することで欧州の一員とし
ての帰属意識や信用を高めたり、国際社会での発言力を強めたりできるかもし
れない。⁽⁶⁾

　1990 年代のノルウェーやスイスのように、加盟に至らなかった例もある。こ
れら両国は、EU の単一市場へのアクセスが認められたがゆえに、加盟への動
機がさして強くないと考えられる。他方、こうした少数の例を除き、これまで
通算で 20 を超える国が新規加盟を果たしてきた。ウクライナとモルドバ以外
にも 6 候補国が加盟を待機する事実は、たとえ英国による脱退の過去こそあれ、

表9－1　EUの加盟候補国

国名	申請（年）	認定（年）
トルコ	1987	1999
北マケドニア	2004	2005
モンテネグロ	2008	2010
セルビア	2009	2012
アルバニア		2014
ボスニア・ヘルツェゴビナ	2016	2022
ウクライナ	2022	
モルドバ		

（出所）　各種資料より作成。2023 年 8 月現在。

表9-2 本来のEU加盟手続き

・EU 条約第2条が述べる価値（人の尊厳／自由／民主主義／平等／法の支配の尊重／少数者に属する人々の権利を含む人権尊重）を尊重し、かつこれらを促進することを約束する欧州の全ての国による加盟申請が可能である。
・欧州委員会との協議および欧州議会の同意を経て、理事会が全会一致で加盟を議決する。
・欧州理事会が合意した適格条件が考慮される。
・当該国と全加盟国が、加盟条件および加盟に向けた EU の基本条約上の調整を定める条約（加盟条約）を結ぶ。この条約には全加盟国の批准が必要である。

（出所）　EU 条約第 49 条。カッコ内は筆者による。

EU の求心力がいまだ持続していることを意味する（表9-1）。ウクライナが加盟を申請した動機は、他の国々のそれと比較できない面がある。候補国として認められること自体が、戦時の只中にあるウクライナ国民の精神的な支えになるという判断も働いたのだろう。

　ただし前述のように、欧州委員会は、ウクライナの加盟に向けて「新しい特別の手続き」を用いない方針である。そうである限り、EU 条約が定める本来の手続きが適用されることになる（表9-2参照）。EU の四つの政治的機関と全ての加盟国が、慎重かつ多元的に関わる点にその特徴がある。

 2 ┃ 正規加盟へのハードル―待合室か、長期滞在施設か―

　本来の加盟手続きを用いるとなると、ウクライナの加盟に向けたハードルは高いものとなる。本来の手続きの下、少なくない数の候補諸国が 10 年以上も加盟を待たされている事実からもこの点は想像がつく。

　加盟への道のりが長引くのは、EU が一定の価値を重視する機構だからである。遡ること 1993 年に、欧州理事会がコペンハーゲン基準と呼ばれる一連の加盟基準を公表した。そこでは、加盟には「民主主義、法の支配、人権および少数者の尊重と保護を保証する制度の安定性」と「機能する市場経済、および EU 内の競争圧力と市場勢力に対処できる能力」が必要とされた。東西冷戦下で西側陣営に属した加盟国には、新規メンバーがこうした基準を満たすことを当然視する傾向が今なおある。1970 年代から 80 年代にかけて加盟したギリシャ、ポルトガルおよびスペインが民主国家として機能し続けているのは、当

時の欧州共同体（EC）が人権や法の支配を重視した結果であるという自負もあるのだろう。

コペンハーゲン基準には、EUの価値に加えて、その法的な実状も反映されている。EC設立以来、半世紀を優に超える歴史をもつEUは、広範な政策分野で独自の法体系を築いてきた。これにより、新規加盟をめざす国は、現時点で35もの章について欧州委員会と交渉をもつ必要が生まれている。35の章は、「加盟過程の基礎」、「域内市場」、「競争力と包摂的成長」、「環境保護の課題と持続可能な連結性」、「資源・農業・結束」および「対外関係」という六つのクラスターに分けられる。候補国には原則として、これらの全てに自国の国内法を適合させることが要求される。

EUからの評価を外圧という形で国内改革に利用する手もあろうが、一般的に候補国はそこまで乗り気ではない。急激な国内改革は、当該国の政治的および経済的エリートの立場を危うくする恐れがある。そのために当該国のエリートは、法の支配を強化したり、効果的な汚職対策を打ち出したり、あるいは少数民族を保護したりする動機をあまりもたないようである。[7]

表9-3は、近年の加盟過程としてクロアチアを例示したものである。満を

表9-3　EU加盟への道（クロアチアの例）

2003（年）	2（月）	クロアチアが加盟申請
2004	6	理事会が加盟候補国に認定
	12	理事会が条件つきで翌年3月からの加盟交渉開始を承認
2005	2	安定化・連合協定発効
	3	EUが加盟交渉開始の延期を決定
	10	加盟交渉の予備審査開始
2006	6	加盟交渉開始
2011	6	加盟交渉妥結
	10	欧州委員会が好意的意見を提出
	12	欧州議会と理事会が加盟を承認
		クロアチアと全加盟国が加盟条約に署名
2012	1	クロアチアの国民投票で66％が加盟に賛成
	2	各加盟国による加盟条約批准が開始
	3	クロアチア議会が加盟条約批准
2013	6	全加盟国が加盟条約批准を完了
	7	加盟

（出所）　欧州委員会ウェブサイトほか。

持して 2004 年に候補国として認定された同国であったが、加盟まではやはり 10 年ほどの年月を要した。待合室で加盟を待つ候補諸国ではあるが、実際は "待合室" というより "長期滞在施設" と化している。

 ## 3 既存加盟国の慎重姿勢

しかしながら、"待合室" が "長期滞在施設" と化す最大の要因は、既存の加盟国の大半が新たなメンバーを迎え入れることに慎重なことだろう。

たしかに既存の加盟国としても、メンバーを迎え入れることに利益がある。欧州の単一市場の規模が広がる上、国際社会での EU の存在感も高まりうる。加盟国同士ならではの安保共同体も築けるだろう。こうした利益を期待できるにもかかわらず慎重であることには、いくつかの理由があると考えられる。

第一に、加盟国の数が増える分、大胆な意思決定を EU として下しにくくなる。これは、シャルプフ（Fritz Scharpf）が「共同決定の罠」と表現するものである。[8] EU では、加盟国国民が直接普通選挙で選出した欧州議会が立法の多くに参画するし、理事会はしばしば特定多数決で議決する。欧州司法裁判所の判決には直接効果があるともされる。こうした仕組みが、EU が超国家的な機構であるといわれるゆえんである。とはいえ、他方では、共通の安保防衛政策や社会政策、あるいは財政枠組みの構築といった分野で加盟国の全会一致が依然として求められもする。野心的な決定を志向する加盟国と EU 機関にとっては、プレイヤーの増大はそうした決定を下しにくくなることを意味する。

この類の問題は以前からあるが、近年はより顕在化している。たとえば、ロシアや中国との二者間関係、アフリカ諸国との経済連携、イスラエル・ハマス戦争への対応をめぐり、毅然とした、もしくは迅速に判断を下したい加盟国と EU 機関が存在する。けれども、オルバン（Orbán Viktor）政権下のハンガリー等が、到底合理的とは思えない事由で反対票を乱発するのである。[9] 決定が停滞することに辟易としてきた加盟国は、新たなメンバーが増えることを歓迎するはずもない。[10]

第二の理由は、EU において自国の影響力が弱まると予想されることである。特定多数決を用いる理事会の議決では、一国当たりの投票力は否応なく低下する。加盟国の輪番である理事会議長国を担当できる機会も確実に減る。自国選

出の欧州議会議員が議員全体に占める割合も後退せざるをえないだろう。

　加盟国にとってさらに不安材料となるのは、EU 主要機関の役職や重責を担う職務に自国の出身者が就きにくくなることである。欧州委員会委員長、EU の基幹的政策を担当する副委員長と委員、外交安全保障担当上級代表（HR/VP、EU 外相）、欧州理事会常任議長（EU 大統領）、欧州議会議長ならびに欧州中央銀行総裁等は、そうした職務に当たるだろう。むろん、これらの職に一度就けば、欧州共通の利益を考慮するべき立場となる。それでも、既存の加盟国としては、加盟国の増加が自国の影響力を弱めるものに映っても致し方がない。

　第三に、EU は、域内における「発展水準の格差と後進性を縮減するため」（EU 運営条約第 174 条）の支援を行っている。そのための財源に年間 600 億ユーロを準備していることは先に触れた通りである。しかしながら、財源は実質的に西欧および北欧の加盟国によって負担されるため、これらの国々は低所得のメンバーを迎えることに及び腰となる。EU の拡大は人の自由移動を促すため、大交代理論をはじめとする陰謀論を喧伝するポピュリストを勢いづけかねないことも頭痛の種となる。

　第四に、加盟国と候補国の間の政治的対立が自国と EU に飛び火することも面倒な案件となる。加盟国ギリシャが、キプロス問題で紛糾するトルコの候補国認定に長らく賛同しなかったことは知られている。[11] あるいは、2007 年に加盟を果たしたブルガリアは、国名や言語名を含む北マケドニアの歴史認識を不服として同国との加盟交渉に赤信号を出していた。[12] こうした現象は、EU に限らず他の国際機構でも観察されることではある。とはいえ、加盟国間の協調がとみに求められる EU であるがゆえの対応の難しさはあるだろう。

　以上のように、既存の加盟国が慎重になる理由には事欠かないものがある。新たなメンバーを迎え入れることで得られる利益があるにもかかわらず、こうした状況が加盟国の腰を非常に重くしている。

 ## ウクライナ加盟への展望

（1）　相次ぐ多国間枠組みの提唱

　欧州委員会は、2023 年 2 月、ウクライナの国内状況を 35 章と照合した分析結果を公表した。[13] 加えて EU は、「ウクライナ・ファシリティ」を通じて同国の

加盟過程を支援しつつ、拡大政策に通じた人物を駐ウクライナ大使に任命した。[14]

　このような展開を一瞥すると、ウクライナの加盟過程が順調であるという印象をもたれるかもしれない。しかし実際は必ずしもそうとはいえない。前途多難を予想させる兆候は、ウクライナとモルドバが加盟申請を行った直後に早くも表れた。2022年4月から翌月にかけて、イタリアのレッタ（Enrico Letta）元首相とフランスのマクロン（Emmanuel Macron）大統領が、各々に欧州国家連合と欧州政治共同体（EPC）の結成を提案している。[15] これと同じ頃には、欧州理事会のミシェル（Charles Michel）常任議長が欧州地政学共同体を要請してもいる。[16]

　これらの構想の内容が大いに異なっているようには見えない。いずれも、ウクライナ戦争の平和的な解決を含む、欧州の長期にわたる安定と繁栄に向けて欧州として密接な対話を行おうとするものである。構想に加わる顔ぶれも、EU加盟国とその加盟候補国に加えて、英国、ノルウェーおよびアイスランドから、アゼルバイジャンやアルメニアといった国々がしばしば含まれる。これらの構想で興味深いのは、構想者のいずれもが、自らの構想はEU拡大に影響しないと言明していることである。すなわち、「（欧州国家連合の下で）ウクライナ、ならびにEU加盟を待機する他の国々は、共通の場で発言する機会をもつことができる。これと並行して、EU加盟への道は変わらずに続く」（レッタ）、「欧州政治共同体は、EUの加盟過程を補足するものであり、これに取って代わるものではない」（マクロン）、「（欧州地政学共同体という）イニシアティブは、拡大に代わるものではなく、何もしない怠慢を弁明するものでもない」（ミシェル）といった具合である。[17]

　加盟国と候補国、ならびに潜在的な候補国を含む多国間の枠組みが新設された例は、過去にもあった。思い出されるのは、フランスのミッテラン（François Mitterrand）大統領が提案した1993年の構想である。往時と同様に、こうした構想が加盟過程を遅滞させるという懸念が候補国から提起されることになる。[18] 現にウクライナのクレバ（Dmytro Kuleba）外相は、マクロンの構想について「わが国のEU加盟に代替するいかなるものも許容できない」とクギを刺した。[19] フランス政府は、「ウクライナがEUの一部となることを確信する」（ボーヌClement Beaune欧州担当相）等と釈明に追われた。[20]

(2) ウクライナの「前進」と人口問題

　欧州委員会は、次の点をめぐりウクライナによる「前進」すなわち国内改革を監視するとしている。⁽²¹⁾

・（法律家の脱国境的組織である）ベニス委員会の勧告に沿う形で憲法裁判所裁判官の任命手続きを法制化すること、

・倫理評議会による高等司法評議会メンバー候補者の審査、ならびに裁判官上級資格委員会の立ち上げメンバーの選任を終えること、

・汚職対策を強化し、反汚職検察局の新局長ならびに反汚職捜査局の新局長を任命すること、

・金融活動タスクフォースが設けた水準を満たす形で資金洗浄対策を法制化し、また、法執行部門の改革計画を採択すること、

・法に則りつつ、かつ、ベニス委員会の最新の意見も考慮しながらオリガルヒ対策法を実施すること、

・EU の指令に適合するメディア法を採択することにより、既得権益の影響力を抑制すること、

・ベニス委員会の勧告に従い進めている少数民族保護のための制度改革を完遂し、これを早期に実行すること。

　以上の国内改革の中には、構造的な問題ゆえに時間がかかるものがある。欧州委員会が納得できる対応をウクライナが短期間で示せるとは思えない。

　ウクライナの加盟過程が進行するにつれて、3700 万人という同国の人口規模も悩ましい問題となりうる。候補諸国で最多の人口を擁するのはトルコの8500 万人であるが、ウクライナを除けばセルビアの 710 万人が次いで最多となる。加盟国のスペイン（4750 万人）やポーランド（4100 万人）に近い規模をもつウクライナの加盟は、理事会での各国の投票力をかなり弱める。欧州議会で一定の存在感を示すことになる同国選出議員の動向にも注意を払う必要が出てこよう。⁽²²⁾

　欧州委員会によると、EU はロシアの侵攻以降、翌 2023 年 5 月までにウクライナに 700 億ユーロの支援を行っている。⁽²³⁾ウクライナとの連帯を長期的に保つことに加え、既存の加盟国自らも痛みを伴う決断の先にのみ、EU およびその一員としてウクライナの将来が見えてくる。

おわりに

　本章では、ウクライナの EU 加盟がいかに困難であるかを論じた。欧州の国々が EU に加盟すること自体がそもそも容易ではない。それは、EU が一定の価値を殊更に重んじているからであり、あるいは独特の制度と政策を備えるからであった。加えて、新たなメンバーを迎え入れることに既存の加盟国が慎重になっている。このような状況下では、ロシアと戦火を交えるウクライナの加盟を展望することは容易でない。

　2023 年 9 月に欧州議会で行った一般教書演説において、欧州委員会のフォンデアライエン委員長はたしかに次のように述べた。「この議会は強く主張している。ウクライナの将来は EU の内側にあるのだ」[24]、と。同年 12 月には欧州理事会が、同国との加盟交渉を開始することで合意している。それでも本章の執筆時点では、同国の加盟が叶いうる夢へと転換したとまではいいがたい。

　ウクライナが NATO に加盟する可能性も、現時点ではゼロに等しい。NATO 加盟とは異なる論理から、EU 加盟への道もまた険しいのである。仮にウクライナの EU および NATO 加盟が実現する時代が到来するならば、それは、これら両機構がロシアと節度ある関係を築きうる時代ということになる。とはいえ、そのような時代が平和的といえるのかさえ今の段階では不確定である。ウクライナ戦争に依然として悲観的、破滅的なシナリオが残る中、EU 加盟を交渉することの意味そのものが今後も問われる。

【注】

（1）　ジョージアには、課題が解決され次第候補国に認定する用意があるとした。

（2）　Leppert 2022. 現在の 27 カ国から原加盟 6 カ国を除いた 21 カ国の平均である。

（3）　Brzozowski 2022.

（4）　米欧の軍事同盟である NATO がウクライナを加盟させれば、北大西洋条約第 5 条に従い、NATO 加盟国がロシアと戦火を交えることになりかねないからである。

（5）　European Commission 2023c: 5. 近年の EU の予算総額は年間約 1800 億ユーロであるため、およそ 3 分の 1 が充てられる計算である。EU の予算については山本 2020 参照。

（6）　Nugent 2017: 71.

（7）　Juncos and Pérez-Solórzano Borragán 2022: 275–276.

（ 8 ）　Scharpf 1988.

（ 9 ）　山本 2023.

（10）　来たる EU 拡大と合わせて全会一致項目を削減すべきという声が EU 内にある。しかし、その削減にも全加盟国の賛成が必要であるため、やはり実現は容易でない。

（11）　トルコには他にも問題があるということから、賛同しなかった加盟国はギリシャ以外にも多い。

（12）　野町 2020.

（13）　European Commission 2023a.

（14）　European Commission 2023b.

（15）　"Enrico Letta: una Confederazione europea e il percorso per l'adesione di Kiev," *Corriere della Sera*, 19 aprile 2022; Brzozowski, Basso and Vasques 2022.

（16）　"Speech by President Charles Michel at the plenary session of the European Economic and Social Committee," European Council Speech, 18 May 2022.

（17）　*Supra* 15 and 16; *Cited in* Basso 2022.

（18）　山本 2001: 230–237.

（19）　Basso 2022.

（20）　"France 'convinced' Ukraine will join EU", *EUOBSERVER*, 24 May 2022.

（21）　European Commission 2022b: 20–21 カッコの補足は筆者による。

（22）　UNFPA 2023: 164–169.

（23）　この金額には、財政的支援と人道的支援（380 億ユーロ）、ならびに軍事的支援（150 億ユーロ）が含まれる。310 億ユーロに相当する同国からの輸入支援は含まれない。European Commission 2023b: 1.

（24）　European Commission, "2023 State of the Union Address by President von der Leyen", Strasbourg, 13 September 2023.

（山本　直）

第10章

OSCE の意義と限界
―ミッションはなぜ撤退したのか―

はじめに

　欧州安全保障協力機構（OSCE）はウクライナからミッション（現地調査団）を撤退させた。しかしそれはウクライナばかりではない。1999 年のコソボをはじめ、各地から多くの OSCE ミッションが撤退してきた。2014 年のミンスク合意で誕生した OSCE 特別監視団（SMM）もまた、ウクライナ侵攻により撤退することとなった。ミッションが撤退した今でも OSCE が、ロシアとウクライナ双方をまたぐほぼ唯一の地域的国際機構であることに変わりはない。OSCE に残された意義は何か。本章では、ウクライナ侵攻に至る OSCE の意義と限界について、前史としてのコソボの事例をふまえて歴史的に考察する。⁽¹⁾

 前史としてのコソボの失敗

　1990 年 11 月、全欧安全保障協力会議（CSCE）首脳会議で採択された「新たな欧州のためのパリ憲章」は、高らかに民主主義、人権、法の支配、そして市場経済を冷戦後の欧州の指導原理として打ち出した。⁽²⁾ そこに東西の差はなかった。1991 年にアルバニアが加盟してからは文字通り全欧州の会議体として期待を集めた。

　1990 年代後半、旧ユーゴスラビアのセルビアの南に位置したコソボでは、ミロシェビッチ政権の（新）ユーゴスラビア連邦（セルビアおよびモンテネグロ）軍とコソボ自治州内のアルバニア系のコソボ解放軍（KLA）との対立が激化し、双方にエスニック・クレンジングがみられた。しかし米国外交は、それまでの

KLA 敵視政策を転換した。[3]

　その過程で OSCE のミッションがコソボに派遣された。その名もコソボ検証監視団（KVM）という。KVM は、1998 年夏に米国とユーゴの合意を受け、同年 10 月 24 日の国連安保理決議（S/RES/1203）と翌日の OSCE 常任理事会決議（PC.DEC/263）に基づいて組織されている。前者の決議は、政府軍は停戦に応じ、コソボのアルバニア系勢力もテロ行為をやめ、NATO の空域監視団と OSCE の KVM にユーゴ政府とコソボ当局の双方が協力することを求めた。この段階における、「空は NATO、陸は OSCE」という役割分担は、リージョナルガバナンスの陸空二元化として、ボスニアに続く第二の例であった。それゆえに KVM は、NATO と OSCE の協力のモデルとしても理解されていた（1998 年 OSCE オスロ閣僚会議文書、27 項）。しかし後者の決議ではロシアの解釈宣言が付与されている。ロシアは、ヘルシンキ最終勧告（1973 年、CSCE の基礎的な手続き事項の合意）に基づき KVM の任期についてコンセンサス方式が認められるべきであり、それにはユーゴ政府が含まれるとした。1990 年代前半、ユーゴ内戦にあたり、コンセンサスマイナスワン（1 カ国の同意がなくともコウンセンサス形成とみなす方式）が適用されたことへの意趣返しが見て取れる。

　当事者間の政治交渉を KVM は促し、また抑圧停止等の任務を帯び、ボスニアに続き OSCE 史上最大級の人員と予算で現地活動を続けた。しかし NATO 空爆が数日後に迫った 1999 年 3 月 20 日に全面撤退する。[4] KVM のアルバニア人団員は撤退時に「我々はセルビア人のなすがままだ」と言い残した。[5] 実際に NATO 空爆期間中は、OSCE はコソボで何も活動できなかった。3 カ月続いた空爆後、OSCE はコソボに戻り、南東欧安定化条約（1999 年）が目標とする緊張緩和、民主主義の促進、人権尊重、平和的関係の促進、市場経済の活発化などを包括的かつ一貫的アプローチをとることになる。[6]

　コソボの前にはボスニア内戦（1995 年まで）での西側の教訓があった。それは、バルカンでは一国の不安定化が隣国に波及しやすいこと、そして合意履行にあたり関係国が一貫し一致した行動をとることであった。[7] この教訓はコソボで活かされなかった。第一に、コソボ紛争の鎮静化直後に隣国マケドニアで、アルバニア系武装勢力とマケドニア政府との関係が不安定化し、2001 年 8 月に NATO は空爆した。第二に、コソボ後のセルビアではミロシェビッチ（Slobodan Milošević）がブルドーザ革命で退陣しハーグに引き渡された後、セル

114

ビアが承認しないまま 2008 年にコソボは独立を宣言した。そのためセルビア・コソボの冷たい関係は固定化された。ロシアは、西側がコソボ独立を認めたことを批判し、ロシア周辺の未承認国家の独立を鼓舞した。すなわち西側には行動の一貫性はなく、基準の二重性が露呈した。その後 OSCE は、CiO（OSCE 議長国議長）の特別任務官のもと、コソボ再生の社会制度設計に注力し、また現地のミッションは民主化促進、法の支配、民族間対話に努め、警察の訓練（policing）、非軍事化、監視活動を担った。むろんそれは NATO の KFOR（コソボ治安維持部隊）あってのことである。

OSCE とコソボの関わりは、OSCE とウクライナの関わりに示唆を与えている。危機に際して OSCE は存在感を増し、現地調査団が派遣される。現地調査団は戦争（空爆）となると撤退する。戦争が終わり、合意の後に新たなミッションが派遣される。

同じ 1990 年代にエストニアとラトビアでは、ロシア語系住民の市民権問題が争点化された。両国には CSCE/OSCE のミッションが 1993 年から派遣されていた。両国は OSCE に早期のミッションの撤収を求めた。ロシアはそれに強く反対したものの、マンデート延長にコンセンサスが必要であった。結局 2001 年にこれら二つのミッションは、撤退した。結果的にロシアの OSCE 懐疑論は高まる。その逆に、チェチェン内戦を契機に設置された OSCE チェチェン援助グループは、2003 年にロシアのマンデート延長反対によって撤退した。[8][9]

❷ ウクライナとOSCEの30年

ソ連解体の過程でバルト三国よりも独立の動きが遅れていたウクライナは、1990 年 7 月に同国最高会議が主権宣言を発し中立志向まで打ち出しつつも、同年 11 月のパリ首脳会議にはソ連代表団として「参加」した。翌年、8 月クーデタ失敗直後にウクライナ独立宣言が発せられた。そして、1991 年 12 月 1 日の国民投票で独立賛成が多数を占め CSCE プロセスへの参加を表明する。しかし同月 8 日のミンスク合意によってソ連解体が公式に決定されてもウクライナの国家承認と CSCE 参加にはなお時間を要した。CSCE 参加は、1992 年 1 月 28 日付のウクライナ外相のズレンコ（Anatoliy Zlenko）の書簡でヘルシンキ宣言、パリ憲章を含む CSCE 諸文書を公式に承認する旨をもって、2 日後のプラハ閣

僚理事会でようやく認められた。そこでは、CSBM に関するウィーン文書の適用を認めること、領土の地理的趨勢に照らして透明性、予見可能性、紛争予防の規則を実行することが含まれていた。ウクライナは早速、CSCE の枠組みで採択された CFE 条約に加盟する。独立直後から争点化されたクリミアの黒海艦隊の帰属問題は、国際レジームへの積極的参加によってロシアへの対抗を促すこととなる。1993 年 7 月に採択された「ウクライナの外交政策の基本原則」では、CSCE の諸文書を主たる「地域的指向」として位置づけた。ここにウクライナの地理的宿命あるいは地政学的意味、周辺国の安全保障上の懸念とそれを突破しようとする外交をすでに見出すことができる。

　クリミアの争点化に際して CSCE を引き入れたのはウクライナ側であった。まずファン・デア・シュトール（Max van der Stoel）HCNM（CSCE 少数民族高等弁務官）がウクライナを訪問した。HCNM は精力的に活動したが、専門家による継続的なプレゼンスを望むウクライナ側の意向に従い、1994 年 11 月に CSCE/OSCE のウクライナ・ミッションが設置された。ミッションは、ウクライナの憲法体制や市場経済への移行、そしてクリミア問題を主たるマンデートとするものであり、シンフェロポリに地域事務所が設けられた。それは同時に、国際的プレゼンスを高めたいウクライナにとって外交的にも待望のミッションであった。クリミア問題を単なるウクライナの内政問題ではなく「特別な内政問題」としてミッション団長は位置づけ、1995 年にはロカルノで HCNM とミッションが円卓会議を主催しキーウ側・クリミア側双方の意見を調整した。結果として、ミッションがおかれて 2 年後にはクリミア問題はその時点で解決に至ったと思われる。すなわち 1997 年のクリミア自治共和国法の成立により OSCE の予防外交は、いったん成功裏に終わった。シンフェロポリの地域事務所は閉鎖され、ウクライナ政府は 1996 年、ミッションの継続を希望せずと常任理事会で述べた。そこには政権交代によって親ロシアと親欧米に移り変わるウクライナの政情があった。ウクライナ・ミッションが民主化促進をマンデートに掲げていたことが政治的に敏感に受け取られた。ウクライナ・ミッションは 1999 年に、より中立的な「プロジェクト調整官」に格下げされた。その頃ベラルーシでルカシェンコ（Alexander Lukashenko）政権と激しく対立していた OSCE の AMG（諮問・監視グループ）も 2002 年に撤退し、代わりに「OSCE ミンスク事務所」に縮小された。

ところが、ほどなくしてロシア議会がセバストポリの領有を主張しはじめ、黒海艦隊の帰属問題も、ウクライナの政権交代に応じて揺れ動いた。概してOSCE調整官は、民主制度の実施を支援するのであって民主化支援をするわけではない。ビジネス発展の支援、兵器庫解体、法の支配の支援など地道な活動を行ってきた。隣国ベラルーシではOSCEミンスク事務所の活動さえもルカシェンコ政権との対立を招き、OSCE常任理事会で更新が認められず撤退せざるをえなくなった。しかしウクライナではそれほどの強権的な政権が誕生するとも思われず、調整官は他のミッション同様に「ネバーエンディングストーリー」となると評されていたほどである。当時は、よもや撤退の憂き目にあうとは思われなかった。

2014年から2022年までのOSCEの役割

　2014年2月のロシアによるクリミア占領と東部占領は、OSCEに衝撃を与えた。すでに2010年代初頭からロシアとOSCEの対立（正確にはOSCE内におけるロシアと西側との対立）は激化していた。ミンスク合意（議定書）Ⅰ・Ⅱを履行するためにOSCEは、調整官とは別に、新しいミッションとしてSMM（特別監視団）をウクライナ東部ドンバスに配置した。ミンスクⅠはウクライナ、ロシア、OSCEのCiOおよび二つの共和国によって署名されたが、ミンスクⅡは事実上、ノルマンディーフォーマットとして知られる独仏露宇の4カ国の枠組みであった。ミンスク議定書（ミンスクⅠ）では、OSCEに停戦監視と国境監視を求め、ミンスクⅡでは同地域の選挙監視をも求めていた。ミンスクⅡの第2項では、70km射程、140km射程の多連装ロケットシステムの撤去、その他重火器の撤去を定め、ウクライナ軍と親ロシア武装勢力の双方にコンタクト・ラインからの撤退を求める。第10項では当該地域からの外国軍の撤退がOSCEの監視下でなされることが定められた。1975年のヘルシンキ宣言以来信頼醸成措置（CBM）の合意を積み重ねてきたOSCEにとって、地域的なCSBMの履行監視は「お手のもの」であるはずであったし、一定の期待はされていたに違いない。ミンスク合意Ⅱの第12項では、第4項でも合意されたルハンスク・ドネツク地方に「特別な地位」を与える暫定措置に基づいて、OSCEのODIHR（民主制度・人権事務所）による地方選挙監視に言及している。ミン

スク合意全体としては、他にもウクライナの憲法改革にもアジェンダが及ぶなど、ウクライナの現状維持というよりは、ロシアの意向を反映して現状からの改革も大きく求められていたといってよい。

　ウクライナに派遣された国際機構の監視団は、OSCEだけであった。2014年3月21日のOSCE常任理事会の決定により、SMMは活動を開始した。24時間以内に最初の監視団員が派遣され、無人偵察機、超望遠カメラ、衛星からの情報を用いてSMMは世界的にも先進的な監視活動を行うことができた。そのマンデートは、緊張緩和、平和・安定・安全保障の促進、OSCEの諸原則や合意の履行支援である。その予算は、毎年約1億ユーロに達し、約1300人のスタッフ（そのうち700人以上が現地任務）を擁する。ミンスク合意の破綻の原因は、上記の現状維持的性格と現状打破的性格の双方ともウクライナに大きく不利であった点にある。すなわち国境監視や停戦監視は、親ロシア勢力の占領を「ネバーエンディングストーリー」として許すこととなる。同地域に特別な地位を与えようとする同合意は、ウクライナ憲法の改正を促すが、そのコンセンサス形成にはかなりの政治的努力が必要である。マイダン革命以降の政情においてポロシェンコ（Petro Poroshenko）が支持率を低下させ、2019年の大統領選挙の決選投票でゼレンスキー（Volodymyr Zelensky）が多数の地域を抑えたことで、地域間コンセンサス形成の可能性はなくなった。

　加えてロシア・ウクライナ国境のグコボおよびドネックのチェックポイント監視団が2014年7月から派遣され、2021年9月末まで活動を続けた。こちらは終了時にわずか22人の監視団であったが、ヘルシンキ宣言以来の原則である現存国境の不可侵を監視する重要な役割を担っていた。ただし、その配置は、次の二つの「共和国」（ルガンスク、ドネック）の抵抗により国境のロシア側のみに限られた。

　SMMの現地要員配置は、アンランド（Andreas Umland）によれば2021年春の時点で、ドンバスに578人を割き、代表事務所のあるキーウ、そしてチェルニブチ、ドニプロ、イバノ・フランキウスク、ヘルソン、リビウ、オデーサを合わせて187人であった。マンデートの実行には困難がつきまとった。SMMは、「ルガンスク自治共和国」「ドネック自治共和国」の領域の多くの地区では当局の許可がおりず入域できなかった。OSCEの無人機は砲撃の対象となった。新旧の地雷の設置によりSMMの移動には危険を伴い、2017年には親ロシア

勢力支配下のルハンスク（ルガンスク）において、その要員一人が対戦車地雷の爆発により殉死した。要員の殉死はOSCE史上初で、2022年にも悲報は続いた。SMMは文民のみで構成されており国連PKOのような（軽）武装もない。そのためポロシェンコはSMMの武装を求めたが、要員を逆に危険にさらすとしてOSCE関係国は一蹴した。1万7000㎢におよぶ広大な地域を監視するには人員が到底不足していた。にもかかわらず、SMMのプレゼンスは、2021年まで紛争激化をおおむね防止していたといえよう。ピーク時の2017年には、停戦違反は40万件を超えていたが、2021年には9万3000件程度であった。同時にOSCEを難じるならば、2014年までOSCEのCSBMは、成功面が強調されその違反がなかったとさえ言われるほど高く評価されていた。しかしその信頼は、ウクライナ東部で失墜することになる。

　SMMやチェックポイント監視団の活動は、対象地域のパトロールが不可欠でありロシアとの緊張をはらんでいた。こうした緊張下の監視として比較できるのは、OSCEの歴史では、先述のKVM等に限られている。

 ## OSCEの撤退とグローバル・ガバナンスへの示唆

　2022年2月、ウクライナ侵攻の直前にロシアとウクライナは電話会談を行い、ミンスク合意の履行をめぐってOSCEを交えて直接協議をすることが検討されていた。コソボの時と同様にOSCEは、鳩首協議による紛争予防の場でもあった。2022年2月24日のロシア軍の侵攻により、OSCEもコソボの時と同様に、新たな局面を迎えた。ルワンダで撤退した国連PKFに比べて何倍以上も脆弱であるにもかかわらず精力的に活動したOSCEのSMMといえども、戦時においては無力であった。すでに前年に任期切れとなったチェックポイント監視団に続いて、ロシアの意向をうけて2月28日にSMMも撤退した。加えて、プロジェクト調整官もまたキーウを7月に去った。3月31日には、ロシアはOSCEのCiOポーランドの外交を批判し、一時はロシアのOSCE脱退論もささやかれた。ロシアはOSCEでの対決姿勢を強め、現地スタッフを拘束した。同年秋にOSCE議長と事務総長は、拘束されたOSCE職員の即時釈放を求めている。

　ウクライナからのSMMや他のミッションの撤退は、コソボからのKVMの

撤退を否応なく想起させる。ボスニアの教訓をコソボで活かせなかったと同様、OSCE はウクライナでもその桎梏により、克服できなかった。OSCE が紛争の（事前）予防を行うにせよ、廃丘の上で重囲に耐えて抗戦を続けているウクライナ軍を横目に撤退し、戦争勃発に際して無力さを露呈するのは、OSCE が NATO やロシアの道具でしかないのだからだろうか。否、必ずしもそうではないだろう。別稿で記したが、ウクライナ侵攻後に OSCE は 57 カ国中 45 カ国の賛同で発動された「モスクワ・メカニズム」によって現地調査団を派遣した。また CiO や OSCE 議員会議の調査団は、2022 年 6 月をはじめ数度キーウを訪問し、ウクライナの被害情報を収集している。OSCE の常任理事会はコンセンサスのためロシアを批判できないが、OSCE 議員会議はロシアを直截的に批判している。2023 年の CiO である北マケドニア外相オスマニ（Bujar Osmani）もまた、同年 9 月の常任理事会の強化会議でロシアを批判した。こうした OSCE の多元的構造が OSCE の規範と現実をなんとか調和させている。

　2022 年以降、NATO やロシアといったパワー中心で動く世界の中で OSCE はウクライナの現場の足掛かりを失っている。常任理事会や事務局があるウィーンで、冷戦期の CSCE 時代のように、双方が対決的議論を休み休み行うというフォーラム的機能に戻るしかない。実際に 2022 年 12 月にポーランドで開催された OSCE 外相会議には、ロシア外相のラブロフ（Sergey Lavrov）は入国できず、米国のブリンケン（Antony John Blinken）国務長官も来なかった。2023 年 11 月末になってようやく翌年の CiO がマルタに決まるという危機的状況が続いており、ウクライナ侵攻を止められなかった OSCE は、自らの活動をウクライナ侵攻によって止められつつある。2023 年の CiO である北マケドニアは、CiO 就任を通じて、将来の EU 加盟の布石にしたいと考えていたため、OSCE におけるロシアとの対立、また OSCE とロシアとの亀裂は一層深まると思われたが、ブルガリアが領空通過を認めてラブロフの OSCE スコピエ外相会議出席が実現したことにより、その亀裂拡大はいったんは止まった。

おわりに

　独自の軍事組織をもたない OSCE には、監視活動さえ安全に行えないという懊悩があり、予算規模もほかの国際機構に比して格段に小さい。それでも旧ソ連地域を網羅する地域的国際機構が OSCE だけであることに変わりはない。ロ

シアと欧米の地政学的対立のなかで、OSCE は現状維持の機関として国境不可侵を守ることとなり、同時に、民主化や人権尊重を規範として追求するという二つの役割を担うことに変わりはない。

　OSCE は国連よりも機動的で迅速に配置されうる。紛争防止に尽力し、信頼が高いという OSCE のメリットが発揮できるのが、旧ソ連・東欧の地域性である。ウクライナ侵攻においてもコソボの時と同様に、停戦後の復興支援と安定化機能が期待される。地域的国際機構が地域ガバナンスに貢献できる所以である。

【注】
（1）　本章の内容に関連して、1990 年代から 2010 年代までの CSCE/OSCE に関する本邦の主たる先行研究をあげておきたい。百瀬・植田 1992、吉川 1994、玉井 2014、2021、宮脇 2003.
（2）　宮脇　2023: 54.
（3）　1980 年代末にミロシェビッチがコソボの自治権を実質的に剥奪した際に欧米は沈黙し、1990 年代前半においても西側はミロシェビッチと、国連 PKO のウクライナ展開の代わりにコソボ問題で沈黙するという取引があったともいわれる。Reuter 2000: 184.
（4）　ユーゴ政府は、OSCE 要員の滞在ビザをユーゴ国境で剥奪した。OSCE 要員はマケドニアに撤退した。„Die Flucht vor dem Kieg,“ Die Welt am Sonntag, Nr.12, S.5, 21. März 1999.
（5）　Ebd.
（6）　Barry 2000: 50.
（7）　Barry 2000: 49–51.
（8）　中野　2005: 48.
（9）　Zagorski 2021: 24.
（10）　同じく欧州の地域機構である欧州審議会（Council of Europe）にウクライナが加盟したのは、1995 年 11 月である。比較すれば CSCE はより迅速にウクライナや旧ソ連諸国を参加させたといえる。
（11）　Tolstov 1999: 107.
（12）　Oberschmidt 2002：91–92.
（13）　宮脇　2007: 43.
（14）　末澤　2000: 251.
（15）　宮脇　2007: 44.
（16）　Meyer 2001: 70.
（17）　Umland 2019: 2.

（18）　浦部　2023: 86.

（19）　OSCE website "OSCE Observer Mission at the Russian Checkpoints Gukovo and Donetsk (discontinued)," https://www.osce.org/observer-mission-at-russian-checkpoints-gukovo-and-donetsk-discontinued

（20）　Umland 2019.

（21）　Umland 2019: 3, 5–6.

（22）　Umland 2019: 6.

（23）　OSCE 2021.

（24）　Umland 2019: 3.

（25）　宮脇 2023: 62.

（26）　OSCE 議員会議のカウマ議長の言による（OSCE 2023b）。

（27）　OSCE 2023a.

（28）　Skopie Diem website. https://skopjediem.com/2020/12/07/macedonia-to-host-and-chair-osce-in-2023/

（宮脇　昇）

第3部　アジア太平洋の地域秩序

第11章

ウクライナ戦争の
日米安全保障体制への衝撃

はじめに

　2010年11月に発表された北大西洋条約機構（NATO）戦略概念と2022年6月のそれとは、情勢認識において大きな違いが認められる。前者は、「欧州は平和である」と謳っていた。だが、2022年2月24日に勃発したウクライナ戦争後に発表された後者は、「欧州大西洋地域は平和ではない」と修正され、ロシアを「最も重大で直接的な脅威だ」と認定した。このことは、冷戦終結後からウクライナ侵攻までのNATOは、「NATO領土への通常戦力による攻撃の脅威は低い」との想定の下にグローバル・ガバナンスに取り組んできたことを意味する。そのことは、NATOの三つの中核的任務、①集団防衛、②危機管理、③協調的安全保障のうち、冷戦後には②、③に力点が置かれるようになったことに示されている。しかし今また、グローバル・ガバナンスの力点が、①を優先する方向に回帰した。そして、ウクライナ戦争後の世界は、「ポスト冷戦期の終焉」との位置付けが広まった。

　一方、アジアはウクライナ戦争勃発以前に、欧州とは異なる安全保障環境に直面していた。習近平政権の下で、中国は強大なパワーを背景に、南シナ海や東シナ海で威圧的な行動を取るようになった。このためアジアでは、中国の脅威に対処するガバナンスが模索されてきた。

　このように考えると、ウクライナ侵攻が日米安保体制に与えた衝撃という文脈で見た場合、日本政府による日米同盟への対応の考察をウクライナ戦争以後から始めるのは適切ではない。「ウクライナ・ショック」以前から、台湾海峡有事に備えるために、日米同盟の強化が進められてきたからだ。その重要な転換

点は、第二次安倍晋三政権の下で集団的自衛権を容認する閣議決定が 2014 年になされ、その翌年 9 月、その法的基盤としての平和安全法制（「安保法制」）が成立したことに求められる。

とはいえ、ウクライナ戦争が「安保関連 3 文書」に大きな影響を及ぼしたことは間違いない。岸田文雄首相はすでに 2021 年 12 月の所信表明演説で、防衛力の抜本的強化と敵基地攻撃能力の保有に関する国家安全保障戦略、防衛大綱、中期防衛力整備計画を約 1 年かけて策定すると表明していた。そして、これら安保関連 3 文書の策定に向けた検討作業が、政府の有識者会議によって進められている中で、ロシアのウクライナ侵攻が起きた。その結果、ウクライナ戦争は 3 文書の内容に重要な刻印を残した[2]。しかも、ウクライナ戦争は、「国家安全保障戦略 2022」（以下、日本版 NSS）で掲げられた目的の実現を容易にし、加速化することになったと考えられる。

そこで、本章では、まず「安保法制」の成立から安保関連 3 文書の発表に至る過程を検討し、次に安保関連 3 文書で示された日本の国家安全保障戦略の実施過程とその問題点を考察する。そのうえで、日米同盟の強化と共同対処が内包する「安全保障のディレンマ」の問題について考えてみることにしたい。

 ## 「安保法制」の成立

2012 年 12 月に第二次安倍政権をスタートさせた安倍首相は、早くも翌 13 年 1 月には、集団的自衛権の対象拡大を検討する意向を表明した。その第一歩として、同年 10 月 3 日の日米安全保障協議委員会（2+2）会合において、「日米同盟の枠組みにおける日本の役割を拡大するため、米国との緊密な調整の継続」、「集団的自衛権の行使に関する事項を含む」安全保障の法的基盤の構築、防衛計画の大綱および、1997 年策定のガイドラインの見直し、を共同発表に盛り込んだ。この会合では、北朝鮮の核ミサイル計画も脅威だとされたが、最大のテーマは中国であった。「海洋における力による安定を損ねる行動」を念頭に、中国に対し、「責任ある建設的な役割」を果たし、国際的な行動規範の遵守を求めると同時に、「軍事面での開放性、透明性」の向上を促すとされた。共同記者会見では、小野寺五典防大臣が中国との緊張関係に言及したが、ケリー（John Kerry）国務長官、ヘーゲル（Charles "Chuck" Hagel）国防長官はともに、

中国への直接言及は避けた。また、日本側は敵基地攻撃能力への取り組みを紹介したが、米側はコメントを回避した。⁽³⁾

オバマ（Barack Obama）政権はこの時点では、尖閣諸島をめぐる日中対立に巻き込まれることを懸念しており、日本が敵基地攻撃能力を保有することには警戒心を抱いていた。⁽⁴⁾中国に関しては、「日米対中国」の構図を鮮明にしたい日本と、尖閣問題で軍事衝突を懸念する米国との間に温度差が認められた。

2014年5月15日に発表された「安保法制懇」の報告書は、集団的自衛権の全面的な解禁を提案した。2008年の懇談会報告で進言していた「限定」を外したのである。安倍首相はこれを受けて、7月1日、集団的自衛権に関する従来の憲法解釈を変更し、集団的自衛権の行使が「憲法上許される」との閣議決定を行った。その閣議決定では、「武力行使の三要件」が示され、日本が直接攻撃されていないにもかかわらず、「わが国と密接な関係がある他国（たとえば、米国）」に武力攻撃が発生した場合でも、実力行使ができることになった。米軍の軍事力行使と「一体化」する形で日本が実力行使をすることは集団的自衛権の行使に該当するとされてきたが、安倍政権は憲法で禁止されているとする1972年の政府解釈を変更した。

この驚くべき解釈変更に対して、多くの憲法学者が、根拠法と政府説明に違憲だとの批判を浴びせた。⁽⁵⁾ 最も根本的な批判は、一内閣がその時々の都合で解釈を変更するのは立憲主義に反するというものだ。元内閣法制局長官の阪田雅裕は、「憲法は国家が守るべき規範を定めたもので、時々の政権が勝手に都合よく解釈するのは問題だ」と述べている。⁽⁶⁾

憲法解釈を変更した安倍政権は、2015年4月27日の外務・防衛担当閣僚会議（2+2）で1997年のガイドラインを新たに改定した。1997年のガイドラインでは、日本有事に対しては個別的自衛権で反撃し、周辺有事では、自衛隊による後方支援は可能だが、武力行使はできないとなっていた。これを改め、改定ガイドラインでは地理的制約を外し、周辺有事において集団的自衛権で反撃することが可能だとされた。

すでに指摘したように、オバマ政権は2013年10月3日の2+2会合では、尖閣諸島問題をめぐる日中紛争に巻き込まれる事態を強く警戒していた。だが、中国の南シナ海への急速な海洋進出、フィリピンやベトナムなどとの軋轢を厭わない強硬姿勢を前に、同政権は改定ガイドラインでは、尖閣問題も含めて日

本と足並みを揃えた。日米両政府は共同発表で、尖閣諸島が「日米安保条約の範囲に含まれる」ことを再確認し、さらにガイドラインで新たに「離島防衛」が盛り込まれた。ケリー国防長官は 2+2 の記者会見で、日米合意を「歴史的な転換点だ」と評価するに至った。その後、2015 年 9 月に、安倍政権は、世論調査で反対が賛成を上回る中で、強引に「安保法制」を成立させた。

2017 年 1 月にオバマ政権を引き継いだトランプ（Donald Trump）政権は、「米国第一主義」を掲げ、同盟を軽視する言動を繰り返し、日米同盟基軸論者を不安にさせたが、安倍政権は日米同盟の強化を通して、「見捨てられ」の危険を回避した。

❷ 「安保関連 3 文書」の発表へ

2021 年 1 月にホワイトハウス入りしたバイデン（Joseph "Joe" Biden）政権が、日米同盟重視路線に復帰したことで、日本政府は、さらに日米同盟強化に邁進した。その際重要だったのは、米国の対中国政策が、オバマ政権末期に関与政策から強硬政策に転換され、バイデン政権もこれを継承したことである。バイデン政権は、「最も重大な地政学的挑戦」（NSS2022）とみなす中国に対処するため、同盟国とパートナーとの協力・連携を重視する「インド太平洋」戦略を掲げた。その結果、アジアでは米中覇権争いの状況が出現し、日米両政府間では、台湾有事が強く懸念されるようになった。このことも、日米同盟強化に拍車をかけた。

岸田首相は 2021 年 12 月の所信表明演説で、敵基地攻撃能力を含め、「あらゆる選択肢」の検討および防衛力の抜本的強化を念頭に、国家安全保障戦略、防衛大綱、中期防衛力整備計画を約 1 年かけて策定すると表明した。これを受けて、2022 年 1 月に日米安全保障協議委員会（2+2）が開催された。7 日に発表された共同声明は、「ルールに基づく秩序を損なう中国による現在進行中の取り組み」に懸念を表明、さらに日米で「地域における安定を損なう行動を抑止し、必要であれば対処するために協力する」ことを謳った。日米がともに行動を起こすと踏み込み、日米同盟が対中抑止へと変化していることが浮き彫りになった。これに伴い、日本は防衛力の抜本的強化を、米国は「揺るぎない」核抑止を表明するなど、軍事力の強化によって中国に対処する方向性が打ち出さ

れた。

　岸田首相はバイデン大統領の訪日に伴い、2022 年 5 月に行われた首脳会談で、改めて日本の防衛力の抜本的強化を確認し、さらに「防衛費の相当な増額を確保する決意」を大統領に伝えた。首相はまた、「敵基地攻撃能力」にも公の場で初めて言及し、「あらゆる選択肢を排除しない」と訴えた。バイデン大統領もまた、核抑止力を含む、日本防衛に対する米国のコミットメントを改めて強調し、日米安全保障条約第 5 条が尖閣諸島に適用されることを確認した。

　そうした中、2022 年 12 月に「安保関連 3 文書」が発表され、17 日に閣議決定がなされた。安保 3 文書のうち日本版 NSS が、「戦後の我が国の安全保障政策を実践面から大きく転換するものである」と述べているように、上記文書は、戦後日本の安全保障政策の大転換を意味する内容になっている。日本版NSS は、「防衛力の抜本的強化」、安定的な財源の確保、防衛費の GDP の 2%達成とそのために必要な措置、敵基地攻撃能力（政府のいう「反撃能力」）の保有を目標に掲げた。政府は 2027 年度までに防衛費を GDP 比 2%へと増額するとしている。

　日本版 NSS については、『防衛力整備計画』（2022）の中で計画の実施に必要とされる、今後 5 年間で計 43 兆円の財源確保の見通しへの懸念や、2022 年 9月末で 1066 兆円の債務残高（世界最悪の GDP 比 2.6 倍）をかかえる中で 2%という数字は身の丈を超えているなど、様々な問題点が指摘されている。なかでも問題だと思われるのは、第一に、日本独自の防衛力の強化によって日本の安全を確保するという方針が打ち出されたことである。これまで、日米同盟において、日本は「楯」（自衛隊＝防衛力）、米国は「鉾」（米軍＝攻撃力）という役割分担が維持されてきた。日本版 NSS は、日本も米国と同じく、「鉾」の役割を果たすと再定義し、敵基地攻撃能力の保有を正当化した。これは、専守防衛の原則からの逸脱である。

　それゆえ、岸田政権は、敵基地攻撃能力の保有により抑止力を強化することで、「武力攻撃そのものを抑止する」（日本版 NSS）との考えに基づき、ウクライナ戦争勃発後も日米同盟強化に邁進する。

❸ 「ウクライナは明日の東アジアかもしれない」

　ウクライナ戦争は、欧州とアジアの安全保障とが密接につながっているという認識を、米欧やアジア諸国間で強めることになった。2022年のNATO戦略概念は、中国の「公然たる野心と強制に訴える政策は、われわれの利益、安全保障、価値に対する挑戦である」と記し、「この地域における展開が欧州大西洋の安全保障に直接影響を与えるがゆえに、インド太平洋は重要である」との認識を示し、この地域のパートナー諸国との対話と協力を強化することを謳った。このような認識のもとに、2022年6月スペインのマドリッドで開催されたNATO首脳会議には、豪州、ニュージーランド、日本、韓国などが招待された。

　岸田政権による日本の防衛力と日米同盟の強化の加速化の背景には、ウクライナ戦争は欧州だけの問題ではないとの認識がある。このため首相は、アジア太平洋地域でのNATOとの抜本的な連携強化に動いている。日本の総理として初めて出席したマドリッドNATO首脳会議で、岸田首相は、「ウクライナは明日の東アジアかもしれない」と発言したように、ウクライナ侵攻を台湾有事や尖閣諸島をめぐる日中衝突の可能性と重ね合わせていた。

　そのおよそ2週間前に、岸田首相は、シンガポールで開催されたアジア安全保障会議で基調演説を行い、再び「ウクライナは明日の東アジアかもしれない」と強い危機感を示し、「日米同盟の抑止力と対処力を一層強化していきます」と表明した。

　2023年1月末にストルテンベルグ（Jens Stoltenberg）NATO事務総長が来日し、岸田首相と会談した際、双方は、インド太平洋地域での安全保障の連携強化を確認した。中国に向き合う日本とロシアに向き合うNATOが、相互に安全保障分野で協力し合うことが重要だとの認識が共有された。このことは、ストルテンベルグ事務総長が1月31日の共同記者発表で、「欧州で今日起きていることは東アジアで明日起きるかもしれない」と述べ、団結を呼びかけたことに示されている。[7]

　2023年4月にG7広島サミットが開催された。岸田首相が議長国記者会見で、インド太平洋についても「しっかり議論を行いました」と述べた通り、外相会合後に発表された共同コミュニケでは、中国を念頭に、南シナ海や東シナ海における状況に深い懸念を表明し、とくに南シナ海における「中国の拡張的

な海洋権益に関する主張には法的根拠がなく」、「この地域における中国の軍事化の活動に反対する」と明言した。台湾海峡についても「平和と安定の重要性」を再確認し、両岸問題の「平和的解決」を促すと記した。

その後、岸田首相は2023年7月にリトアニアで開催されたNATO首脳会議に2度目の出席を果たし、安全保障分野における協力を「新たな段階に引き上げる」べく、新たな戦略的対話を立ち上げることで一致したと述べた。また、中国に関し、「建設的かつ安定的な関係」の構築が重要だとしながらも、双方は「共通の懸念」を直接伝え、「国際社会の責任ある一員」として行動することを求めた。

 ## アジアにおける多国間安全保障枠組みの強化に向けた取り組み

バイデン政権がインド太平洋地域で最も重視しているのは、日米同盟の強化であるが、同政権はまた、『インド太平洋戦略』（2022年2月）に示されているように、米英豪の協力枠組みであるオーカス（AUKUS）と日米豪印の協力枠組みであるクアッド（Quad）もインド太平洋戦略の不可欠の一部であると考えている。

クアッドは外交や経済安全保障に重きを置いた非軍事的な協力の枠組みであるのに対して、オーカスは安全保障・軍事同盟の性格が強い。2021年9月オーカスの設置を発表したバイデン大統領は、「われわれは、インド太平洋地域での最近の戦略環境に対応する必要がある」と述べたように、中国を念頭に、英米両国が豪州に高性能の原子力潜水艦の技術を供与し、豪州の安全保障の強化をめざす。クアッドは2021年3月に設置されたが、バイデン大統領は2022年3月3日、テレビ形式で第3回目のクアッド首脳会合を開き、同年5月23日の日米首脳会談で日米同盟強化を謳い、翌日クアッドの首脳会談に臨んだ。これらの会談を通して、バイデン政権のインド太平洋戦略の全容が示されたことになる。

アジアで「安全保障のディレンマ」状況が悪化するのを避けるためには、リスク回避も含め、多国間の経済協力、信頼醸成措置の強化など、非軍事的分野で包摂的多国間協力の枠組みの強化が求められる。だが、日本政府は、トランプ政権の時に離脱した環太平洋パートナーシップ協定（TPP協定）への米国の

復帰を説得することができないまま、日本版 NSS に盛り込まれた措置の実現に向けた動きを加速させている。日本版 NSS が公表されて以降初めて開かれた 2023 年 1 月の日米安全保障協議委員会（2+2）でも、共同発表で、中国は「深刻な懸念であり、最大の戦略的挑戦だ」と、中国への強い警戒心を示し、さらに日米安保条約第 5 条の適用範囲を拡大し、第 5 条が宇宙空間にも適用されると踏み込んだ。

日本版 NSS では、「第一に外交力」、「第二に防衛力」と記されているが、実際には、防衛力の強化が突出している。岸田政権の外交の軍事化は、クアッド（日米豪印）での連携・協力関係の強化でも変化をもたらしている。クアッドは、気候変動、自然災害、人道支援など非伝統的安全保障協力の枠組みが中心であり、軍事安全保障分野での協力まで踏み込むことを抑えてきた。この点では、全方位外交を展開するインドの存在が大きい。

しかし豪州は、『国家防衛戦略』（2022）に言う「同志国等との連携」において「特別な戦略的パートナー」と位置付けられ、「米国に次ぐ緊密な防衛力関係」の構築をめざすとされた。日豪関係はいまや、日本が豪州を「準同盟」と位置付けるまでになっている。

2018 年に豪州が、華為技術（ファーウェイ）の次世代通信網への参入を禁止したことから、中国が大麦やワインなどの関税を大幅に引き上げるといった対抗措置を次々に打ち出したことは周知の通りである。それ以来、両国関係は急速に悪化した。豪州では中国脅威論が台頭し、対中強硬路線が党派を超えた流れとなった。そうした中、岸田首相は 2022 年 10 月、訪問先の豪州でアルバニージー（Anthony Albanese）首相と会談し、「安全保障協力に関する日豪共同宣言」に署名した。同宣言は、自衛隊と豪州軍が共同訓練や、サイバー、先端的防衛科学技術に関する協力などを通じ、平時から相互運用性を高めることを盛り込んだ。2022 年 1 月には、自衛隊と豪州軍が共同訓練の際に相互訪問をしやすくする「円滑化協定」を結んでいる。また、同年 12 月 9 日の日豪間の外務・防衛閣僚会議後、林芳正外務大臣は共同記者会見で、「国際情勢について、双方の戦略的価値がきわめて近い」と語り、マールズ（Richard Marles）国防相は、豪州軍と自衛隊が「より高度な演習に取り組む」と語った。さらに、同国防相は、12 月 6 日にワシントンで開始された米豪 2+2 会合での議論を踏まえ、米豪に日本を加えた 3 カ国での防衛協力を強める意向を示した。[8] 日豪共

同訓練は増加傾向にあり、2019年〜22年度は12回に上った。⁽⁹⁾

日本は豪州を「準同盟」とみなすようになっている。オーカスが軍事同盟の性格が濃厚であるのにくわえて、非軍事的な安全保障協力であるクアッドまで、その軍事化傾向を強めていることが見て取れる。とくに、豪州と日本は、ともに米国と同盟関係にあることを考えると、オーカスやクアッドを「アジア版NATO」だと非難する中国の懸念をさらに強める恐れがある。

おわりに

日本が日米同盟の強化に前のめりであるのに対して、米国は譲れない問題では激しく中国と対立しながらも、危機管理を重視し、日本以上に真剣に対話を重ねている。バイデン政権は、2022年8月のペロシ（Nancy Pelosi）下院議長の訪台が原因で中断された軍同士の対話再開の必要性を繰り返し訴えている。「相手の意図を見誤らない」ようにする「リスク回避」は目下、バイデン政権の重要な課題である。

米中に比べると、日中の会談の数ははるかに少ない。この差が今後どのような形となって現れるか、注視していく必要がある。2023年6月初めにシンガポールで開催されたアジア安全保障会議で、中国の李尚福国防相は、日本などがNATOとの連携を模索する動きを見せていることを念頭に、「アジア太平洋におけるNATO化の試みは、地域を分裂と紛争、衝突の渦に巻き込むだけだ」と強い警戒心を示した。中国の不満の矛先は大国である米国に向かうのではなく、日本に向けられる可能性が高い。日本は中国のレッドラインがどの辺にあるのか慎重に見極めることが求められる。

日本政府は日米同盟強化に前のめりになっているだけでなく、クアッドに関しても、米豪関係を「準同盟」に格上げするような動きが認められる。こうした傾向は所信表明演説が述べるように、「地域の平和と安定」に貢献するのだろうか。日米同盟が強化されれば、中国もこれに対抗して「安全保障のディレンマ」状況が生じる。抑止力という概念はそもそも、核軍拡の論理を内在させているがゆえに、軍拡に歯止めがかからない状況をもたらす。現に「地域の平和と安定」に逆行する軍事化が東アジアで進行している。

岸田政権が推進する日本の防衛力強化と日米同盟における共同対処だけでは、国際情勢が流動化しているときには危うい。ウクライナ戦争や2023年10月7

日に勃発したハマス・イスラエル戦争に見られるように、抑止は破綻する危険が常にある。米国の『核態勢レビュー』（2022）は、軍備管理、リスク軽減、および不拡散は「核戦争の危険をさらに低減させるのに不可欠な役割を果たす」と強調したうえで、こうした努力と抑止とは、「安定を保ち、侵略とエスカレーションを抑止し、軍備競争と核戦争を回避するための相互補完的なツール」だと述べている。むしろ、軍備管理や核軍縮を通じた緊張緩和に向けた努力が重要だ。

【注】
（1） 外務省 2023u: 3.
（2） ウクライナ戦争が安保関連 3 文書の策定過程に影響した経緯については、以下を参照されたい。内閣官房「国力としての防衛力を総合的に考える有識者会議」第 2 回会合（2022 年 10 月 20 日）に提出された「防衛力の抜本的強化」（防衛省提出資料、資料 1）および第 2 回会合議事録。
（3） 安倍・オバマ両政権による日米同盟の強化の取り組みの経緯についての詳細は、菅 2021: 34–37.
（4） 森本敏元防衛相は、2+2 の準備段階で、日本の敵基地攻撃能力をめぐる議論で、米側に一時緊張が走ったという。「日本に能力を持たせると戦争に巻き込まれると懸念した」とコメントしている。『朝日新聞』2013 年 10 月 23 日。
（5） 長谷部 2023 が、改めて安倍政権の決定を違憲だと批判している。
（6） 『朝日新聞』2014 年 7 月 2 日および 2013 年 2 月 14 日。
（7） 『朝日新聞』2023 年 2 月 1 日。
（8） 『朝日新聞』2022 年 12 月 10 日。
（9） 『朝日新聞』2023 年 10 月 30 日。

（菅　英輝）

第12章

ウクライナ侵攻とインド太平洋の連関
―国際構造とステータスから―

はじめに

　2010年に世界第2位の経済大国になった中国は、「九段線」に囲まれた南シナ海の管轄権を主張し、ベトナムやフィリピンなど沿岸国の漁業や資源開発を実力で妨害するなど、同海域の支配を強化している。また、南シナ海に人工島を作り、軍事基地を建設した。こうした中国の拡張主義的な行動は、沿岸国だけではなく米国との対立を引き起こした。トランプ（Donald Trump）政権が始めた貿易戦争により先鋭化した米中対立は、経済分野のみならず、安全保障や経済安全保障にまでおよび、対立の地平線は拡大した。また、中国の台頭を受けて、世界最大の民主主義国インドを含むインド太平洋という新たな地域概念も登場した。

　力による現状変更が行われているのは南シナ海だけではない。欧州では2014年、ロシアが「住民投票」の結果を受けて、ウクライナの領土であるクリミアを併合した。その後ロシアは、ウクライナ東部の分離独立派を軍事支援することでウクライナの不安定化を煽っただけでなく、2022年2月、ウクライナに侵攻した。同じ時期に世界の東と西で、権威主義体制国家であるロシアと中国が、程度の差こそあれ、現状変更行動を起こしているのである。

　なぜ、ほぼ同時期に欧州とアジアで、地域が不安定化しているのだろうか。中国の海洋における強硬姿勢や米中対立、ロシアのクリミア併合やウクライナ侵攻を分析した論考は枚挙にいとまがない。その要因も、国内政治体制に焦点を当てる研究から国際構造、アイデンティティやステータスなどの非物質的要因まで、様々である。しかし、なぜインド太平洋と欧州という離れた地域で似

たような現象が生じているのか、両地域の関連性を物質的および非物質的要因の双方から分析した研究は殆どない。

　ロシアのウクライナ侵攻とインド太平洋における中国の強硬姿勢を同列に論じることはできない。ウクライナ侵攻については国連で非難決議が採択されたが、中国の南シナ海での現状変更行動は決議の対象にすらなっていない。しかし、中国とロシアの現状変更行動が国際法や規範を逸脱した行動であることには異論はないだろう。

　本章では、国際構造と社会的ステータスを分析の視座に、ウクライナ侵攻とインド太平洋の連関を考察する。まず分析の枠組みとして、国際構造とステータスが国家行動に与える影響について考察する。次に、インド太平洋における中国の現状変更行動とロシアのウクライナ侵攻を概観し、両事例がどのように関連しているのかを中露関係を中心に考察する。結論を先取りすれば、地域レベルでの国際構造の変化が社会的ステータスに反映されない不満が両国の現状変更行動を誘発したと議論する。とりわけロシアの侵攻は、両国が関係を深化させて多極化を追求する契機となったと論じる。

 # 国際構造とステータス

（1）　地域レベルでの国際構造の変化

　ネオリアリズムの旗手であるウォルツ（Kenneth Waltz）は、国家間のパワー配分が規定する国際構造が国家の行動を決めると論じた。冷戦時代、超大国である米国とソ連間で戦争が起こらなかったのは、両国が二極として国際構造を規定していたからであり、国際構造の中では二極構造が一番安定していると論じた。ところが、ウォルツの議論とは反対に、冷戦が終結、そしてソ連が崩壊し安定していたはずの二極構造は崩れた。その結果、世界は米国の一極構造となり、人権や民主主義を重視するリベラル国際秩序が優勢となった。

　しかしながら、地域レベルでの国際構造を見ると、米国の一極構造と言い切れるほど単純ではない。アジアでは、中国が急速に経済的、軍事的に台頭し、米国との差が縮まるなどパワー構造は変化している。こうした変化にもかかわらず、アジアでは依然として米国が冷戦時代に構築した同盟構造が健在であり、中国台頭によるパワー構造の変化がアジアの安全保障枠組みに反映されている

とは言い難い。

　欧州でも、アジアと同じく地域レベルで構造の変化が起こっていた。ソ連崩壊後の混乱と財政危機を乗り越えたロシアは、資源価格高騰の恩恵を受けて、2014年のクリミア併合により欧米から経済制裁を受けるまで、概ね高い成長率を維持した。一方、冷戦時代ソ連の仮想敵であった北大西洋条約機構（NATO）は、旧東欧諸国を取り込みながら東方拡大を続けていった。一旦は弱体化したロシアが徐々に回復を遂げて地域レベルで構造変化が起こったにもかかわらず、地政学的にはロシアの影響圏が小さくなるという、相反する状況になっていた。

　パワートランジション論は、台頭する国家と既存の覇権国の間で覇権をめぐる戦争が起こると論じる。では、台頭国が覇権国に正面から挑戦するほど国際構造が変動していない場合、つまり地域レベルでの構造変化が起こった場合はどうだろうか。この場合、台頭する国家が覇権国に戦争を挑む可能性は低い。しかし、物質的パワーが増大し地域レベルでの国際構造が変化したにもかかわらず、台頭国が以前と同様に覇権国のリードに追従するとも考えにくい。たとえば、世界第2位の経済大国となった日本が国際連合（国連）安全保障理事会改革をめざしたように、台頭国は、覇権をめざさずとも、ある特定の分野で何等かの変化を選好するのではないだろうか。

(2)　ステータス

　ステータスは、国際関係における万能通貨でもある。多くの場合、ステータスは物質的な資産、たとえば経済力や軍事力、技術力、核兵器などの保有と同意義である。実際、弱小で貧乏な国にステータスがあることはない。物質的なアセットの保有は国際構造に反映されるため、国際構造が物質的ステータスの指標になる。

　一方で、ステータスには社会的な側面もある。国連安全保障理事会やG7のような「クラブ」への入会がその一例であろう。社会的なステータスは、国家が保有するモノの有無ではなく、国際社会での交流や活動を通じて他国からの認知、承認を得て獲得するものである。こうした認知や承認を得るには、その時代の覇権国が提供する価値観や考え方を共有することが重要となる。たとえば、北朝鮮が核兵器を手に入れたからといって、核保有国として北朝鮮の社会的ステータスが上がるわけではない。現在の米国主導のリベラル秩序の下では、

人権や民主主義、法の支配などの価値観を共有していることが重要となるのである。つまり、人権や民主主義などリベラル規範を内面化しない中国やロシアは、現在の米国主導の秩序の下では社会的ステータスを上げるのは不可能ではないが困難を伴う。リベラル規範に沿った行動をとるのも、あるいはそのように見せかけるのも多大な労力を要するからである。だからといって、社会的ステータスに無関心でいることもできない。物質に加え社会的ステータスを持つことで、自国の意見がある程度尊重され、影響力を行使したり自国に有利なルールを設定したりすることが容易になるなど利得は大きいからである。

　ステータスには物質と社会という二つの側面があるとすると、国家が、自国の物質的ステータスが上がった場合、国際社会での社会的ステータスも連動して上がることを期待するのは自然であろう。しかし、社会的ステータスの獲得は他国からの認知や承認に基づくため、物質的なアセットに連動して自動的に上がるわけではない。この物質的および社会的ステータスの非連動性が不満につながり、不満をもつ国家は、自国が「相応しい」と考える状態に現状を変更するために武力を使用したり、ナラティブ（物語）の提示をして新たな価値観や規範を広めたりするのである。[12]

 ## 2 　中国とロシアのパワーと社会的ステータス

（1）　インド太平洋における中国の強硬姿勢

　中国は、2001 年に世界貿易機関（WTO）に加入して以降、急速に経済成長を遂げた。2008 年のリーマンショック時には、中国は大規模な財政出動を行い、米国発の世界経済危機から各国が立ち直るのを助けた。2022 年には、中国の GDP は世界全体の約 18％を占めるまでになり、米国の約 25％に迫る勢いとなった。一方、長らく世界第 2 位の経済大国だった日本は、僅か約 4％までに転落した。[13] 米国の重要な同盟国である日本の国力の減少は顕著であり、アジアの経済におけるパワー構造の変化は明白であった。

　中国の経済成長は軍事力の拡大も伴った。中国政府発表の数字は透明性に欠けるため、中国が GDP のどの程度を実際に軍事費に費やしているのかは不明である。しかし、空母一つとってみても、2012 年には旧ソ連の空母を改修した「遼寧」が就役し、2019 年には初の国産空母「山東」が就役した。2022 年

には「福建」が進水するなど、軍事力拡充が続いている。

　経済成長やリーマンショック時の財政出動により「責任ある大国」として自信をつけた中国は、将来世界が多極化に向かうと考えた。国際専門機関でのスタッフも 2009 年から 10 年間で約 2 倍に増やすなど、国際社会での存在感を高める努力をした。しかし、中国の国力に連動して社会的ステータスが上昇したわけではなかった。たとえば国際通貨基金（IMF）は、変化した各国の経済力の実態を反映するために投票権拡大など改革を 2010 年に決定したが、米国が批准しなかったために、中国の投票権の拡大は 5 年ほど宙に浮いてしまった[14]。IMF の改革が進まないこともあり、中国は、自国が中心となるアジアインフラ投資銀行（AIIB）を立ち上げた[15]。習近平政権肝いりの「一帯一路（BRI）」構想によるインフラ計画を財政的に支えるためでもあった。しかし、既存の秩序への挑戦だと警戒した米国と日本が AIIB に参加することはなかった。特に日本は、東シナ海で尖閣諸島の領有権を巡り、中国公船による尖閣諸島領海・接続水域への侵入を日々受けていたため、アジアで中国が役割を拡大させるのを警戒した。安倍晋三首相が「自由で開かれたインド太平洋（FOIP）」を発表して地域の経済繁栄を牽引する姿勢をみせたのも、BRI に対抗するためだった。

　中国は、安全保障分野においても、軍事力および経済力の拡大に見合うステータスを求めた。習政権は、米国に「新型大国関係」を提起し、アジアでの中国の支配的な地位を認めるよう迫った。しかし、米国がこれを正面から受け止めることはなかった。2014 年のアジア相互協力信頼醸成措置会議では、「アジア安全保障観」を提案し、経済発展を鍵とした新たな地域安全保障協力アーキテクチャを提案した[16]。2016 年にも国際連合や国際法は受け入れるが米国中心の安全保障ネットワークや西側の価値観は受け入れられないことを明言するなど[17]、米国主導の秩序に異議を唱えた。さらに、中国はグローバル発展イニシアティブ（2021）、グローバル安全保障イニシアティブ（2022）、グローバル文明イニシアティブ（2023）の三本柱を提唱し、経済発展から安全保障、価値に至る分野でナレティブを提唱することにより、米国とは異なる価値を提供する意欲を見せた。

　また、中国は、歴史的権利を根拠に南シナ海における支配権の確立を実力で画策し始めた。南シナ海沿岸国と係争中の礁を一方的に埋め立てて人工島や軍事基地を建設して、地図上の「九段線」が示す海域の支配を強化し始めた。東

シナ海においても、中国は、日本が管轄する尖閣諸島の領有権を主張し、尖閣諸島周辺に公船を連日派遣して領海侵入を繰り返す状態となった。

　こうした中国の拡張主義的な強硬姿勢は、米国からの強い警戒心を惹起した。ウクライナ侵攻がアジアに飛び火することを恐れた米国が台湾防衛をコミットしたのだった。米国は、中国と国交正常化後、「一つの中国」を公に支持して、台湾については戦略的曖昧性を維持していた。しかし、トランプ大統領は、中国を「修正主義国」と呼び貿易戦争を始めただけでなく、台湾との距離を縮めていった。中国と領土問題を抱える日本、豪州、米国は、FOIP や「ルールに基づく秩序」などのナラティブの拡散に加え、日米豪印から構成されるクアッド（QUAD）の復活や日米豪安全保障ダイアローグ（TSD）の深化、日豪の安全保障関係の深化など、中国包囲網にも見える枠組みを次々と発足させた。米国、豪州、英国による AUKUS も発足した。こうしたプロセスのなかで、中国は、ステータスの上昇どころか、地域の不安定化を煽る問題児として位置付けられた。さらに、バイデン（Joseph "Joe" Biden）大統領は、ウクライナ侵攻後に従来の戦略的曖昧性を捨て台湾防衛を公言した。2022 年 8 月にはペロシ（Nancy Pelosi）下院議長が台湾を訪問するなど、中国にとっては容認できない状況となった。

（2）　ロシアのウクライナ侵攻

　ロシアは、2000 年代初頭からの資源価格の高騰を追い風に、ソ連崩壊後の混乱から抜け出し、経済成長を果たした。ロシアの GDP は、2008 年には 2000 年の 6.4 倍、2013 年には 8.2 倍にまで急拡大した。しかし、国力が回復しても、ソ連時代の勢力圏は戻ってこなかった。旧東欧諸国は NATO に既に加盟していたし、旧ソ連構成国であるウクライナとグルジアではいわゆるカラー革命が起こり、親西側政権が誕生しただけでなく、NATO や EU 加盟への機運が高まるなど国内情勢は流動的になった。両国の西側への傾斜は、ロシアが国力を回復しても、以前のようなステータスを回復することが難しいことを示唆していた。また、ロシアは、米国がカラー革命を支援したことや国連安保理決議を無視してイラク戦争を開始したことを、屈辱だと捉えた。不満をもったロシアは、2007 年のミュンヘン安全保障会議で米国の一極支配や NATO の東方拡大を批判し、ロシア、NATO 間の対等な関係の必要性を説いた。しかし、ウク

ライナとグルジアの将来的な加盟の撤回にはつながらず、地域の安全保障環境はロシアにとって容認できない方向に向かっていった。

こうした状況のなか、ロシアは 2008 年 8 月、分離独立の動きがあったグルジアに侵攻し、アブハジアおよびオセチアの独立を一方的に認めた。しかし、この侵攻が、NATO ミサイル防衛システム（MD）のポーランド、ルーマニアへの配備につながるなど、ロシアを取り巻く安全保障環境は一層厳しくなった。2011 年には「アラブの春」の影響を受けて内戦状態にあったリビアを NATO が空爆し、カダフィ（Muammar al-Gaddafi）政権を倒した。ロシアは、こうした出来事を NATO が軍事力を行使して勢力を拡大していると捉えた。

ロシアが裏庭とみなすウクライナでも、看過できない動きが起こっていた。2014 年 2 月の政変により親欧米政権が誕生したのを契機に、親ロシア派のクリミア首相は「住民投票」を実施し、賛成多数の結果を受けてクリミアをロシアに編入した。この時期、プーチン（Vladimir Putin）大統領は、英国のキャメロン（David Cameron）首相との電話会談で、ウクライナを裏庭とよび、西側はリビアやシリアなどで過去 10 年間にわたってロシアに屈辱を与えたと批判し、[23]自国の社会的ステータスが大きく毀損されたことに憤りを示した。大国のステータスは、ロシアにとって長い時間をかけて歴史的に形成されたアイデンティティでもあり、妥協することは考えられなかった。[24]成功はしなかったものの、2015 年に大ユーラシア計画を発表して自国中心の勢力圏を再構築しようとしたのもステータス再構築への模索だった。[25]同年ロシアが、反テロ（IS）掃討の大義名分をあげて既に内戦状態に陥っていたシリアに軍事介入した要因の一つも、中東でのステータスを拡大させる試みであった。[26]

一方、クリミアを失ったウクライナは、NATO 標準の軍改革を行い、2017 年には将来的な NATO 加盟を決定し、その 2 年後には東部州の自治を認めるミンスク合意を破棄した。何とかウクライナの西側傾斜を阻止したいロシアは、2021 年 3 月と 10 月にウクライナ東部に 10 万人規模の軍を集結させて圧力をかけた。同時に、12 月の米露オンライン首脳会談で、ロシアは、近隣諸国への MD 配備の自制、NATO 不拡大の法的保障を求めて、安全保障に関する条約案を提示した。しかし、米国がこの提案を受け入れることはなかった。[27]ロシアは、2022 年 2 月、ウクライナに侵攻した。

（3）　ウクライナとインド太平洋の連関—中露関係—

　ロシアのウクライナ侵攻は、欧州だけではなくアジアの地政学に影響を与えた。中国とロシアは同盟国でも長年の友好国でもない。国境を接する両国は、領土紛争を長年抱えていたし、お互いに安全保障上の懸念を感じていた。両国は、2001年に中露善隣友好条約を締結し、安全保障協力を見据えた上海協力機構（SCO）を発足させたが、両国の懸念が消滅したわけではなかった。しかしながら、両国の関係は徐々に緊密になり、2012年以降ほぼ毎年のように海上合同演習を開催するようになった。2019年以降は空と海で合同パトロールも開始した。ロシアのウクライナ侵攻直前には中露両国は、NATOや米国のインド太平洋戦略を「イデオロギー的な冷戦アプローチ」と批判し、「制限のない協力」を謳うなど、関係は緊密化していった。

　この言葉通り、中国は、ロシアのウクライナ侵攻後、侵攻を非難した国連決議を棄権した上に欧米主導の経済制裁にも参加せず、制裁で苦境に陥ったロシアを経済的に助けた。2022年度の中露貿易は輸出入が二桁増となり、ロシアからの輸入が45%拡大した。ロシア産石油の輸入量は2023年6月に過去最高を記録した（2023年末時点）。さらに、2023年3月の首脳会談では、習主席は、過去100年間起こらなかった変化を成し遂げようとロシアに呼びかけた。ウクライナ侵攻は、中露両国の距離をさらに縮める結果となったのだった。

　中国は、主権の尊重、領土の保全という自国が尊重する大原則から逸脱したロシアと距離を取ることもできたはずだった。中国も海洋分野で国連海洋法（UNCLOS）を逸脱した行為を繰り返している。しかし、関係各国の利害調整が上手くいかず玉虫色の決着に落ち着いたUNCLOSは元来曖昧であり、それゆえ各国が異なる解釈をすることが可能である。一方的な法解釈ながらも自国の行動を正当化していた中国が、明白な国際法違反を犯したロシアと協力を深化させたのは、中国が社会的ステータスの強化から一歩踏み込んで多極化をめざしていることを示唆していた。

　こうした試みとして、中露両国は、SCOとBRICSの新規加盟国を増やした。たとえば、2023年にイランが正式メンバーとしてSCOに加盟した。またアラブ首長国連邦、ミャンマーなど5カ国がパートナー参加国となった。BRICSは、2024年よりアルゼンチン（2023年12月に発足した新政権は加盟を撤回）、イラン、サウジアラビアなどの6カ国を正式メンバーとして迎えることを決定し

た。新規加盟国の増加は、中露両国の社会的ステータスの向上だけでなく価値観を共有する国家が増えていることを示していた。

　一方、ウクライナ侵攻により西側諸国もお互いの距離を縮めた。岸田文雄首相は、2022年6月のアジア安全保障会議にて「今日のウクライナは明日の東アジアかもしれない」とのべ、インド太平洋情勢とウクライナ侵攻が関連していることを強調した。また同月、NATO首脳会談に出席し、東および南シナ海での中国の現状変更行動を批判し、法の支配の重要性を訴えると同時に、NATOのインド太平洋地域への関与を歓迎した。日本は、国際法違反であるウクライナ侵攻と中国の強硬姿勢や武力による台湾併合の可能性を関連付けることにより、中国の動きをけん制しようとしたのだった。

　NATOも同様に中露両国を関連付けた。NATOは、2022年の「戦略概念」にて、中国を「体制上の挑戦」として初めて批判した。2023年の日本・NATO共同声明では両国の軍事連携への懸念を呈した。米国が台湾防衛を明確にしたのも、中露の行動を関連付けたせいである。G7外相会合も、ウクライナ支援の継続とインド太平洋地域への関与を強化することを打ち出すなど、中露両国の動きは、国際社会の懸念として一括りに関連付けられたのだった。

おわりに

　冷戦終結後、国際構造は二極から米国の一極構造へと変化したが、2010年には、中国が世界第2位の経済大国として台頭し、国際構造は変化した。しかしながら、連動して中国の社会的ステータスが上昇したわけではなかった。中国は、BRIを提唱しAIIBを設立するなど、地域の盟主として地域経済の繁栄を牽引する姿勢を見せた。海洋分野でも、歴史的権利を主張しながら、急拡大するパワーに見合った支配権を海洋で確立しようと現状変更を行った。

　一方、欧州では、ロシアがソ連崩壊後の混乱を乗り越え復活を遂げていた。ここでも国際構造の小さな変化が起こったが、NATOはロシアの不安を尻目に東方拡大やMD配備を行うなど、ロシアの昔日の社会的ステータスが戻るどころか、むしろ下がっていった。こうした現状を屈辱だと捉えたロシアは、クリミア併合、ウクライナ侵攻を行い、力により現状変更を行った。

　インド太平洋とウクライナでの中露両国の動きに直接的な関連性はない。また、物質的・社会的ステータスが連動しないことに対する両国の不満の程度も

異なる。しかし、両国の不満は、現状変更行動を誘引しただけでなく、国際構造に少なくない影響を与えた。第一に、ウクライナ侵攻により、両国が共通の利益を持ち、互恵関係にあることが明確になった。地域での国際構造の変化にもかかわらず、社会的ステータスが連動して変化しない（あるいは下がる）ことに苛立ちと不満を抱えた両国は、社会的ステータスの確立という共通の利益を見出したのである。ウクライナ侵攻は、旧ソ連邦の国々が却ってロシアから距離を置く契機ともなり、実際はロシアの期待とは逆の結果になったが、中露両国の緊密化につながった。特に中国は、米国とは異なるナラティブを提示して多極化への動きを加速化させている。多極化することで社会的ステータスも比較的容易に手に入るからだ。このプロセスにおいて、かつての大国ロシアと協力することの意義は大きい。

第二に、西側先進諸国が、中露両国の行動が連関していることを認識する結果となった。中国の現状変更行動は、南シナ海の無人島や境界線が曖昧な海洋で行われたため、違法性が不明確であった。また、BRI や AIIB の設立など経済分野での中国の役割拡大は、公共の利益に資する。しかし、ウクライナ侵攻を契機として中露連携が鮮明になったことにより、両地域の連関が鮮明化した。世界は多極化もしくは分断に向かっている。

【注】
（1） たとえば、佐橋 2021; Kagan 2022; Mearsheimer, 2014; Feng and He 2020; Larson and Shevchenko 2010: 63–95.
（2） Waltz 1979.
（3） Ikenberry 2011.
（4） Johnston 2019b: 31
（5） The World Bank n.d.
（6） Organski 1968; Organski and Kugler 1980.
（7） Gilpin 1981: 31.
（8） He and Feung 2022.
（9） Duque 2018: 62.
（10） He 2023.
（11） Duque 2018: 57-8.
（12） He and Feung 2022; Renshon 2016.
（13） 外務省 2023n.
（14） 当時の中国の出資率は 3.7％であった。現在の出資率は、6.39％で米国、

日本に次いで第3位である。

（15）　He 2023.

（16）　益尾 2022: 41.

（17）　川島 2022.

（18）　National Security Strategy of the US 2017; National Defence Strategy of the United States 2018.

（19）　IMF, World Economic Outlook Database n.d. 著者による計算。

（20）　ポーランド、チェコ、ハンガリーが 1999 年に加盟、その後エストニア、ルーマニアなど7カ国が 2004 年に加盟した。

（21）　Larson and Shevchenko 2010: 90.

（22）　President of Russia 2007.

（23）　Seldon and Snowdon, 2016: 367.

（24）　Larson and Shevchenko 2010.

（25）　Krickovic 2023: 117.

（26）　松里 2021: 71.

（27）　小泉 2023: 117; Shalal, Holland and Osborn 2021.

（28）　小泉 2022b: 61.

（29）　President of Russia 2022.

（30）　JETRO 2023.

（31）　共同通信「中国のロシア原油輸入が過去最多　制裁効果の薄れ懸念」2023 年 7 月 22 日。https://nordot.app/1055373761681507218

（畠山京子）

第13章

中国とグローバル・ガバナンス
―現代史から再考する―

はじめに

　はたして国内に権威主義体制をかかえる大国は力による現状変更を敢行するのだろうか。冷戦終焉後、とりわけ近年この設問に多大な関心が寄せられてきたが、ロシアのウクライナ侵攻によって精確な解答よりも先にさらなる可能性を案じる声が強まった。その典型が北京の台湾戦略にその類似―力による一方的な現状変更―を求める議論である。

　当人の北京を含め、だれもがその可能性を否定できない以上、これは憂慮すべき事態には違いないが、これを中国の世界戦略全体になぞらえることもまた早計であろう。すくなくともここに三つの風景が粗描できる。一つは周辺地域（新疆、チベット、香港）から台湾海峡、さらに南シナ海にむけて広がる戦略である。西側世界の非難をよそに強硬策も辞さず中国共産党（中共）の支配体制を死守しようとするその姿勢は、ときに周辺国には「現状変更」とも映じる。次に主権国家体系を基盤とする国際連合を重宝する北京の外交姿勢である。世界秩序の転覆どころか、既存の国際体系を保守する態度は「現状維持」的でさえある。第三に多極化志向である。米国を中心にした同盟体系を冷戦思考と非難し、西側世界への集権を削ぐために力の分散をはかろうとする。そのために巨大な「一帯一路」構想のプロジェクトを動かすほか、ロシアとの戦略的協力を惜しまない。ただ、対外政策における自立性を失うことは望まず、北朝鮮という例外を除いて非同盟（不結盟）に徹する。

　実際、昨今のウクライナ情勢を「危機」と称してロシアに配慮をみせるが、「停戦」や「平和交渉の始動」、「人道的危機の解決」を呼びかける北京は中立を

装う努力だけは怠らない。「中露関係」については冷戦期の同盟とは異なり、「非同盟、非対抗的で第三国に向けたものでない」と性格づけ、「各自の核心的利益を擁護」するものだと断り、あくまでも自立志向は絶やさない[2]。どの風景を前景におくかによって中国にいだく印象はおのずと異なる。

　では、北京は「現状維持」勢力なのか、「現状変更（修正主義）」勢力なのか。それを占う試金石はそのグローバル・ガバナンス（GG）に対する姿勢に表れるとされる[3]。当然ながら、その態度は一様ではない。一方で習近平政権は「現行国際体系の参画者、建設者、貢献者であると同時に受益者でもある」として現状を肯定するが、他方「より公正で合理的な国際新秩序」を創るよう改革を訴える[4]。北京の求める GG 体系改革とは国連の「核心的役割を強化」し、「ともに協議・構築・享受できる」GG 観を実現し、「真なる多国間主義を堅持し、国際関係の民主化を推進」、安保理を「大国・富裕クラブ」にせず「途上国の代表権と発言権を適切に増大させる」ことなどを指す[5]。これは中小国の比重を強めて西側大国の優位を削ぐという多極化を主旨とするが、中軸となる具体的規範や価値に欠ける。

　西側世界に楯突きながらも、その代替規範にはとぼしく、何となれば現行の秩序から一部利益まで享受する。容易に像を結ばない、北京のこの姿勢が論争を生む温床となっている。そこでまずは、その論争を概観することから始めたい。

 中国とグローバル・ガバナンス―論争の両極―

（1）　楽観論と悲観論

　最初に登場するのは、たとえ中国やロシアが挑戦をしてもなお米国主導のリベラル国際秩序（LIO）が強靭だとする見立てである[6]。ある識者いわく、中露は権威主義的な資本主義国であって代替となる大型のイデオロギーに欠ける。また米国のトランプ（Donald Trump）政権や Brexit のように西側世界内部で同秩序に抵抗する動きがみられたり、ハンガリー、ポーランド、トルコなどで「新権威主義」が台頭するなどしても、これは一時的な後退にすぎず、新たな政治指導体制や経済成長の復活によりリベラルな秩序は回復される。米国は同盟諸国とともに同秩序を強化すればよく、北京を開放的でリベラルな体制に変え

ずとも、同国には封じ込めと関与を合わせた牽制的関与（congagement）策をとればよい。別の論者はLIOの強さをこう説く。国際紛争・貧困の低減に成功し、国際的投資のような越境的な既得権益を生み、制度化を持続させてきた。幸いにも経済協力開発機構（OECD）が立役者となって同秩序は国際的正統性を徐々に獲得してきた。

　楽観論に悲観論はつきもの、これと正反対の立場もまた根強い。ただ、こちらは学術的観察よりもまず政策立案のための現状分析が先行する。トランプ政権は米とその同盟諸国にたいする三大挑戦者の一つに中露「修正主義大国」を挙げ、バイデン（Joseph "Joe" Biden）政権もまた「修正主義的対外政策を携えた権威主義政権」の大国が「最も緊要な戦略的挑戦」を加えると断じ、中露を念頭において「国際平和・安定に挑戦する」その行動に警戒をにじませる。両政権は求める政策こそ対照的だが、情勢判断は似通っている。同種の認識は学術研究でも共有されている。ある研究者いわく、リベラルな覇権は単極下でこそ追求できるが、現在は中国の台頭、ロシアの復活によって三大国が切り盛りする世界にあるためそれは望めない。中露は敵対的で危険な存在だから、とりわけ米国は中国の地域覇権化を阻止すべきである。

　これほどの極論でなくとも、事態を悲観する中国外交研究は多い。ある学者は習近平体制が現状維持に強硬的に挑戦しているとみる。従来、国際体系を単極に近いものとみて抑制的な対外政策をとってきた北京も2008年頃から米国の衰退を視野に入れ、南シナ海の支配を進展させるなど対米強硬姿勢に転じた。近年、習政権は一帯一路（BRI）やアジアインフラ投資銀行（AIIB）等の政策をつうじて米主導の既存GGモデルに競合しはじめている。別の研究が描く姿もこれに近い。習近平は世界秩序づくりに野心的であり、自由民主主義原則を掘り崩しながら権威主義的統治原則をそれに代置しようとする。たとえば法に基づく統治よりも中共指導体制を堅持することで国際法的レジームを混乱させたり、自由・人権・民主主義等の国際規範を権威主義的に解釈したり、AIIBやBRICSの運営する新開発銀行（NDB）を新規設立するなどGG体系の改革を主導しようと画策する。類似の研究では、ある落差に着眼する。習政権は既存の秩序を不公正・不合理だと詰ってその再編に向かうが、国際制度や理念に影響をおよぼす「話語権（discourse power）」に欠けているという自覚は強い。そこで現時点では世界大の秩序再編ではなく、途上国などを草刈り場にして部分

的な覇権をめざすにとどまる。「人類運命共同体」のような大仰な表現をもって
GG 変革を語る中国も現時点では「一帯一路」構想を基軸にそれを進めている
途上にあるということになる。

(2) 三つの悲観論

　中国の強硬姿勢がますます印象的になる昨今、楽観論よりも悲観論のほうに
論者は集う。ここでそれを詳述する余裕はないが、典型的な議論を三つだけ挙
げておく。まずは中国の国内政治に注目する議論である。主権国家体系と市場
の組み合わせ—市場が国内支配体系に「埋め込まれた」状態—に固執する北京
は領土主権や不干渉原則等を死守する。同国は私企業よりも国有企業に重きを
おく国家資本主義であり、個人の権利向上や市民社会の組織等を国内支配への
挑戦とみなし、法の支配よりも法による支配を優先させるのを現行規範とする
から LIO とは相いれず、一貫して非リベラル主義をとることになる。

　つぎは中国の南シナ海戦略に関する研究である。ある論者によれば、1990 年
代まで同戦略は機会主義的であったが、2007 年以降、北京は行政機構を整備
しながら九段線を全面支配するための恒常的な威圧的行動に出始めた。2012 年
頃には中共指導部内の競争によって強硬政策が一時緩和するが、それ以後は習
近平の台頭によって海洋政策が変化したという。

　最後に米国の対中「関与」政策が蹉跌したとする見解である。トランプ政権
はある仮説—競争相手を国際制度・世界貿易に包摂して温和で信頼に足る仲間
に変貌させる—が失敗したと断じ、それに基づく過去 20 年間の政策を再考す
べきだとした。ある学者はこの議論を体系化していわく、冷戦後ワシントンは
軍事的な勢力均衡策に加え、商業・外交・科学・教育・文化各領域で中国との
連携を深める「関与」策をとり、相手をリベラルな政治改革に導き、法の支配
や市民社会の制度強化を導こうとした。だが、同国は非リベラルな大国として
強大化し、国内体系は変革を欠き、リベラルな国際制度・規範の基盤を蝕み、
現状変更の野心まで宿すようになった。関与政策がこうして頓挫したと結ぶ。

　さすがに最後の議論だけは米国中心にすぎる見方であったとみえ、ある中国
研究者が三つ批判を加えた。まず LIO は軍事・政治・経済・社会の多面にわた
る秩序から構成されており、北京の態度は各領域で異なるが、関与失敗論はそ
の複数性に無頓着である。つぎに関与政策の推進論は本来、政治的自由化より

も利益集団の多様化など社会的選好の自由化に重きをおくものだが、前者に焦点を当てて同政策の失敗を論じている。さらに関与政策を早々切り上げ、対中強硬策をとればよかったと嘆くが、そうなれば北京もまた早々に対米敵対のために大量の資源動員と軍事化とを敢行したであろうから、議論は非歴史的である。[19]

さて、北京の対外政策に対する毀誉褒貶の両極を検討したあとで、そのいずれも排して中間のいずれかの地点に妥当な議論をみつけるという、いたって凡庸な観察が比較的冷静な分析として残ることになる。まさに「大巧は拙きが若く」ということか。[20]

 両極のあいだ—中国研究者による中間的観測—

（1）　現状変更への制約要因

多くの中国外交研究者はその立ち位置こそ異なるが、両極の間のどこかに身をおいている。北京が現状変更を試みるにしても、重大な制約要因を伴うとするのが大方の見立てである。たとえば、世界大国になるには工業力や軍事力に加えて文化や規範面でも影響力をもたねばならないが、北京はその最終地点まで道半ば、いまなお部分的大国にとどまるという観察はその典型である。また[21]国力の増大とともに参加する国際レジームの数も増え、それに応じて国内の利益構造も多元化し、中国の対外政策決定に関与する主体が急増したため、総体として政策を一元化することは難しくなっているという見解も穏当であろう。[22]

その制約要因の最たるものが北京のかかえる弱点である。ある識者いわく、中国の辺境に暮らす民族が中央の支配から乖離したり、高齢化と人口減少が大きな趨勢となったり、増大する中間層や上昇志向をみせる農民・労働者が生活水準の向上を政府に強く迫ったり、近隣諸国が対中牽制するために米国を利用するなど北京は内外で挑戦にさらされている。別の論者もまた国内の三大難問[23]として経済成長の持続、反腐敗闘争、社会の安定を挙げ、対外政策上の制約として第二次大戦後の国際制度、他国との二国間関係、世界経済との相互依存、周辺諸国の対中牽制などに言及する。[24]

(2)　国際レジームへの参加経緯

　中国が利益を享受したり、GG 改革を試みたり、各種制約を受けたりする主舞台はやはり国際レジームにある。いまでこそ積極参加する北京もそこに至るまでに紆余曲折を経た。中華人民共和国は成立直後、国連加盟をめざすが容易にかなわず、1960 年代に「革命的国連」を提唱するなど挑戦的態度に出る。だが 1971 年以降、国連加盟を果たすと北京の態度は一転、穏健になり、安保理では実習生さながらゲームのルールを習熟する低姿勢をとった。1980 年代には国連機構への参加を拡大し「体系維持」に徹する。レジーム参加によって中国は情報収集、貿易の改善、新市場の開拓、安全保障への配慮など多面で利益を享受した。[25]

　20 世紀末までおおむね受動的だったその姿勢は 2000 年代以降、国際制度への選択的かつ積極的な関与に変わる。とくに 2008 年以降、GG の代替的制度・規範を模索するなど穏健的ながらも現状変更的姿勢をつよめる。多くのレジームにて米国の影響力を削ぐため「多国間主義」を求め、途上国の発言権や資源を拡大するよう訴えるが、重責だけは回避しようとして抑制的態度をとった。[26]新興大国として自己利益にかなう制度づくりに自信を深めた北京は「規範受容者」から「規範形成者」に変貌しはじめ、上海協力機構（SCO）等を始動させた。習政権下では AIIB や BRICS 銀行（NDB）といった新機構設計に意欲を見せる。[27]

(3)　関与する領域、挑戦する領域

　中国が LIO を転覆するだけの意志と能力を欠く以上、既存レジームへの挑戦にはおのずと限界がある。伝統的解釈に挑戦し、新規規範を一部創出することには熱心であっても、[28]国際規範体系を「中国モデル」に代替することは依然難しい。では複数ある国際レジームのうち北京が従順なもの、挑戦的なものはそれぞれ何か。近年、その研究が精緻化している。

　ある学者は国際秩序を 8 種に分けて、北京の態度を区分けした。たとえば、主権・領土保全などを主要規範とする立憲秩序には強い支持をみせ、自由貿易を旨とする国際貿易秩序についてもその核心的価値には敵対しない。資本の越境的移動を推進する国際金融秩序については、国内経済を外国投資に徐々に開放するなど統合は進展している。国際環境秩序においては当初、途上国の立場

を利用して経済発展を優先させていたが、2010年代から気候変動緩和のために一定の期限を設けるなどレジームへの関与を見せ始めた。だが、政治的民主化や個人の政治・市民的自由を推奨する政治発展秩序についてはおおむね不支持であり、保護する責任には国連のお墨付きを求めるなど厳格な条件を課す。[29]

　別の研究でも北京の態度を肯定から否定まで4段階に分類し、上記と似た結論を導く。ただ、IMFに代表される世界金融分野については2007年以降の危機で北京が積極的役割を果たしたことを評価して最上位に配置する。また各種人権規約について北京はその大半を支持する姿勢を誇示するものの、党の支配に脅威とみた場合には国際的圧力や規範の強制力を大幅に弱体化させようとするからこの分野は第3段階に位置付けられる。[30]

　その他、現状維持の一環ともいえる「ただ乗り」を一類型として独立させ、世界貿易機関（WTO）のドーハ・ラウンド交渉における北京の姿勢——国際協調のコストを他国にゆだね、途上国の機会拡大には努めなかった——をその一事例とする研究もある。[31]

　目下、中国のGG政策をめぐる研究は急増している。それぞれ分析の細部に個性を宿してはいるが、総論としては多産なわりに変種は少なく、たがいにそれほど大差ない。その通説いわく、北京はLIOに全面的挑戦はしないが、その一部には強い抵抗を示し、規範の変更さえ試みる。そこで西側大国の集権を削ごうと非西側世界を巻き込んで多極化をはかろうとする。そのさい、主権国家体系を重宝して内政不干渉原則を盾にとり、非リベラルな国内体制であっても、それが各地の条件に見合ったものと断じて各々尊重するように求める。これは一部途上国政府の代弁にもなるからGG体系改革として掲げるのに好都合である。

おわりに

　このような現状分析は両極を排した順当なものとして申し分ないが、それはどれくらい「現状」に特有の現象なのか。それが特有であればあるほど短期に移ろいやすく、そうでなければ長きにわたって変わりがたい。中華人民共和国成立後はや70年以上、その対外政策は初期のころとは様変わりしている。国際レジームという用語さえ当初馴染みがなかった。

　だが、国際政治構造のなかに北京を置いて考えてみると「現状」に特有なも

のを見つけるのはそれほど容易くない。現在、欧州を主舞台として西側大国とロシアの対立が深まっているが、インド、ブラジル等とともに中国もその争いへの直接関与を嫌う。当然ロシア寄りであることは明白だが、少なくとも現時点で北京はあからさまな対露軍事援助だけは手控えている。二極対立を深めるよりは西側中心の構造を弛緩するような多極化に利を求め、途上国をはじめとする非西側世界を糾合している(32)。欧州中心の東西対立が深まるほどに第三局の存在意義は高まり、その争奪をめぐる東西の相互牽制もまた熾烈になる。

　アジア大陸の雄、中国やインドがこのような戦略的地位を占めたことは、必ずしも「現状」に特有なものではなく、中華人民共和国成立後まもなくその好機がおとずれている。

　そもそも冷戦期、アジアにおける東西両陣営はあまりに非対称であった。西側陣営は洋の東西を問わず、米国を中心に体系的な同盟を整備していったが、東側陣営の本陣はあくまで欧州にあり、アジア大陸は第二戦線に甘んじた(33)。ワシントンとは対照的にモスクワはアジアで三重の守勢を決め込んだ。まず体系的な同盟体制を欠いた。群を抜く存在だったとはいえ、ソ連は中国との軍事同盟以外にめぼしい対米共同戦線を築かなかった。つぎに、その中ソ同盟も制約つきの共同防衛体制でしかなかった。クレムリンはアジア戦線にて無条件の対米闘争に巻き込まれることを嫌い、「旧敵国」（日本）の再侵略に備えるという条件をつけて中ソ共同防衛体制を約束した(34)。第三に、その間隙を埋めたのが世界革命の中ソ分業案である。「東方」の革命闘争を指揮せよと北京に迫る、このスターリンの妙案は政府間の公式事業ではなく、共産主義政党間の非公式な共闘体制であった(35)。

　東側陣営のアジア戦略はモスクワが後方に退き、北京が前線にて闘うものであったから米中対立が主旋律となった。ソ連は盟邦の自立的行動―台湾海峡危機や核開発等―を制御しきれず、中国は陣営内の地位を高めていった。北京の自立性をなにより高めたのは、モスクワに乏しい外交資産―「第三世界」を主舞台にした外交地平の拡大―を得たことであった。陣営内協力に勤しみながらも、「南」から「北」に対峙するという、この北京の対外戦略が1950年代半ばに形成され、同国の存在は否でも応でも高まった(36)。

　欧州を主舞台とする対決、その一方と協力関係を維持しながらも域外の第三局に立って対外戦略を打ち出すという方式そのものは当時と現在とで相似して

154

いる。ただ 1960 年代、「南」から「北」に全面挑戦する北京の姿勢が中ソ同盟を決裂させたが、現在同盟関係になく、紐帯となるイデオロギーも持たない中露はこのような経路を反復するわけではないだろう。案じるべきはその可能性ではなく、欧州における北大西洋条約機構（NATO）とロシアとの対立が熾烈になるほどに第三局の戦略的地位が向上するということだろう。[37] 後者の現状変更を抑制するには欧州における対立を緩和させるに如くはない。西側世界はロシアとの利害対立を緩和させるにあたって外交術を試すべき余地を残している。

【注】
（ 1 ）　中華人民共和国外交部「関於政治解決烏克蘭危機的中国立場」『人民網』2023 年 2 月 24 日。
（ 2 ）　中露首脳会談（2023 年 3 月）後の両国共同声明（「中華人民共和国和俄羅斯連邦関於深化新時代全面戦略協作伙伴関係的連合声明」『人民網』2023 年 3 月 22 日）。
（ 3 ）　Shambaugh 2013: 121.
（ 4 ）　国家安全工作座談会、2017 年 2 月（「習近平首提 "両個引導" 有深意」『新浪網』2017 年 2 月 20 日）。中共中央外事工作会議（翌年 6 月）で習は「公正・正義を理念」にした GG 体系改革を訴えた（「習近平：努力開創中国特色大国外交新局面『新華網』」2018 年 6 月 23 日）。
（ 5 ）　中華人民共和国外交部「関於全球治理変革和建設的中国方案」『人民網』2023 年年 9 月 13 日。
（ 6 ）　リベラルとは個人の普遍的平等を重んじ、個人の自由を保証する代議制や法の支配、市場資本主義、自由貿易を尊重する理念等を指す（Lake, Martin and Risse 2021: 229）。
（ 7 ）　Ikenberry 2018; Idem 2022.
（ 8 ）　Lake, Martin and Risse 2021.
（ 9 ）　The White House 2017: 25; Idem 2022: 8.
（10）　Mearsheimer 2018; Idem 2022.
（11）　Sutter 2021.
（12）　Hart and Johnson 2019.
（13）　Rolland 2020.
（14）　Tobin 2019.
（15）　Weiss and Wallace 2021.
（16）　Chubb 2020/21.
（17）　The White House 2017.
（18）　Friedberg 2022.

（19）　Johnston 2019a.

（20）　金谷 1997: 147.

（21）　Shambaugh 2013: 6.

（22）　Lanteigne 2020.

（23）　Nathan 2022.

（24）　Ross and Bekkevold 2016.

（25）　Kim 1979; Idem 1999; Ken 2007; Yang 2014; Lanteigne 2020.

（26）　Shambaugh 2013: 125, 153.

（27）　Lanteigne 2020: 14–15, 86–87.

（28）　たとえば、国連海洋法条約（UNCLOS）下、排他的経済水域（EEZ）内の外国の軍事作戦に関する規制について独自の解釈を出したり、宇宙空間の兵器化に反対する規範を促進したりする（Nathan 2016: 168, 189）。

（29）　Johnston 2019b.

（30）　Mazarr, Heath and Cevallos 2018. 北京は世界人権宣言の合法性を認め、国連人権理事会に積極参加し、社会権規約等を批准しているが、自由権規約には調印するも未批准であるなどその姿勢は依然いびつである（Nathan 2016: 172–173）。

（31）　Kastner 2019.

（32）　むしろアジアの巨人（中印）による「グローバル・サウス」の主導権争奪こそ印象的である。G20 におけるインドの優位を分析したものとして Cave Mashal and Pierson 2023。

（33）　Gaiduk 2011. 東アジア地域における冷戦型同盟の東西比較については松村 2011。

（34）　松村 2013; 松村 2014.

（35）　しかも実態は北京の周辺援助を「副」、各地の自力更生を「主」とするものであり、現地共産勢力が個別に革命闘争を進めるという継ぎ接ぎだらけの粗雑な冷戦戦略であった（松村 2015）。中ソ分業案については下斗米 2004 も参照。

（36）　北京の地位向上については松村 2017、「南」から「北」への挑戦については岡部 2002。

（37）　ロシアも加盟する SCO は少なくとも現時点では NATO と対峙して二極世界を創り出そうとする強硬姿勢をもつ集団とは異なる。

（松村史紀）

第 14 章

米中の狭間で多元化する ASEAN

はじめに

1970 年代後半に東南アジア諸国連合（ASEAN）は、対話パートナーである豪州や日本、米国等との閣僚会議を定例化した。こうした協議の実績を元に、冷戦後に ASEAN 地域フォーラム（ARF）や東アジア首脳会議（EAS）等の多国間協議が ASEAN を中心に毎年開催されるようになった。この動向に関する社会構築主義の議論や制度的特徴については多くの研究がある。また、2000 年代半ばから ASEAN は、そうした重層的枠組みが拡充するなかで「ASEAN 中心性」を強調するようになった。それは ASEAN が冷戦後のアジア太平洋地域に多国間協議の場を提供してきたことへの自己評価であり、今後の目標でもあった。

また、新たにこれらの多国間協議に参加するには、東南アジア友好協力条約（TAC）への加入が必要となり、TAC の原則が多国間枠組みの共通規範となった。それは主権尊重、内政不干渉、紛争の平和的方法による解決等の原則である。それは国家間関係の原則であるが、2008 年に発効した ASEAN 憲章では、ASEAN の目標として人権や民主主義、ガバナンス等、国家と社会の関係に関わる規範も明記された。

この間に ASEAN をとりまく域内外の状況は変化した。まず、1990 年代後半に 4 カ国が加盟した後、各国の利益と ASEAN 共通の利益を調整することは前より難しくなった。また、ASEAN 憲章採択と共に、ASEAN は共同体構築に向けて本格的に始動した。その ASEAN と最初に包括的な関係を締結したのは中国であった。中国は広報外交を展開しつつ、2010 年代から南シナ海で着々

と現状変更を続けた。一方、米国はASEANと初の首脳会議を開催した2013年以降、中国の海洋進出や「一帯一路（BRI）」に対抗すべくASEANとの関係強化の外交に転換した。

　ただ、ASEANにすれば、2010年代に表面化した米中対立には、双方に関与することが前提であり、それなしに「ASEAN中心性」はありえなかった。菊池は2010年代のこうした米中関係におけるASEANの外交を「中小国による大国政治制御」と論じている。[2] 一方、中国の対ASEAN投資について、廣野は現地社会の反応からガバナンスの問題を論じている。[3] エマーソンはBRIとASEANの連結性（Connectivity）の非対称的な融合を論じている。[4]

　一方、ミャンマーでは2021年2月のクーデター後、国軍と民主派勢力や少数民族武装勢力との間で戦闘が続いている。2022年2月にはロシアのウクライナ侵攻が起きた。これらはTACやASEAN憲章の核心に関わる問題である。そこで、本章では2010年代以降のASEANの制度化と機能を概観した後、ASEANが南シナ海問題、ミャンマー問題およびウクライナ戦争にいかに対応してきたかを、ガバナンスの課題や米中対立との関連性に言及しながら検討したい。

規範の拡張と連携型ガバナンスの制度化

　ASEANは1967年の発足後10年間、見るべき活動がなかった。当時はベトナム戦争中であり、原加盟5カ国は安定と開発の課題を抱え、隣接諸国間で内政不干渉と紛争の平和的解決の原則を最優先した。この間、領有権をめぐり加盟国間の国交が一時断絶したが、1年以内に外交関係は回復した。この時期は、年1度の外相会議がASEANの象徴であった。[5] 1976年にベトナム戦争後の新たな現実に直面したASEANは、初の首脳会議を開催してASEAN協和宣言とTACを採択した。そして、TACは後にASEANを超えた地域秩序の原則となった。

　2000年代末にASEANは政治安全保障、経済、社会文化各共同体の政策課題の「青写真」を採択した。現在実施中の「青写真2025」の次は、2045年構想を採択する予定である。「青写真2025」は3共同体で計35の政策課題を挙げている。ASEAN政治安全保障共同体（APSC）には4分野で計16の政策課

題があり、そのうち非伝統的安全保障分野には人身売買、国際経済犯罪、国境管理、不法薬物等8項目がある。ASEAN社会文化共同体（ASCC）には教育、労働、衛生、環境等計14の政策課題がある。これらの課題について関係省庁の高官協議が毎年開催され、とくにAPSCの非伝統的安全保障分野やASCCの各分野には多くの国連専門機関が参加している。

　これはASEAN国連包括的パートナーシップ（2011）により、政治安全保障、経済、社会文化の各分野で国連専門機関がASEANと協力関係に入ったことによる。2010年以降、毎年ASEAN国連サミットが開催され、第1次5カ年計画（2016〜2020）に続いて、現在は第2次5カ年計画（2021〜2025）を実施中である。そこで、ASEANの多くの政策課題の計画立案と実施、政策評価に国連専門機関が制度的に関与するようになった。こうして、2010年代半ば以降ASEANの各分野の行動計画は、国連持続可能な開発目標（SDGs）に向けた国連専門機関との連携が進んでおり、ASEANは国連がグローバル・ガバナンスを追求する際の重要な地域パートナーとなっている。さらに、ASEANが採択した合意は各国政府が政策化して、その実施状況をASEAN事務レベル協議で報告するのが慣例である。ただし、ASEANに執行権限はないため、実際には各国内の法遵守と政策執行の意思と能力が重要である。

 ## 2 　紛争解決に関するASEANの機能と課題

　紛争の平和的解決は地域の安定と発展に不可欠であり、ASEANの当初からの目的である。ただ、ASEANの規範の効果は、紛争の性質と当事国の政治的意思により異なる。当事国間に政治的意思があれば、ASEANの規範が奏功した事例は複数ある。海底ガス田開発をめぐり、2005年にインドネシアとマレーシア双方の軍艦が対峙した際、首脳協議で外交交渉を継続することに合意して状況を鎮静化した。これは両国が領有権をめぐる対立を長期化させるより、ASEANの結束を重視した判断であった。また、プレア・ビヒア寺院遺跡周辺でカンボジアとタイの部隊が2009年から断続的な銃撃戦を続けたが、2011年当時ASEAN議長国のインドネシアが、三者協議による包括的解決策を取りまとめた。結局、インドネシアの監視団は派遣されずに双方の部隊は撤収したが、同国の外交努力に対して、同年の第18回ASEAN首脳会議は「ASEAN共同体

に向けた我々の集団的努力を促進する和平プロセス⁽⁸⁾」と謝意を示した。

（1） 南シナ海問題

　南シナ海問題は上記の事例とは異なる。中国との包括的な関係強化を背景に、ASEAN レベルでこの問題は希薄化される一方、直接の当事国は近年、対米関係を強化している。この問題は米中対立を反映しているが、ASEAN 中国関係の文脈では、次の四つの特徴がある。

　第一に、ASEAN と中国が 2002 年に南シナ海に関する関係国の行動宣言（DOC）に合意した後、2004 年から DOC 履行に関する ASEAN 中国高官協議が毎年開催されている。しかし、中国の一方的現状変更を抑制するための行動規範策定について協議を継続している間に、中国による南シナ海での一方的現状変更が続いている。

　第二に、2003 年の「中国 ASEAN 平和と繁栄のための戦略的パートナーシップ宣言」以後、中国は ASEAN と包括的な行動計画を重層的に締結してきた。第 1 次行動計画（2005〜2010）を経て、第 2 次行動計画（2011〜2015）から政治安全保障、経済、社会文化面の行動計画が作成され、現在は第 4 次行動計画（2021〜2025）の段階にある。とくに、2015 年からの「ASEAN 連結性マスタープラン（MPAC）2025」に関して、2019 年に中国と ASEAN は BRI と MPAC 2025 の相乗効果を創出することに合意した。同年 11 月の中国 ASEAN 首脳会議では、デジタル・シルクロード協力イニシアティブが締結され、2021 年には ASEAN との関係は包括的戦略パートナーシップに格上げされた。また、2022 年には日本や中国と ASEAN 等が 10 年来協議してきた地域的な包括的経済連携（RCEP）が発効した。

　同時に、中国は ASEAN10 カ国と個別の協定を通して、鉄道インフラや経済回廊計画に着手した。また、メコン川流域諸国とは、瀾滄江メコン川協力（LMC）の第 1 次 5 カ年行動計画（2018〜2022）から、政治安全保障、経済・持続可能な開発（水資源協力を含む連結性等）、社会文化協力の包括的な行動計画を実施している。このように中国と ASEAN は、地域、サブ地域および二国間で重層的な協定を締結して多様な行動計画を進めている。中国のインフラ支援は透明性に欠け、腐敗や環境悪化に関する批判が多いが、こうした戦略的で包括的な関係強化に伴い、南シナ海問題は相対化されている。

表 14 − 1　東南アジアで最も影響力のある存在（認識調査）

表 14 − 1　東南アジアで最も影響力のある存在（認識調査）

	(2020: N=1269)		(2022: N=1677)		(2023: N=1133)	
	政治安全保障	経済	政治安全保障	経済	政治安全保障	経済
1.　中国	52.2	79.2	54.4	76.7	41.5	59.9
2.　米国	26.7	7.9	29.7	9.8	31.9	10.5
3.　ASEAN	18.1	8.3	11.2	7.6	13.1	15.0

（出所）　Seah, S. et al., *The State of Southeast Asia*: *Survey Report*, Singapore: ISEAS Yusof Ishak Institute. 2020~2023 年版を基に筆者作成 .

表 14 − 2　南シナ海に関する懸念事項（認識調査）

（単位：%、N=1032）

中国の軍事化と一方的行動										
ASEAN 平均	ブルネイ	カンボジア	インドネシア	ラオス	マレーシア	ミャンマー	フィリピン	シンガポール	タイ	ベトナム
62.4	48.5	46.2	57.4	45.0	48.7	60.9	71.6	65.8	66.4	76.0

（出所）　Seah, S. et al., ibid., 2021, p. 15.

　第三に、東南アジアで政治安全保障と経済に最も影響力があると認識されているのは中国である（表 14 − 1）。また、南シナ海に関する最も高い懸念は、中国の軍事化と一方的行動についてである（表 14 − 2）。国別で、ASEAN の平均値よりその懸念がかなり高いのはベトナムとフィリピンである。一方、その懸念が低い国も複数あり、ASEAN として懸念の高い国への個別の対応はできない。

　そこで、南シナ海の状況を深く懸念する国は、近年積極的にヘッジ戦略を展開している。ベトナムは中国との協力関係を維持しつつ、安全保障面では 2018 年から日本、米国、インドや豪州との関係を強化し、2023 年に米国を中国と同格の包括的戦略関係に格上げした。これは米国にとって脱中国依存を進める経済安全保障の意図もある。フィリピンも米軍との防衛協力拠点の空軍基地を計 9 カ所に増加し、2023 年に豪州と初の合同演習を行った。インドネシアも 2007 年から開始した米軍との 2 国間合同演習に加えて、2022 年から米国、日本、豪州、英国、インド等が参加した拡大合同演習を開始した。これらは、中国との経済関係を維持しつつ、域外国の協力で中国に対する安全保障能力を強化させる戦略である。なお、2023 年 9 月に実施された初の ASEAN 連帯演習（ASEX2023）は、捜索救助や海賊対策等 APSC の海上警備協力分野に関する共

同活動である。

　第四として、2019年6月にASEANインド太平洋構想（AOIP）が採択されたが、その原則は「ASEAN中心性」や包摂性である。そこに中国を排除する選択肢はない。AOIPは、海事協力、連結性強化、国連SDGs、経済分野等の協力の4分野からなり、中国も米国もAOIPに関するASEANとの共同声明では、これら4分野の協力枠組みを共有している。

(2)　5項目合意(5PC)とタイの独自外交

　2021年2月のミャンマー国軍のクーデターに対して、シンガポール、インドネシア、マレーシアは即日「深い憂慮」を示し、翌日フィリピンも同様の声明を発表した。一方、タイやカンボジアは内政不干渉の立場をとった。しかし、総選挙で圧勝した政権を倒して指導者層を逮捕し、民衆を弾圧する国軍への対応は、ASEANの真価が問われる緊急課題となった。そこで、同年4月に10カ国代表が出席してASEAN指導者会議が開催され、5項目合意（5PC）が採択された。それは、①暴力の即時停止、②全ての当事者による建設的な対話開始、③ASEAN議長国特使による対話の仲介、④ASEAN防災人道支援調整（AHA）センターによる人道支援、⑤特使代表団のミャンマー訪問と全ての当事者との面会である。(9) そして同年10月の緊急外相会議で、状況の改善がみられるまで軍政代表をASEAN首脳・外相会議に招待しないことを決めた。ただし、ASEANの事務レベル協議にミャンマー代表は参加しており、同国とASEANとの関係は継続している。

　2023年に議長国インドネシアがASEANミャンマー特使事務局を設置して、「9カ月間で70人の利害関係者と145回を超す接触を持った」(10)が、進展はなかった。そこで、9月の首脳会議でASEANは5PCの実現に努力を続け、前年と次年の議長国を含む3カ国議長体制で取り組むこと、ミャンマーを2026年の議長国から外すことを承認した。ミャンマーではクーデター後に国軍に抵抗する国民統一政府（NUG）が結成され、その人民防衛軍（PDF）は一部の少数民族武装勢力と共闘路線をとり、そこに公務員や若者も加担している。国軍は6カ月間の非常事態宣言を4度延長したが、総選挙の見通しがたたず、公共サービスは半ば破綻状態に近い。また、外国企業の撤退が続いた反面、21年以降に承認された外国直接投資の大半は中国資本であり、次にタイ資本が多い。

中国は2000年代にシャン州にミャンマー最大級のシュウェリ水力発電を建設して、雲南省に送電しており、2010年代にミャンマーから雲南省に至るパイプラインも完成させた。さらに、両国は2018年にそれに並行する中国ミャンマー経済回廊（CMEC）のインフラ整備について合意した。それは中国にとってインド洋に至る戦略的重要性がある。同時に、中国はミャンマー政府と少数民族武装組織との和平交渉も仲介してきた。⁽¹¹⁾また、中国はクーデター後の制裁下にある国軍と関係を強化して、国軍が掌握した鉱山一帯等で無秩序な採掘を行い、環境破壊を起こしている。

　タイはミャンマーで外国企業が撤退した複数の天然ガス田の権益を確保し、タイへのエネルギー調達を優先している。さらに、2022年末以降タイはミャンマー関連の独自外交を展開しており、同年末にタイが主宰したミャンマーの政治危機に関する非公式閣僚会議には、ミャンマーの現職閣僚3人が参加し、2023年の国境管理協力対話にもミャンマーから4人の省庁代表者が参加した。他にもタイ主導の隣接諸国との次官級会合で、ミャンマー危機に関する官民対話が開かれた。タイにとってミャンマー危機は、経済利益や国境管理に直結する問題であり、実現の見通しがたたない5PCの議論と交渉成果を待つ余裕がない問題である。

　一方、米国では「2022年ビルマ法」が成立して、NUGやPDFおよび少数民族武装組織への支援の予算が承認された。NUG側はこれを歓迎したが、軍政はこれを内政干渉と非難した。⁽¹²⁾ただ、ウクライナや中東情勢への対応が優先される現状で、米国の支援の展望は不透明である。また、方法面で2010年代のような民主化支援も難しい。中国も2022年末以降、閣僚等による対ミャンマー外交を活発に展開した。これは米中対立というより、ミャンマーの不安定は中国の利益を脅かすという危機感からの行動と考えられる。

　5PCはASEANのミャンマー協議の前提である。しかし、いかに軍政にそれを履行する意思がなくても、人道支援や国境管理の協議に同政権の協力が必要というジレンマがある。それはミャンマー問題に関して、ASEANが直面してきた規範と現実との乖離である。タイは現実への対応を優先して、独自の外交を展開している。今後ASEANの分断を回避するには、タイの独自外交を5PCに至る現実的手段として関連付ける包摂的調整がASEAN外交に必要であろう。

（3）　ウクライナ戦争への対応

　主権尊重と領土保全の原則は、設立当初からの ASEAN の原則である。ロシアのウクライナ侵攻の問題は、2022 年と 2023 年の ASEAN 外相会議と首脳会議で議題になった。しかし、外相会議の共同声明は、国際法原則の尊重、敵対行動の即時停止と迅速で安全な人道支援の実現の要請を明記するに留まった。首脳会議の議長声明も同様であり、いずれの声明にもロシア非難の文言はない。一方、国別の対応では、侵攻直後の 2 月末にシンガポールが情報通信技術分野の軍民両用品目のロシア禁輸を発表し、翌月にロシアの銀行との取引を禁止した。他の ASEAN 諸国はロシア制裁措置をとっていない。

　国連総会のウクライナ関連決議で、ASEAN 諸国の大半が即時停戦とロシア軍の即時撤退を求める決議に賛成した（表 14 − 3）。一方、決議に反対または棄権した諸国の投票行動は中国と同一であり、とくにラオスとベトナムの投票行動は 5 件全てで中国と同一である。ベトナムの棄権は対米関係を強化している反面、対露関係も悪化させたくない配慮の表明であろう。

　端的にいえば、シンガポールを除く ASEAN 諸国は、米国とロシアの対立に巻き込まれたくない思いのほうが強い。一方、シンガポールは即時に対露制裁

表 14 − 3　　国連総会のウクライナ関連決議

国連総会決議／日付	主な内容	賛成	反対	棄権	欠席	計
ES11/1 2022.3.2	ウクライナへの武力行使の即時停止と完全撤退	141（日本、ASEAN8 カ国）	5	35（中国、LA、VN）	12	193
ES11/2 2022.3.24	ロシア軍の撤退と即時停戦	140（日本、ASEAN7 カ国）	5	38（中国、BR、LA、VN）	10	193
ES11/3 2022.4.7	国連人権委員会のロシアの資格停止	93（日本、PH、MY）	24（中国、LA、VN）	58（ASEAN6 カ国）	18	193
ES11/4 2022.10.12	ウクライナ東部 4 州の住民投票の無効	143（日本、ASEAN7 カ国	5	35（中国、LA、TH、VN）	10	193
ES11/6 2023.2.23	戦争の終結とロシア軍の即時撤退	141（日本、ASEAN8 カ国）	7	32（中国（LA、VN）	13	193

（出所）　United Nations digital library. https://digitallibrary.un.org/record/4003921?ln=en を基に筆者作成）BR: ブルネイ、LA: ラオス、PH: フィリピン 、MY: ミャンマー、TH: タイ、VN: ベトナム。なお、ミャンマー国連代表は 2021 年クーデター前の代表団である。

措置をとった。それは自国の安全保障戦略であると同時に、対露制裁で欧米諸国と共同歩調をとることが外交的に必要と判断したからである。このようにASEAN諸国間で対露認識に差があるため、ASEANで合意を得るには、ロシアを明示せず原則論を確認する他になかった。

おわりに

　米中対立に関するASEANの立場は「ASEAN中心性」の堅持であり、対外関係の包摂性の維持である。ただ、ASEANは市場統合を促進する過程で、中国と広域経済圏連携を通した市場の融合が進んでいる。一方、中国の一方的行動を警戒する一部の加盟国は、対中安全保障戦略を強化している。これはASEANの地域的立場と国別外交戦略のねじれであり、それら諸国の経済開発戦略と対中安全保障戦略とのねじれでもある。

　タイがクーデター後のミャンマーに関して、5PCとは別に独自外交を展開するのは、直面する現実の諸問題を優先するためである。ミャンマー問題はASEANの規範と現実との乖離を顕在化している。これがASEANの分断を深めないためには、5PCを目標としつつ、タイのミャンマー外交はそこに至る手段として関連付けるASEAN外交の大局的調整が必要であろう。

　ASEANは2010年代から国連専門機関と包括的連携を進めており、その活動は国連SDGsの規範を共有している。しかし、ASEANが採択した政策課題の執行は各国政府の意思と能力にかかっている。それゆえ、ASEANの規範の遵守と地域協力の促進には、各国の意思と政策執行能力とガバナンスの向上が不可欠である。

【注】
（1）　Acharya 2001, Katsumata 2009, 大庭 2014.
（2）　菊池 2017: 210.
（3）　廣野編 2021: 189–258.
（4）　Emmerson ed., 2021: 22–26.
（5）　山影 1991, Acharya 2001: 62.
（6）　首藤 2018: 132–152.
（7）　Hadi 2014: 12.
（8）　ASEAN Secretariat, Chair's Statement of the 18th ASEAN Summit, 7–8 May, 2011.

（ 9 ） 鈴木 2023: 74–83. 中西 2022: 231–238.

（10） インドネシア共和国内閣官房、2023 年 9 月 5 日。

（11） 廣野 2023: 65–70.

（12） *The Irrawaddy*, December 16, 2022.

（首藤もと子）

第4部　グローバルな政策課題と対応の枠組み

第15章

G7 広島サミットの
　　グローバル・ガバナンスにおける意義

はじめに

　岸田文雄政権下の外交については、安全保障環境が厳しさを増す中、国民の
安全・安心と繁栄を確保し、法の支配に基づく自由で開かれた国際秩序を維持・
強化するため、日米同盟を外交の基軸としつつ、G7、韓国や豪州等の同志国、
さらにグローバル・サウスと呼ばれる国々と協調し、国際社会をリードするこ
ととしている。この章では、G7 広島サミット開催前、期間中、そして開催後
の岸田総理の G7 議長としての外交を振り返り、G7 広島サミットのグローバ
ル・ガバナンスにおける意義を考察する。その際、「ウクライナ戦争とグローバ
ル・ガバナンス」の視点から、広義の安全保障に関わるイシューを中心に取り
上げることとする。なお、本章は筆者の個人的見解である。

① G7 広島サミットに至るまでの岸田外交
　　—サミットにおける二つの視点を念頭に—

　2022 年 2 月、ロシアによるウクライナ侵略が起こった。国連安全保障理事
会の常任理事国が隣国を武力で侵略するという事態は、国際情勢を劇的に変
えた。

　岸田総理は、この侵略直後から、①これは欧州だけの問題ではない、②国連
憲章に規定された国家主権の問題であり、法の支配に基づく国際秩序の問題で
ある、③欧州とインド太平洋の安全保障は不可分であり、今日のウクライナは
明日の東アジアかもしれない、といった点を、首脳外交をはじめとする様々な
機会で繰り返し訴えてきた。

このように、国際社会が歴史的な転換点にある中、G7広島サミットが2023年5月に開催された。同サミットにおいて、岸田総理は、G7の揺るぎない結束を改めて確認するという目的を果たすことと同時に、国際社会の分断と対立ではなく協調の実現に向けて、以下の二つの視点を重視した。

第一に、法の支配に基づく自由で開かれた国際秩序を守り抜くこと。

第二に、いわゆるグローバル・サウスと呼ばれる国々をはじめ、G7を超えた国際的なパートナーへの関与を強化し、積極的かつ具体的な貢献を打ち出していくこと。

こうした狙いから、岸田総理は、5月のG7広島サミットの開催に先駆け、積極的に各国を訪問し意見交換を行った。

3月には、2023年G20議長国のインドを訪問し、モディ（Narendra Modi）首相との間で、G7およびG20両方のサミットに向けて、様々な国際社会の諸課題について連携していくことを確認するとともに、インド、ブラジル、インドネシアといった8カ国の首脳と、七つの国際機関の長の広島サミットへの招待を発表した。さらに、その足でウクライナおよびポーランドを訪問し、ウクライナのゼレンスキー（Volodymyr Zelenskyy）大統領との会談では、G7広島サミットにおいて、G7として法の支配に基づく国際秩序を守り抜く決意を示したい旨述べた。

また、4月から5月にかけてはエジプト、ガーナ、ケニア、モザンビークのアフリカ4カ国を訪問し、開発金融、食料安全保障、気候・エネルギー等、グローバル・サウスが直面する課題に直接耳を傾け、G7広島サミットでの議論の充実につなげた。

 広島サミットの成果

（1）　G7を超えた国際的なパートナーとの協力

こうした準備を経て開催されたG7広島サミットでは、G7の揺るぎない結束を改めて確認するとともに、招待国も交えつつ、様々な成果を得ることができた。

中でも、サミットの最後のセッションにおいて、岸田総理は議長として、G7、招待国、ウクライナの首脳との間で、インド太平洋やアフリカを含め、世界の

平和と安定について議論を交わした。その上で、各国の首脳間で以下の点が重要であることについて認識を共有した。⁽³⁾

①全ての国が、主権、領土一体性の尊重といった国連憲章の原則を守るべきこと。

②対立は対話によって平和的に解決することが必要であり、国際法や国連憲章の原則に基づく公正で恒久的な平和を支持すること。

③世界のどこであっても、力による一方的な現状変更の試みを許してはならないこと。

④法の支配に基づく自由で開かれた国際秩序を守り抜くこと。

また、招待国と招待機関を交え、ロシアによるウクライナ侵略を受けた世界的なエネルギー価格および食料価格の高騰に加え、開発、保健、気候変動・エネルギー、環境といった国際社会が直面する諸課題について議論を行った。その結果、G7を超えた幅広いパートナーが協力してこれらの課題に取り組んでいくことの重要性を確認するとともに、今後とるべき行動を確認することができた。例えば、ロシアによるウクライナ侵略を受けて、グローバル・サウスをはじめ国際社会にとって深刻な課題となっている食料安全保障については、G7と招待国は共同で「強靱なグローバル食料安全保障に関する広島行動声明」を発出し、食料安全保障の危機への喫緊の対応と、中長期的な観点から持続可能で強靱な農業・食料システムを構築するための取り組みについて、包括的にとりまとめた。また、岸田総理からは、「人」を中心に据えたアプローチを通じて、人間の尊厳や人間の安全保障を大切にしていくことの重要性を特に強調した。

グローバル・サウスが直面する深刻な課題に具体的な行動をもって対応するというG7広島サミットにおけるメッセージは、グローバル・サウスへのG7の積極的な貢献をアピールするものとなった。関連する地球規模の課題の具体的議論については、後程詳述する。

(2) ロシアによるウクライナ侵略

G7広島サミットにおいて議論された重要な論点のうち、ウクライナ情勢をめぐっては、ロシアによるウクライナ侵略から1年となる2023年2月24日のG7首脳テレビ会議をはじめ、これまでG7間で緊密に連携して対応してきた。

5月19日、G7広島サミットではまず、G7首脳間で、ロシアによるウクライナ侵略をめぐる情勢について、率直な意見交換が行われた。岸田総理は、G7が結束し、あらゆる側面からウクライナを力強く支援するとともに、厳しい対露制裁を継続していくことが不可欠であり、ロシアによる侵略を断固として拒否し、ウクライナに平和を取り戻すというG7の強い決意を改めて示したい旨述べた。(5)

　これに応え、G7首脳は、ロシア軍の撤退なくして平和の実現はあり得ないことを強調し、ウクライナに平和をもたらすため、あらゆる努力を行うことを確認した。

　また、5月21日、G7首脳は、セッション8「ウクライナ」において、ゼレンスキー・ウクライナ大統領を交えてウクライナ情勢について意見交換を行った。岸田総理からは、ゼレンスキー大統領が「平和フォーミュラ」において基本原則を示し、公正かつ永続的な平和に向けた真摯な努力を続けていることを、G7として歓迎し、支持している旨述べるとともに、引き続きG7が結束して対応できるよう、G7議長国として指導力を発揮していく旨述べた。これを受け、G7首脳は、ウクライナに平和を取り戻し、法の支配に基づく自由で開かれた国際秩序を守り抜くことを確認した。(6)また、ゼレンスキー大統領は、岸田総理が国際法の擁護においてアジアで明確な指導力を発揮していることに感謝し、日本と日本国民の包括的な支援に感謝する旨述べた。(7)

　同日行われた日本とウクライナの二国間首脳会談では、G7がこれまで以上に結束し、あらゆる側面からウクライナを力強く支援するとともに、厳しい対露制裁を継続していくことが不可欠であることを確認した。(8)

　ゼレンスキー大統領は記者会見において、今後日本に求めたいこととして、「技術」をあげた。エネルギーから医療まで、技術を通じてウクライナを復興していく上で、日本の経験はウクライナにとって極めて重要であり、特にエネルギー分野におけるクリーン・エネルギーや鉄道、医療等の分野における日本の現代的なテクノロジーが必要である旨述べた。

　記者会見において、原爆資料館で印象に残った展示は何かと問われ、ゼレンスキー大統領は、破壊された広島の写真をあげ、「バフムトやほかの似たようなまちのことを思い出します。」とコメントし、この発言は国際メディアでも多く取り上げられた。(9)「広島は今、復興を遂げています。私たちはがれきと化してし

172

まったすべての街、ロシアの攻撃による被害を受けていない家が1軒もなくなってしまったすべての村が復興を遂げることを夢みています。」とも述べた。⁽¹⁰⁾

　広島滞在中、ゼレンスキー大統領は、G7各国首脳に加え、インド、インドネシア、韓国の首脳と会談を行った。特に注目されたのは、インドネシアとの首脳会談において、ジョコ（Joko Widodo）大統領が、同国が平和の架け橋となる用意がある旨表明したことであった。また、同大統領はさらにウクライナの復興に際し、医療分野での支援意向を表明し、ゼレンスキー大統領が謝意を表明した。また、尹錫悦・韓国大統領は、韓国が今後も外交的、経済的、人道的支援を含め、ウクライナが必要とする支援を提供していく旨言及した。このように、G7広島サミットは、G7以外の参加国からもウクライナへの支援表明がなされる機会を提供した。

　G7広島サミットで個別声明として発出された「ウクライナに関するG7首脳声明」では、G7首脳のウクライナに対する外交、財政、人道、軍事支援を必要な限り提供するという揺るぎないコミットメントを再確認するとともに、制裁の回避・迂回対策を含め、対露制裁の強化に向けた具体的な取り組みについて認識を一致させることができた。

　ゼレンスキー大統領のG7広島サミットへの参加は、一日も早くウクライナに公正かつ永続的な平和をもたらすべく、G7がこれまで以上に結束して取り組むことを改めて確認するとともに、G7以外の招待国も含め、世界のどこであっても力による一方的な現状変更の試みは許さず、法の支配に基づく自由で開かれた国際秩序を守り抜くことが重要であるとのメッセージをより力強く国際社会に発信する上で、非常に有意義であった。

　G7広島サミット後、6月21日から22日には、ロンドンにて英国・ウクライナ政府共催で「ウクライナ復興会議」が開催され、林芳正外務大臣（当時）が出席した。林大臣は、ウクライナの復旧・復興でも、柔軟で大胆な「日本ならでは」の復興支援をオールジャパンで実施する旨表明した。

　長期的には、①地雷対策・がれき除去、②電力等の基礎インフラ整備を含む生活再建、③農業分野の回復・産業振興、④民主主義・ガバナンス強化の分野を中心に支援を実施するとした。また、2024年初めに日ウクライナ経済復興推進会議を開催し、復旧・復興を力強く後押しする旨述べた。⁽¹²⁾

(3) 核軍縮と「核軍縮に関するG7首脳広島ビジョン」

　世界で初めて核兵器が使用された広島での開催となった今回のサミットでは、各国首脳が原爆資料館を訪問し、被爆の実相に触れ、平和記念公園の慰霊碑に献花を行った。核軍縮に関しても、G7首脳間で胸襟を開いた議論が行われ、「核兵器のない世界」へのコミットメントが確認された。また、これらを踏まえ、核軍縮に関する初めてのG7首脳独立文書となる「G7首脳広島ビジョン」⁽¹³⁾が発出され、「核兵器のない世界」に向けた国際社会の機運を高めることができたと考える。

　岸田総理は、G7首脳広島ビジョンを強固なステップ台としつつ、2022年の核兵器不拡散条約（NPT）運用検討会議で自らが提唱した「ヒロシマ・アクション・プラン」⁽¹⁴⁾の下での取り組みを一つ一つ実行していくことで、現実的で実践的な取り組みを継続・強化している。

　具体的には、例えば、包括的核実験禁止条約（CTBT）の早期発効や核兵器用核分裂性物質生産禁止条約（FMCT）の早期交渉開始に向けた取り組みを岸田総理自らが積み重ねている。2023年9月、国連総会のためニューヨークに出張した岸田総理は、ニューヨークでFMCTハイレベル記念行事を主催し、多くの政治レベルの参画を得て、FMCTへの政治的関心を再び集めることができた。さらに、一般討論演説では、岸田総理は、「核兵器のない世界に向けたジャパン・チェア」⁽¹⁵⁾の設置を発表し、世界の主要研究機関の情報発信や議論の場を提供することを通じ、政府のみならず、民間も交えた重層的な取り組みも行うことで、アカデミアや実務の世界における「抑止か軍縮か」との二項対立的な議論を乗り越えていく意向を示した。

(4) 自由で開かれたインド太平洋

　アジア唯一のG7メンバーである日本が議長国を務めた今回、インド太平洋についての議論を優先課題の一つとして位置付けたことも、G7広島サミットの特徴の一つである。G7首脳は、「自由で開かれたインド太平洋（FOIP）」の実現に向け協力していくことで一致した。

　G7広島サミットに先立つ3月、岸田総理は、訪問先のインドにおいてFOIPの新プランを発表し、現在の歴史的転換点において、自由、法の支配、包摂性、開放性、多様性といった理念の下、多様な国家の共存共栄に向け、FOIPのビ

ジョンを国際社会が共有していくことの重要性および FOIP を実現するための
具体的な取り組みを発表した。[(16)]

(5)　経済的強靱性および経済安全保障

　国際情勢等の変化により安全保障の裾野が経済分野へ急速に拡大し、ルール
に基づく国際経済秩序が挑戦を受けている中、経済安全保障上の課題への対応
にあたっては、同盟国・同志国間の連携が不可欠である。広島では、G7 とし
て初めて、経済的強靱性および経済安全保障に関する包括的かつ具体的なメッ
セージを首脳声明という形で発出した。[(17)] 同声明では、G7 として、①強靱なサ
プライチェーンや基幹インフラの構築、②非市場的政策および慣行や経済的威
圧への対処、③重要・新興技術の適切な管理等について戦略的協調を強化する
とともに、この取り組みを G7 日本議長年だけで終わらせずに継続して成果を
出していくため、G7 の枠組を通じて包括的な形で協働し、連携していく意思
を確認した。

　同時に、G7 首脳は「G7 クリーン・エネルギー経済行動計画」[(18)] も発表し、ク
リーン・エネルギー移行のためのサプライチェーンを構築する重要性を強調し、
これが各地域の労働者と社会に利益をもたらすことを確認したほか、クリーン・
エネルギー経済への移行が貧困を削減し、繁栄を確保すると認識し、低・中所
得国を念頭に世界中のパートナーとの協力や支援を深めていくことでも一致
した。

(6)　開発協力

　インフラ投資分野では、グローバル・インフラ投資パートナーシップ（PGII）
に関するサイドイベントを開催した。PGII は、持続可能で包摂的、かつ強靱で
質の高いインフラへの公的および民間投資を促進するための G7 の共通のコミッ
トメントである。PGII において、G7 は、気候変動とエネルギー危機、サプラ
イチェーンの強靱化、デジタルインフラと交通網による連結性、持続可能な保
健システム、ジェンダー平等と公平性など、一連の喫緊の優先事項への投資を
実現してきた。こうした投資を透明かつ公正な形で実施し、パートナー国の持
続可能な開発に貢献するためには、多様な主体と連携しながら、民間資金の動
員に取り組むことが必要であり、そのため、このイベントには民間セクターの

代表者も招待し、共に取り組むことを確認した。

　保健分野でも日本のリーダーシップと貢献を示す機会となった。新型コロナウイルスとの闘いで得られた教訓を踏まえ、国際社会は、次の感染症危機に備える必要がある。G7 は招待国・機関とともに、健康危機に対する予防・備え・対応強化のためのグローバルヘルス・アーキテクチャー（GHA）の構築・強化、ユニバーサル・ヘルス・カバレッジ（UHC）の達成およびヘルス・イノベーションの促進の三つの柱を軸にして議論を行った。特に、UHC 達成への貢献に関して、G7 として官民併せて 480 億ドル以上の資金貢献にコミットした。日本としても 2022 年から 2025 年までに 75 億ドル規模の貢献を行う予定である。
（19）

(7)　人工知能(AI)

　G7 広島サミットでは、信頼できる AI を実現していくため、岸田総理から「広島 AI プロセス」を提唱して、立ち上げにつき各国の同意を得た。その後、
（20）
G7 は閣僚レベルで議論を重ね、その成果を踏まえ、G7 首脳は、10 月 30 日に「広島 AI プロセスに関する G7 首脳声明」を発出した。この声明では、信頼でき
（21）
る AI の実現に不可欠な共通原則である、生成 AI を含む「高度な AI を開発する組織向けの広島プロセス国際指針」および「高度な AI システムを開発す
（22）
る組織向けの広島プロセス国際行動規範」を G7 首脳として歓迎した。また、
（23）
偽情報関連などプロジェクトベースの協力を含む、「広島 AI プロセス包括的政策枠組」を年末までに策定することとなった。

　G7 は、生成 AI についてのガバナンス、透明性の促進や、偽情報対策、知的財産権の保護について、国際的なルールづくりを主導している。また、サイバーセキュリティを確保し、途上国のデジタル化が進捗するよう、支援を強化していくこととしている。日本は、引き続き広島 AI プロセスを通じて生成 AI の国際的なルールづくりに貢献していく。

G7広島サミット後の岸田外交

　G7 広島サミット終了後も、岸田総理は、G7 議長国として、サミットの成果を世界各国に共有し、国際社会を 2023 年の 1 年間にわたり主導してきた。

まず7月に、ポーランド、北大西洋条約機構（NATO）首脳会合開催地のリトアニアおよび日・欧州連合（EU）定期首脳協議開催地のベルギーを訪問した。その際岸田総理は、EU、NATO加盟国およびパートナー国と、G7広島サミットで確認した「法の支配に基づく自由で開かれた国際秩序を守り抜くこと」の重要性について、改めて認識の一致を図った。

　NATOとの間では、日・NATO国別適合パートナーシップ計画（ITPP）の合意を発表し、伝統的な分野に加えて、サイバー、新興破壊技術、宇宙、戦略的コミュニケーション等の新たな分野でも連携していくことを確認した。

　EUとの間では、共同声明⁽²⁴⁾を発表し、安全保障分野における協力を新たな段階に引き上げるべく、外相級戦略対話を立ち上げること、デジタル、連結性、エネルギー分野で協力を強化していくことを確認した。

　また、その直後に、サウジアラビア、アラブ首長国連邦、カタールといった湾岸諸国を訪問し、湾岸各国首脳との間でも、G7広島サミットの成果を踏まえ、G7議長国として、「法の支配に基づく自由で開かれた国際秩序」を維持することの重要性につき確認した。

　9月にインドネシアで行われたASEAN関連首脳会議およびインドで行われたG20ニューデリー・サミットにおいても、岸田総理は、G7議長国として、G7広島サミットの成果を土台にこれらの会議における国際的な議論を主導した。

　2023年に友好協力50周年を迎えるASEANとの間では、関係を一層強化するために「包括的戦略的パートナーシップ」を立ち上げ、「ASEANインド太平洋アウトルック（AOIP）」の主流化への支持を改めて表明し、AOIPと日本が掲げるFOIPとが、互いに相乗効果をもたらすような協力を推進することを確認した。

　G20との関係では、G7広島サミット以前の段階から日本はG20議長国であるインドとも緊密に意思疎通を行い、G7広島サミットでの成果をG20ニューデリー・サミットにつなげていくことを意識して取り組んできた。例えば、G7広島サミットで確認された、①各国の事情に応じた多様な道筋によるネットゼロの達成、②持続可能で強靱な農業・食料システムの構築、③感染症危機対応医薬品等のデリバリーの強化といった点は、G20ニューデリー宣言にも反映された。

　同宣言においては、ウクライナにおける公正かつ永続的な平和や、領土一体

性や主権を含む国連憲章の原則の堅持についても記載された。これらは G7 広島サミットでも強調された点である。ロシアをも含むすべての G20 メンバーの間でこうした点について一致することができたのは、大変意義深いことであった。

おわりに

　以上、G7 広島サミット前後の期間における岸田政権の外交を振り返り、広義の安全保障に関わるグローバル・ガバナンスとの関係を振り返ってきた。

　日本は、G7 議長国として、G7 広島サミットの議題を設定し、G7 メンバーと緊密に連携しながら、グローバル・サウスをはじめとする G7 以外の国々にも広がりを持つ形で、幅広い分野におけるグローバル・ガバナンスの改善に取り組んできた。

　また、会議の形式や招待国・招待機関も議長国として調整が可能であったことから、NATO 首脳会合、ASEAN 関連首脳会議、G20 サミットをはじめとする他の主要な国際会議とも連動させ、G7 広島サミットの成果を効果的に反映することができた。

　ロシアによるウクライナ侵略後、ロシアや中国の姿勢により、国連安保理が効果的に機能しがたい中、G7 間の連携と G7 からのアウトリーチ強化の重要性は一層高まっている。これは、安全保障問題に限らず、食料、エネルギー、国際保健といった地球規模課題への取り組みについても当てはまる。これらの地球規模課題解決に向け G7 諸国がいかに具体的な行動をもって国際社会へ貢献できるかがますます重要になっている。

　もちろん、G7 プロセスだけで、グローバル・ガバナンスを包括的かつ根本的に改善することは困難である。しかしながら、国際社会が直面する様々な喫緊の重要課題に G7 がますます積極的に取り組むことは、グローバル・ガバナンスの中長期的な改善に資すると思われる。日本外交においても、そのような視点から、議長国を終えた後も G7 プロセスを積極的に活用し、参画していくことが重要であろう。

【注】
（1）　首相官邸 2023.
（2）　豪州、ブラジル、コモロ（アフリカ連合（AU）議長国）、クック諸島（太平洋諸島フォーラム（PIF）議長国）、インド（G20 議長国）、インドネシア

（東南アジア諸国連合（ASEAN）議長国）、韓国、ベトナムの 8 カ国の首脳と、国際連合、国際エネルギー機関（IEA）、国際通貨基金（IMF）、経済協力開発機構（OECD）、世界銀行、世界保健機関（WHO）、世界貿易機関（WTO）の七つの国際機関が招待された。

（ 3 ）　外務省 2023i.

（ 4 ）　外務省 2023e.

（ 5 ）　外務省 2023d.

（ 6 ）　外務省 2023h.

（ 7 ）　President of Ukraine Official website 2023.

（ 8 ）　外務省 2023j.

（ 9 ）　NHK 2023「『ロシアを最後の侵略者に』ゼレンスキー大統領【会見全文】」5 月 22 日。

（10）　同上。

（11）　外務省 2023b.

（12）　外務省 2023k.

（13）　外務省 2023c.

（14）　外務省 2022.

（15）　外務省 2023o.

（16）　外務省 2023a.

（17）　外務省 2023f.

（18）　外務省 2023g.

（19）　外務省 2023l、同 2023p.

（20）　総務省 2023.

（21）　外務省 2023s.

（22）　外務省 2023r.

（23）　外務省 2023q.

（24）　外務省 2023m.

（四方敬之）

第 16 章

ウクライナ戦争と国連—アカウンタビリティ決議の展開を軸として—

はじめに

　2022 年 2 月 24 日のロシアによるウクライナ侵略の開始、その後の同国による 2 月 25 日の拒否権行使によって安全保障理事会（以下、安保理と略す）は機能不全に陥ったとの論評が高まった。グローバル・ガバナンスの要とも目される国連が常任理事国であるロシアの拒否権行使によって、その第一義的責任である国際の平和と安全の維持に全く対応できない無用の長物と化したのだろうか。安保理は 2 月 27 日、緊急特別総会の開催を要請した。3 月 2 日に開催された緊急特別総会は、141 カ国の賛成多数で「国連憲章第 2 条（4）に違反するロシア連邦によるウクライナへの侵略を最も強い言葉で」非難した。国連総会は、その後 3 月 24 日に人道的結論に関する決議、4 月 7 日にロシアを人権理事会から除名する決議などロシアによるウクライナ侵略を非難する決議を採択している。3 月 2 日の総会決議は、具体的な制裁措置を明示していないとの批判もなされているが、ロシアの行為を侵略と明言している。これは国連がロシアの行為を国連憲章第 7 章 39 条の侵略と認定し、制裁の対象として位置づけていることを意味する。ウクライナ戦争と国連については様々な研究があるが、本章は 4 月 26 日に国連総会が採択した「アカウンタビリティ決議」と称される決議に着目し、決議成立前後の国連での審議を詳細に分析することによって加盟国の認識の変革を検討する。

　まずはアカウンタビリティ（accountability）の定義であるが、多くの辞書が「説明責任」と訳し、responsibility との差異化をはかっている。しかし自己の行為を説明すれば accountability が意図する責任を果たしたことになるのだろ

うか。本章ではあえてこれを訳出せずアカウンタビリティと表記することで accountability が意図する責任の意味を再検討したい。アカウンタビリティについてグラント（Ruth Grant）とコヘイン（Robert Keohane）は次のように定義する。「あるアクターが他のアクターに一連の基準を課し、これらの基準に照らしてそのアクターが責任を果たしたかどうかを判断する。もし責任が満たされていないと判断した場合は、制裁を課す権利がある。[8]」同定義によると基準が満たされていなければ制裁を課すところまで言及している。

　本章では、第一にウクライナ戦争をめぐるアカウンタビリティ決議の内容を確認し、第二にアカウンタビリティ決議に対するロシアの対応を確認し、第三に国連総会がロシアに要請したアカウンタビリティが想定する責任の範囲を検討する。第四に国連での審議過程からわかる Responsibility（以下、責任と記す）と Accountability（アカウンタビリティ）の認識の相違は何か。第五にウクライナ戦争によって国際社会におけるアカウンタビリティと責任の認識、さらには国家主権概念の認識の変化を展望する。

 ## 拒否権行使に関するアカウンタビリティ決議

　ウクライナ戦争勃発から 1 カ月後の 4 月 26 日、緊急特別総会は、安保理における常任理事国による拒否権行使の弊害を少しでも緩和しようとする試みとして「安全保障理事会で拒否権が発動された場合の総会での討論の常設的任務」決議（以下、アカウンタビリティ決議、と略す[9]）を反対なしのコンセンサスで採択した。同日の国連のプレス・リリースは「拒否権行使に対してアカウンタビリティを課す画期的な決議[10]」として報じた。まずは同決議の内容を概説し、その後、総会での議論を確認したい。

（1）　アカウンタビリティ決議
　同決議は 2008 年 9 月の安保理改革に関する政府間協議についての総会の決定に基づいており[11]、主たる内容は以下の三つのパラグラフに示されている。

　　①総会議長は、安保理の 1 又は 2 以上の常任理事国による拒否権の発動
　　　から 10 日稼働日以内に総会の正式な会合を招集し、同状況に関する

緊急特別会期が開催されない場合に、拒否権発動状況について審議す
　　ることを決定する。
　②発言者リストの順番は拒否権を発動した安保理の常任理事国を最優先
　　とすることを決定する。
　③安保理に対し、国連憲章第24条（3）に従い、総会の関連審議の遅く
　　とも72時間前に、問題の拒否権行使に関する特別報告書を総会に提
　　出するよう要請する。

　本文にはアカウンタビリティなる言は用いられていないが、同決議に特徴的
であることは、①拒否権行使という安保理の主管事項を、緊急特別総会の招集
手続きを経ずして総会が討論すること。②拒否権行使国の発言権を最優先とす
ること。③総会が安保理に拒否権行使に関する報告書を迅速に提出するよう要
請したことである。
　決議文は、総会と安保理との力関係に変更を迫り、緊急特別総会の招集より
もさらに迅速に、安保理から総会に議事を移行させることを示している。同決
議採択に至った総会での議論はアカウンタビリティと責任に焦点が当てられた。

(2)　決議採択をめぐる議論
　同決議はコンセンサスで採択されたため、異論は出されなかったものと推察
されるだろうが、実際にはいくつかの議論がなされていた。
　当然、ロシアは以下のような反対意見を出した。

　　　安保理の常任理事国の拒否権は国連の構造の基礎である。それがなけれ
　　ば安保理は、名目上の多数派によって支持された実行可能性が薄い疑わし
　　い決定をただ押しつけるだけの機関になってしまう。
　　　拒否権を行使する場合、常任理事国はその理由について安保理で最大限
　　徹底的な説明をしている。説明はすべて公開されている。常任理事国は安
　　保理にも、総会のすべての加盟国に対しても同様の説明を容易に行うこと
　　ができる。(12)

ロシアの異論は、あくまでアカウンタビリティの意味を自己の行為を説明す

る責任とのみ捉えていたと推察される。

　同決議の最も重要な論点は、数多くの加盟国の発言に示された次の指摘である。

　　　　「拒否権の行使は特権ではなく、重大な責任である。[13]」

　これらの国々は、国連機関として安保理の責任のみならず、特に常任理事国の国際社会に対する責任を追及している。ここに「権利」としての拒否権から、「責任」としての拒否権への質的な転換が示されていると言えよう。

　またこの審議過程において、メキシコをはじめとする数多くの国が、安保理のような限られたメンバーによる機関に委ねられた責任の重要性は、効果的なアカウンタビリティ・システムを求めるに十分な理由となる[14]、として安保理の責任としてのアカウンタビリティを要請した点が重要だろう。

❷　ウクライナの東部４州の帰属をめぐる議論

（1）　ロシアによる拒否権行使

　2022年9月30日アカウンタビリティ決議を適用する事例が生じた。さかのぼる9月21日、ロシアのプーチン（Vladimir Putin）大統領は、9月23日から27日までドネック、ヘルソン、ルハンシク、ザポリージャ地域で住民投票を実施し、ロシアの対ウクライナ戦争の活動を支援するために予備軍を部分的に動員する計画を発表した。その後9月30日、プーチンは、現在ロシア軍が占領しているウクライナ東部4地域を正式に併合する条約に署名し、4地域のロシア併合に関する住民投票は「歴史的な近接性に基づく国民の固有の権利」であると発表した。[15]

　これをロシアの力による一方的な領土併合であるとして、9月27日アルバニアと米国は、安保理に以下のような非難決議草案を提出した。

　　　　ウクライナの独立と領土保全を再確認し、国際的に承認されたウクライ
　　　ナの領土内におけるロシアによる住民投票を非難し、ウクライナ東部4地
　　　域における違法ないわゆる住民投票はロシアの違法な行動であることを宣

言し、すべての加盟国、国際機構にこれを承認しないことを要請し、東部
4地域は国際的に認められたウクライナの領土であり、ロシアはウクライ
ナへの全面的な違法侵略（invasion）を直ちに中止し、いかなる加盟国に対
する違法な脅迫や武力行使もこれ以上控えるものとすることを決定した。[16]

　決議は安保理の10カ国の賛成を得たがロシアの拒否権によって不成立となっ
た。これに対してロシアはいかなるアカウンタビリティを果たしたであろうか。

(2)　緊急特別総会の手続規則をめぐる議論
　ロシアによる拒否権行使から10日以内に緊急特別総会が開催された。[17]その
ためアカウンタビリティ決議の要請は不問に付されたかに思われるが、ロシア
による弁明は緊急特別総会の場でなされることとなる。[18]

　10月10日に開催された緊急特別総会では、ロシアは秘密投票を公式に支持
するよう要請する決議案を全加盟国に配布した。これに対しアルバニアは、総
会の決定についての秘密投票は先例に反するものであり、世界で最も代表的な
審議機関である総会の慣行を弱体化させるものであると反論した。議長はアル
バニア案の採決を行い。賛成107、反対13、棄権39で可決された。

　ここでの論点は、すべての加盟国の意思について透明性ひいてはアカウンタ
ビリティを確保するか否かの議論である。単なる手続規則の議論に見えるが、
実は拒否権行使国のみならず、総会におけるすべての国連加盟国の透明性とア
カウンタビリティを確保するか否かの議論であったことを指摘しておきたい。

(3)　ロシアによる拒否権行使に関する説明
　10月10日の本案審議では発言リストの優先順位としてロシア代表が概略以
下のとおり発言した。[19]

　　西側諸国は2022年2月からのことを語っているが、それよりはるかに
　前からの問題を視野に入れていない。2014年のマイダン革命によってウ
　クライナにおけるロシア語話者の権利が奪われた。キーウ政権はドンバス
　地域に侵略し大量殺戮を行ってきた。安保理による緊急特別総会の招集は、
　かえって分裂と紛争を激化させている。我々はこの危機の外交的解決を望

んでいる。NATO はロシアの弱体化を狙っている。これは西側諸国による支配の地政学的プロジェクトであり、ウクライナは NATO による武器と疑似戦闘の実験場である。アジア、アフリカ、ラテンアメリカ地域の人々の権利を擁護しようとした時と同じように、ロシアがウクライナ南部および東部の人々の権利と自由を擁護することが非難されている。東部 4 地域の大多数の人々がロシアとともにあることを住民投票で示した。クリミア大橋の爆破、ザポリージャ原発への攻撃はキーウ政権が行ったことだ。

　ロシアは、領土保全原則を含む国連憲章に謳われている原則に沿って行動することを強調する。また 1970 年の友好関係法原則宣言の人民の同権と自決権に基づいている。決議案の採択は木曜日（10 月 13 日）まで待ってほしい。

　この発言は主として戦争の正当化理由（jus ad bellum）に関わる議論であった。もちろんアカウンタビリティを追及する場合、戦争の開始理由に関する議論も欠かせないが、戦争のやり方（jus in bello）ことに交戦法規違反となる行為に関して、必要性と均衡性の観点からの説明も欠かせないだろう。

10 月 13 日の緊急特別総会でロシアは次のように弁明した。[20]

　9 月 28 日、住民投票の最終結果が集計され、全投票者のうちドネツク人民共和国で 99％、ルハンシク人民共和国で 98％、ザポリージャで 93％、ヘルソン地域で 87％の大多数がロシアの一部に編入されることを支持した。この投票結果がすべてを物語っている。西側諸国でこれに反対する国や、国連全体を代弁する事務総長がどんなに反対しようとも、住民投票は国際法の規範と原則に完全に従って行われた。

　ロシア代表の発言は、9 月 30 日の安保理における拒否権行使時の説明とほぼ同じ内容であった。ロシアはグローバル・サウスの多くが、米国や西側諸国から受けた経済的脅迫と直接の脅威にさらされている。この総会は歴史的な会議であって「脱主権化」の教訓を知らせているとする。[21]すなわちロシアは「権利」としての主権の観点から、西側諸国の主張は、グローバル・サウスの主権を脱

却させようとする試みであると指摘する。

　他方で米国は「平和をもたらす唯一の方法は、この侵略を止め、アカウンタビリティを追及し、信念を持って団結し、何が耐えられないかを示すことである」と主張する。

　多くの加盟国が、国際の平和と安全の維持に関する国連の責任に言及し、さらに全加盟国の責任であるとの指摘も南アフリカ、キューバなど、比較的ロシアよりの国からも出された。責任としての主権という観念が、常任理事国に対するもののみならず、すべての加盟国に及ぶとの認識を示している。

（4）　ウクライナの領土保全決議

　前述のロシアの弁明後 10 月 13 日、緊急特別総会は下記のような決議を⁽²³⁾、賛成 143、反対 5（ロシア、ベラルーシ、シリア、ニカラグア、北朝鮮）、棄権 35、欠席 10 で採択した。概要は以下のとおりである。

> 　ウクライナの主権、独立、領土保全および国際的に承認された国境内に含まれる領水に対するコミットメントを再確認し、東部 4 地域に対する違法な住民投票および違法な併合を非難し、ロシア軍に東部 4 地域からの撤退を要請する。加盟国およびすべての国際機構に、これを承認しないよう要請するとともに、人道組織も含めて、彼らの人道、難民危機、平和的解決の努力を歓迎する。

　同決議の採択をもって、緊急特別総会は一時休会としたが、加盟国の要請によって、いつでもこれを再開できることを決定している。

 ウクライナに対する侵略への救済・賠償の推進決議

　同年 11 月 14 日に再開された緊急特別総会は、単なる説明責任を超えたアカウンタビリティをロシアに対して要求する決議を賛成 94、反対 14、棄権 73 で採択した⁽²⁴⁾。決議の概略は以下のとおりである。

　①ウクライナの主権、独立、統一、および領土保全へのコミットメント

を再確認し、ロシアに対し即座にウクライナに対する武力行使を停止
し、領水を含むウクライナの国際的に認知された国境線内から軍隊を
完全かつ無条件に撤退させるよう要請する。

②ロシアによるウクライナ国内外の国際法違反、ことに国連憲章違反の
侵略行為や国際人道法、国際人権法違反の行為に対して責任（account）
を追及するべきであり、国際的違法行為によって生じたあらゆる傷害
や損害の賠償を含めて法的結果を負わなければならないことを認識
する。

③また、ロシアによるウクライナ内外での国際法違法行為に起因する損
害、損失、または傷害の賠償のための国際的メカニズムの設置が、ウ
クライナの協力のもとで必要であることを認識する。

④ウクライナの協力のもと、加盟国による国際的な傷害登録簿の作成を
勧告する。同登録簿はロシアによるウクライナ内外での国際法違法行
為に起因するすべての自然人および法人およびウクライナにおける損
害、損失または傷害に関する証拠および請求情報の文書形式の記録と
して機能し、また証拠収集を促進し調整することを目的とする。

　同決議は緊急特別総会における他の決議と比較して、賛成数は少なかったも
のの、出席し投票する加盟国の過半数で可決された。総会での賛否の意見を確
認してみよう。[25]

　ロシアは同決議に反発して、国連の枠組みの外で設置される同メカニズムは、
少数の加盟国が総会の権威を利用して司法機関として位置づけ、法の無視を正
当化しようとしている。西側は紛争を延長し悪化させるためにロシアの資金を
利用するつもりだ、と指摘した。ロシア以外の反対国も、メカニズムの法的な
性格に疑問を投げる国が多かった。

　他方、同決議に賛成する国の多くがロシアのアカウンタビリティに言及した。
ロシアは補償を含むすべてのアカウンタビリティを問われるべきである。アカ
ウンタビリティは、その費用負担責任が被害者から侵略者に移ることを意味す
る。ロシアの犯罪行為のアカウンタビリティを確認するメカニズムの設置は国
際社会の義務（duty）である、として、ロシアのみならず国際社会のアカウン
タビリティと責任に言及する意見も出された。[26]

おわりに

　以上からアカウンタビリティ決議の内容とロシアの対応を確認し、国連総会が想定したアカウンタビリティの範囲が単なる自己の行為の説明に限らず、ウクライナに対する侵略への救済・賠償まで含まれることが示された。すなわち賠償まで課すという意味で、責任が満たされていない場合には制裁を課すとの範囲までがアカウンタビリティの意味することと国連総会は確認したといえる。

　アカウンタビリティと責任の相違は明確になったであろうか。両概念の使い分けは日本語に限らず英語でも難しい。マクグラス（Stephen McGrath）とウィッティ（Stephen Whitty）は「責任とアカウンタビリティの混同は、タスクを満足に実行する義務（責任）と、それが満足に行われることを保証する責任（アカウンタビリティ）を区別すること[27]」と指摘する。国連の審議過程の分析から見えてきた議論は、多くの国が対象を特定してロシアにアカウンタビリティがあるとしていた。他方で責任については、安保理、常任理事国、ロシア、国連加盟国など多様な役目を果たすアクターの責任を意図していた。アカウンタビリティはこれを負うべきアクターを特定し、行為の結果の帳尻（ここでは賠償）に焦点を当てた概念であるのに対し、責任はタスク（ここでは平和と安全の維持）を遂行するための役割に焦点を当てた概念と使い分けることができるだろう。

　責任概念についても、常任理事国の特権を責任と解するのみならず、審議過程では加盟国の責任に言及する国が増えてきた。これは「国家主権は責任を含意し、その国民を保護する第一義的な責任は当該国家自体にある[28]」と言明した「保護する責任（The Responsibility to Protect）」概念と重なる認識といえよう。

　アカウンタビリティ決議の議論は2023年の総会でも再確認された。同決議に加えて、大量虐殺の場合は拒否権を行使しないことを要請する宣言[29]、「アカウンタビリティ・一貫性・透明性グループ（ACT Group）」による行動指針[30]が議論された。アカウンタビリティ決議を通して、国家主権概念の「権利」としての側面のみに焦点を当ててきた時代から、国家の国際社会に対する「責任」の観点から主権概念を問い直すこととなった。またアカウンタビリティは、実態は追いつかないものの、被害者への救済や賠償を課す制裁にまで、国連加盟国の認識が拡大してきたということはできよう。

【注】

（1） S/PV/8979, 25 February 2022.

（2） 「［社説］国連の機能不全　安保理改革を粘り強く」『東京新聞』2022 年 3 月 24 日、「［社説］国連は機能不全を脱し国際平和に貢献を」『日本経済新聞』2023 年 9 月 20 日。

（3） A/RES/ES-11/1, 2 March 2022.

（4） A/RES/ES-11/2, 24 March 2022.

（5） A/RES/ES-11/3, 7 April 2022.

（6） A/RES/76/262, 26 April 2022.

（7） アカウンタビリティに関する研究は、蓮生 2012、蓮生 2016、佐俣 2021、中岡 2018、Shoji 2015, Samata 2022, Keohane 2003, Grant and Keohane 2005, Ku and Jacobson 2003, Zahran 2011, Fowler and Kuyama 2009, Andersen and Sending 2011, Gusev 2020, Schmitter 2007 を参照のこと。

（8） Grant and Keohane 2004: 3.

（9） A/RES/76/262, 26 April 2022.

（10） Ibid. 国連の詳細な議論は、庄司 2024 を参照のこと。

（11） A/62/557, 15 September 2008.

（12） A/76/PV.69, 26 April 2022.

（13） Ibid. ルクセンブルグ、ベルギー、オランダ、フランス、メキシコ、グアテマラ、ウクライナなど。

（14） Ibid. 発言を認められた 47 カ国中 23 カ国がこれに言及。

（15） Security Council Report, 2022.

（16） S/2022/720, 30 September 2022. 筆者要約。

（17） A/ES-11/8, 3 October 2022.

（18） A/ES-11/PV.12, 10 October 2022.

（19） Ibid. 筆者要約。

（20） A/ES-11/PV.14, 12 October 2022. 筆者要約。

（21） Ibid. 筆者要約。

（22） Ibid.

（23） A/RES/ES-11/4, 13 October 2022.

（24） A/RES/ES-11/5, 15 November 2022.

（25） A/ES-11/PV.15, 14 November 2022.

（26） Ibid. ポーランド、ニュージーランドなど。

（27） McGrath and Whitty, 2018: 18.

（28） ICISS 2001: XI.

（29） 2015 年にフランスとメキシコが共同提案した文書 General Assembly of the United Nations, *Political Statement on the suspension of the veto in case of mass atrocities*, Presented by Mexico and France, Open to the signature to the members of the United Nations (Veto Political Declaration)（署名国は 2022 年 7 月で 104 カ国）。

（30）　2015 年 10 月に国連加盟国 24 カ国の参加を得て行動指針を作成した。A/70/621–S/2015/978, 14 December 2015. 署名した国は、2022 年 6 月時点で 123 カ国。*List of Signatories to the ACT Code of Conduct*, Official Document, 8 June 2022, Permanent Mission of Liechtenstein to the United Nations.

（庄司真理子）

第 17 章

ロシア・ウクライナ戦争は武力紛争 ガバナンスを崩壊に向かわせるのか？

はじめに

　第二次世界大戦後の国際秩序の形成・維持の取り組みの中にあって、武力による現状変更の禁止は、最も重要な規範の一つで国際連合（以下、国連）憲章の柱の一つでもあった。ロシアによるウクライナ侵攻は、国連安全保障理事会常任理事国がこれに真っ向から挑戦する行為をとったという意味で衝撃的であった。また、ロシア・ウクライナ戦争においては、物資の略奪、捕虜の虐待、文民および民用物に対する無差別攻撃など、武力紛争法や国際人道法に反する行為が広範に観察されている。加えて、国際法上使用が禁止、規制されている対人地雷やクラスター弾が使用されたとの報告もある。こうした行為は、戦争や兵器使用をめぐって国際社会で共有されてきた規範や、それに基づいて構築されてきたグローバル・ガバナンス、すなわち武力紛争ガバナンス[(1)]を崩壊に向かわせるものなのだろうか。本章では、ロシア・ウクライナ戦争が武力紛争ガバナンス、あるいはそれを支える規範にいかなる影響を与えているのかを考察する。その際、武力紛争をめぐる規範がいかに発展・変容してきたのかを確認した上で、それがロシア・ウクライナ戦争にいかなる影響を受けているのかを分析する。

 理想と現実の間で—黎明期の武力紛争ガバナンス—

　国家よりも上位の権威がない国家間関係において、自国のみが戦争を放棄したり、軍縮や兵器の使用規制・禁止をしたりすることはある意味自殺行為とも

いえる。しかし、兵器の破壊力が増大し、戦争被害が悲惨なものになったことも あり、19世紀後半には武力紛争に関するルールを定めようとする動きが現れた。そして、1899年のハーグ平和会議で、戦争に関する様々なルールを定めるいわゆるハーグ規則が採択された。そこでは、「不必要な苦痛を与える兵器」を禁止すべきとの規範の下、各国は毒ガス、ダムダム弾、軽気球からの投射物爆発物投下の禁止に合意した。また、戦闘員と非戦闘員を区別し、非戦闘員を戦闘に巻き込むことや無防備の都市などを攻撃することが禁止された。「不必要な苦痛を与える兵器」禁止規範、および文民保護規範が徐々に各国に共有されるようになる中で、戦争を少しでも「人道的」なものにしようとする試みが始まったのである。

　文民保護規範については、1949年のジュネーブ諸条約、1977年のジュネーブ諸条約追加議定書によって制度化が進展した。一方、「不必要な苦痛を与える兵器」禁止規範は、特定の兵器が合法か否かを判断する明確な規準を与えるものではない。それゆえ、各国は「不必要な苦痛を与える」兵器禁止規範に同意しつつも、具体的な兵器の禁止や規制を行うことには消極的であった。1980年に採択された特定通常兵器使用禁止・制限条約によって、「不必要な苦痛を与えない」ために、特定兵器の使用方法の規制制度化がわずかに進展した程度であった。[2]

　その間、未曾有の死傷者を出した第一次大戦の経験を受けて、戦争違法化の動きが進展した。国際連盟規約は「締約国ハ戦争ニ訴ヘサルノ義務ヲ受諾シ（前文）」と規定し、規約の手続きを無視したいかなる戦争も、連盟のすべての加盟国に対する戦争とみなすと規定することで、戦争を抑え込もうとした（第16条）。戦争違法化の試みは、1928年のいわゆる不戦条約（戦争放棄に関する条約）によってさらに前進した。第二次世界大戦後創設された国連は、国連憲章によって侵略行為や武力行使だけでなく武力による威嚇も禁止し、戦争違法化を徹底した。その結果、戦争が「異なる手段をもってする政治の継続」とみなされることはなくなっていき、実際、力による現状変更の試みが国際社会で認められることはなくなっていった。[3]

　加えて、戦争勃発を避け、戦略的な安定性を高めようとする努力もなされていた。主要国間（米英日仏伊）で戦艦や航空母艦の保有制限を取り決めた、ワシントン海軍軍縮条約（1922）やロンドン海軍軍縮条約（1930）はそうした例で

ある。また、第二次世界大戦で核兵器が使用されると、核戦争による地球破滅の危険をいかに回避するかという一点においては各国が共通利益を見出した。米ソ間では地下核実験制限条約、戦略兵器削減条約、米ソホットライン設置、弾道弾迎撃ミサイル制限条約等の軍備管理のための制度が進展した。また、南太平洋非核地帯条約、部分的核実験禁止条約、核兵器不拡散条約（NPT）等の多国間の軍備管理条約も締結された。このように、黎明期の武力紛争ガバナンスは、「不必要な苦痛を与える兵器」禁止規範、文民保護規範を土台に徐々に発展していった。特定兵器の禁止・規制はあまり具体化しなかったものの、戦争違法化が進展し、戦略的安定性を向上させるための様々な軍備管理制度が導入された。

❷ 理想と現実の接近？―冷戦終焉後の武力紛争ガバナンスの発展―

冷戦終焉を契機として、東西両陣営間の軍事衝突、あるいは核戦争の可能性が低減した。1990年に、いわゆる欧州通常兵力条約が署名され、ヨーロッパ地域に限定されたものとはいえ、大規模な通常兵器軍縮が実施された。湾岸戦争を受けて、兵器取引の透明性向上の重要性が各国で認識されるようになる中、1992年に国連軍備登録制度が設立された。この制度によって、従来把握されていなかった通常兵器取引が数多く公開されるようになった。

また、「冷戦終結直後のきわめて理想主義的な雰囲気のなかで」[4]進められた化学兵器禁止条約形成交渉を経て、1992年に厳格な検証措置を伴う化学兵器禁止条約が採択された。現在、本条約締約国は190を超え、普遍性が高い。1997年には例外留保条件のない厳格な対人地雷禁止条約が採択された。[5]本条約には米中露は調印していないものの、160カ国以上が締約国となっている。冷戦終焉後、軍縮を進めたり、軍事の透明性を高めたりすることが、単なる理想にとどまらず、国際社会の平和のために重要と認識されるようになった。武力紛争ガバナンスは、軍備の透明性を高め、文民保護規範を強化し、化学兵器や対人地雷といった「不必要な苦痛を与える」とされた特定兵器を実際に禁止するものへと発展していった。

3 理想と現実の間の亀裂拡大？
―2000年代以降の武力紛争ガバナンス―

ユーゴスラビア継承戦争やソマリア内戦などを受けて、東西対立構造の溶解が、武力紛争の消滅を意味しないことは明確となった。また、2001年の9.11同時多発テロにより、米国でさえも軍事的な脅威にさらされうることが認識された。武力紛争が多発し、テロや核拡散・ミサイル拡散の脅威の高まりが認識されるようになる中、軍縮を進めることで国際社会の平和を追求しようとする「理想的」な立場と、軍事的脅威に対抗するために必要な軍事的手段を確保しようとする「現実的」な立場の間の亀裂が広がり始めた。

そうした中、冷戦期に構築されてきた軍備管理の仕組みが大きく揺らぎ始めた。ならず者国家やテロリスト等による核兵器使用に対する懸念を強めた米国は、2002年に弾道弾迎撃ミサイル制限条約から脱退した。核兵器使用の蓋然性を低下させるために米ソ（露）間で締結されていた軍備管理条約が一つ消滅したのである。また、当時の米大統領、ブッシュ（George W. Bush）は、守るべき国家も国民も持たないテロ組織に対しては、「抑止」「封じ込め」は効果がなく、自衛のために「先制攻撃」が必要であると主張した。⁽⁶⁾先制的自衛権の行使がどのような条件下で、どこまで許容されるかという点については明確な合意はない。それにもかかわらず、米国は、2001年の9.11同時多発テロを受けて、個別的および集団的自衛の固有の権利の行使としてアフガニスタンを攻撃した。こうした行動は、武力行使を抑制するために作られてきた武力紛争ガバナンスのあり方に再定義を迫るものであった。

「不必要な苦痛を与える兵器」の軍縮については、2000年代に入っても進展しているように見える。2008年にはクラスター弾条約が形成され、2017年には核兵器禁止条約が形成された。しかし、クラスター弾条約については、クラスター弾が生み出す被害者支援に焦点を当てた対応をめざす「現実的」立場と、クラスター弾の禁止をめざす「理想的」立場の間で激しい駆け引きが繰り広げられた。前者は、特定通常兵器使用禁止・制限条約第5議定書によって、不発弾および遺棄弾への対応を定めることで、クラスター弾自体が禁止されたり規制されたりすることを防ごうとした。一方で「理想的」立場の国々は、いわゆるオスロ・プロセスを開始し、2008年に当時使用されていたほとんどのクラスター弾の使用を禁止するクラスター弾条約を形成した。しかし、本条約は、

一定の条件を満たすクラスター弾を例外として認めている[(7)]。また、それにもかかわらず、条約締約国は110カ国強にとどまり、より厳格な禁止条約である化学兵器禁止条約や対人地雷禁止条約に比べ、本条約の締約国数はかなり少ない[(8)]。

　核兵器を全廃することは、理想であるのみならず、現実的に核兵器が使用される可能性をなくすことができる唯一の手段である。冷戦終焉後、世界法廷運動が展開され、アボリッション2000が設立され、新アジェンダ連合が結成されるなど、核軍縮をめざす動きが活発化した。しかし、核軍縮に向けた具体的な進展は見られなかった。その間、イランの核開発疑惑が高まり、朝鮮民主主義人民共和国はNPTから脱退し核実験を繰り返した。また、NPT非締約国のインドと米国が米印原子力協力協定を結んだことは非核兵器国の間で、NPTに対する不満を高めた。非核兵器国は、核兵器開発の放棄と引き換えに原子力の平和利用が認められ、また核兵器国からの平和的応用の利益の提供が約束されていた。それに対し、インドは、核兵器開発を放棄していないにもかかわらず、同様の利益を米国から受けることとなったからである[(9)]。

　こうしてNPTが揺らぐ中、2017年に核兵器禁止条約が成立した。本条約は、核兵器の開発、実験、製造、備蓄、移譲、使用および威嚇としての使用を禁止した。しかし、現時点では核保有国も核の傘に入っている国も全く本条約を署名していない。本条約によって、核軍縮が進むどころか、核軍縮をめざす「理想的」立場の国と「現実的」立場の国の間の亀裂が深まっていく懸念すらある。2018年には米国が中距離核戦力全廃条約から離脱し、翌年に本条約は失効した。核兵器をめぐる軍備管理の仕組みがまた一つ消滅した。

　加えて、9.11同時多発テロ以降、非国家主体が国家の安全を脅かしうることが認識されると、国家間で積み上げてきた非人道的行為を抑制するための仕組みも揺らぎ始めた。拷問や法的手続きによらない他国への容疑者引渡し、あるいは暗殺など、従来国家間では適切ではないと考えられてきた行動をとる国家が目立つようになってきた[(10)]。テロリストに対する拷問については、積極的に正当化しようとする動きすら見られる[(11)]。9.11同時多発テロの首謀者とされたビン・ラーディン（Osama bin Laden）が、2011年に米国の海軍特殊部隊によって殺害されたことは、その象徴的な出来事であった。非国家主体であるテロリストと対峙するにあたって、国家間で積み上げてきたルールに国家が従うと、国家がテロリストに対して不利な立場に立たされてしまう面がある。しかし、

国家がこれまで共有してきた規範にそぐわない行動を、たとえ非国家主体相手とはいえ、国家が繰り返していくと、各国がそうした行動をとる心理的ハードルが下がる懸念がある。

４　武力紛争ガバナンス崩壊のきっかけ？―ロシアのウクライナ侵攻―

　ロシアによるウクライナ侵攻は、以上のように、武力紛争ガバナンスが揺らぎ始める中で行われた。しかし、ロシア・ウクライナ戦争は、これまでの揺らぎとは質的に異なる打撃を武力紛争ガバナンスに対して与えているように見える。というのも、ロシア・ウクライナ戦争は戦争違法化に真っ向から挑戦するものだからである。また、物資の略奪、捕虜の虐待、民用物付近への軍事目標の配置、人間の盾の利用など、文民保護規範に反する行為が広範に観察されている。民間人を対象とした拷問や意図的な殺害は、国際人道法上の重大な違反であり、戦争犯罪であるとの指摘もある。加えて、「不必要な苦痛を与える兵器」禁止規範に基づき禁止が進んでいた対人地雷やクラスター弾については、ロシア、ウクライナ双方による使用が確認されている。また、ロシアのプーチン（Vladimir Putin）大統領は、核兵器使用の脅しともとれる発言をたびたび行っている。こうした状況は、武力紛争ガバナンスを崩壊へと向かわせるものなのであろうか？

　ガバナンスの仕組みやそれを支える規範から逸脱する行為が１件でも観察されれば、ガバナンスや規範が崩壊に向かうというわけではない。重要なのは、ガバナンスの仕組みやそれを支える規範から逸脱した行動が観察された場合に、各アクターがいかなる対応をするかである。ウクライナ侵攻について、ロシアは自らの行動は侵略ではなく、国連憲章第51条に基づく「特別軍事作戦」であると説明している。すなわち、「自国民」保護のための個別的自衛権の行使、あるいはロシアが国家承認したドネツクとルハンスクからの要請を受けた集団的自衛権の行使であるとの立場をとっている。自らの行動を侵略とは認めておらず、様々な正当化の試みを行っている。これに対し、ロシアの軍事行動開始の翌日に開催された国連安全保障理事会は、ロシアの反対があり決議を採択できなかった。しかし、それを受けて開催した国連総会緊急特別会合では、「ウクライナに対する侵略」と題する決議を141カ国の賛成で採択し、ロシアの力に

よる現状変更の試みを国連加盟国の7割以上が明示的に非難した（A/RES/ES-11/1）。

　都市の包囲や空爆、ジャーナリストを含む民間人や民生物への攻撃、特に無差別攻撃を強く非難する決議も、同総会でやはり140カ国の賛成で採択されている（A/RES/ES-11/2）。いずれも反対はロシア、ベラルーシ、シリア、北朝鮮、エリトリアの5カ国のみであった。ロシアは侵略行為も、非人道的行為も正当化しようとはしていない。それにもかかわらず多くの国が侵略行為も文民保護規範違反も明示的に批判をしている。2023年6月、ロシアは戦術核をベラルーシに搬入した。核の管理・運用はロシアが担うため、NPTには違反しないとの立場をロシアはとっている。しかし、このような行動はNPTの趣旨に反するものであるし、核兵器使用の脅威を高めるものと批判されている。戦争違法化や文民保護規範、あるいは核不拡散規範といった、武力紛争ガバナンスを支える規範や制度について、ロシアは少なくとも修辞上はそれを放棄していない。それにもかかわらず、他の多くの国はロシアのそうした行動を非難し、武力紛争ガバナンスを支える規範や制度を積極的に維持していこうとしている。ロシア・ウクライナ戦争を受けて、武力紛争ガバナンスがすぐに崩壊することはなさそうであるといえる。

　ただし、武力紛争ガバナンスの揺らぎも見える。ロシア、ウクライナ、いずれもクラスター弾条約の締約国ではない。ロシアについては対人地雷禁止条約の締約国でもない。しかし、地雷やクラスター弾の使用によって、広範な民間人被害が出ている点は、文民保護規範に反することは間違いない。これまでのところ、両国による対人地雷やクラスター弾使用に対しては、ヒューマンライツウォッチをはじめとするNGO等による非難はあるものの、他国からの批判は多くない。クラスター弾については、その使用を非難するどころか、2023年7月、米国はウクライナの要請を受け、ウクライナにクラスター弾を提供することを発表した。こうした行動は、「不必要な苦痛を与える兵器」禁止規範に基づいて、徐々に発展してきた対人地雷禁止規範やクラスター弾禁止規範を弱体化させかねない。

　加えて、ロシア・ウクライナ戦争では、ワグネルのような民間軍事会社や、準軍事組織、外国人義勇兵などの非正規軍が戦闘に参加している。こうした非軍事組織は、国家間条約を中心に発展させてきた武力紛争ガバナンスの様々な

ルールに必ずしも法的に拘束されるわけではない。非正規の武装勢力の活動が盛んになればなるほど、武力紛争ガバナンスに従わない逸脱行為が増加する恐れが高まる。

おわりに

　本章で見てきた通り、ロシア・ウクライナ戦争は、武力紛争ガバナンスをすぐに崩壊に向かわせるものではないというのが筆者の見方である。力による現状変更の試みの禁止や、文民保護規範については、正面から反対する国は依然としてほとんど存在しない。しかし、実質的な逸脱行為が観察されたことも事実である。また、文民保護規範からの逸脱行為は広範に確認され、「不必要な苦痛を与える兵器」禁止規範に基づき支持を広げつつあった対人地雷禁止規範やクラスター弾禁止規範は大きく揺らぎ始めている。さらには、国家間で築き上げてきた規範に拘束されない非正規の武装勢力の戦争への参加が広範に確認される中で、2000年代以降顕在化しつつあった武力紛争ガバナンスの限界が、よりはっきりと認識されるようになった。

　武力紛争ガバナンスを支える規範からの逸脱行為に対しては、逸脱者が国家であれ非国家主体であれ、批判を続けることが肝要であろう。逸脱行為に対する非難がなされず、逸脱行為が増加することは、規範の消滅、ガバナンスの崩壊を意味するからである。また、武力紛争ガバナンスの多くの仕組み、ルールは国家を中心に形成されてきたものであるが、早急に非国家主体も包含するものへと発展させていくことが求められる。非国家主体もガバナンスの対象に位置づけると同時に、ガバナンスを担う主体として位置付けていくことで、国家、非国家主体に関わらず、武力紛争をできる限り抑え込み、もし発生した場合にも非人道的被害を最小限に抑えるための仕組みを整備していくことが喫緊の課題といえる。ロシア・ウクライナ戦争を奇貨として、武力紛争ガバナンスを非国家主体も包含するものへと迅速にアップデートしていくことが求められている。

【注】
（1）　本章では、武力紛争に伴う諸問題を管理・運営する方法の総体を「武力紛争ガバナンス」と呼ぶ。ここには、武力紛争発生を防ぐための様々な方法と、武力紛争発生後、それに付随する問題・被害を少なくするための様々な方法

との双方が含まれる。

（2）　ハーグ平和会議で禁止が合意された毒ガスについては、1925 年、「窒息性ガス、毒性ガス又はこれらに類するガスおよび細菌学的手段の戦争における使用の禁止に関する議定書（ジュネーブ毒ガス議定書）」が採択され、特定兵器禁止・規制の制度化に進展がなかったわけではない。ただしジュネーブ毒ガス議定書は、生物・化学兵器の使用を禁じている一方で、その製造や保有を禁止していなかったため、議定書採択後も各国はその開発を続け、第二次世界大戦後も米ソ両国はその開発競争に邁進した。

（3）　Hathaway and Shapiro 2017.

（4）　浅田 2004: 254.

（5）　足立 2004.

（6）　The White House 2002.

（7）　一つの子弾が規定重量（4kg）を超え、全子弾が 10 個未満で、単独の攻撃目標を攻撃し、自己破壊装置および自己不活性化装置が付いたものが例外として認められている。

（8）　足立 2009.

（9）　足立 2021.

（10）　拷問については、国際慣習法上禁止されているという見方も多いが、加えて国連人権規約の自由権規約の第 7 条や、1984 年の拷問等禁止条約（拷問および他の残虐な非人道的なまたは品位を傷つける取り扱い又は刑罰に関する条約）で明示的に禁止されており、拷問禁止規範は国家間で確立しているといえる。法的手続きによらない容疑者引渡しについては、それが拷問につながることが多いこともあり問題視されており、国際法に反するとの指摘も多い（Association of the Bar of the City of New York and The Center for Human Rights and Global Justice 2004: 30–53）。暗殺については、これを禁止する国際条約などはない。しかし、「国家間社会」において、暗殺禁止規範は広く受け入れられていたとする見方が多い（Thomas 2001: 47–85）。こうした規範逸脱行為が増えてきた点はしばしば指摘されている（Gross 2010）。

（11）　Keating 2014.

（12）　OHCHR 2022.

（13）　Human Rights Watch 2023a, b.

（14）　"Full text: Putin's declaration of war on Ukraine," *The Spectator*, 24 February, 2022.

（15）　足立 2021.

（16）　とはいえ、国際法的にロシアの行動の合法性を認めることは難しい（和仁 2022）。

（17）　ロシアの、ベラルーシへの戦術核配備方針の発表を受けて開催された国連安全保障理事会緊急会合では、中満泉国連事務次長（軍縮担当上級代表）は、

「核兵器使用の可能性は、冷戦終焉後最も高まった」とし、「エスカレーションや誤解、誤算を生みかねない行動を慎み、NPTの義務を遵守しなければならない」と訴えた。ロシア、ベラルーシを除く他の参加国も、同様にロシアの戦術核をベラルーシに配備する計画に対して懸念を表明した（United Nations 2023）。

（18）　勿論、非難が皆無だったわけではない。ニュージーランドが最初にロシアによる地雷使用を非難し、その後オーストリア、ベルギー、コロンビア、ポーランドなども続いたという。ヒューマンライツウォッチのワレハム（Mary Wareham）によるツイッターポスト。https://twitter.com/marywareham/status/1511939773723975681

（19）　Merchant, Nomaan, Lolita C. Baldor and Ellen Knickmeyer, "The US will provide cluster munitions to Ukraine as part of a new military aid package: AP source," *AP News*, July 7, 2023.

（足立研幾）

第18章

人の国際移動の管理と
科学技術利用の新展開

はじめに

　ロシアによるウクライナ侵攻以降、世界有数の小麦生産国であるウクライナからの小麦輸入に依存していた中東・アフリカ諸国は深刻な食糧不足に見舞われ、混乱の長期化に伴う燃料価格の高騰により経済的打撃を受けている。これを受けて、世界的なシンクタンクである国際移住政策開発センター（ICMPD）は 2022 年の報告書で、チュニジアに焦点を当てつつ、途上国における深刻な食糧不足や燃料不足が移民圧力を増大させると警鐘を鳴らす。実際、2022 年にヨーロッパに到達した不法移民の数が前年から大幅に増加し、シリア内戦を逃れた人々が殺到した 2016 年以来最多となる 33 万人を記録したことは、ウクライナ危機が間接的に中東・アフリカ諸国の移民圧力を増大させる要因の一つとなっていることを示唆する。

　本章は、科学技術の利用が人の国際移動ガバナンスやそこに関わる主体間関係に与える影響に焦点を当てる。具体的には、技術利用を主導する先進国と技術導入の受益者となる途上国、特にアフリカ諸国との間にフレーミングギャップが存在することを明らかにし、途上国における移民圧力が増大する中での技術利用の進展が人の国際移動ガバナンスに与える影響を考察していく。

1　人の国際移動の管理と技術利用

（1）　人の国際移動ガバナンスのフレーミング

本来、国境とは国家の領土と主権の範囲を明確化するために画定されたもの

である。ゆえに、国境を越えた人の国際移動には国境に接する国家の主権が排他的に行使され、特に国民国家形成以降は、国民を構成しない外国人による越境移動は国家によって厳しく監視されてきた。

　ところが、1980年代半ば以降に新自由主義勢力が台頭すると、人の越境移動の分野でも地域的取極めや二国間協定による特定の国家間での移動の自由化ないし簡素化が実現し、国境における主権の部分的な相対化が進んだ。そうした潮流を維持したまま、特に2000年代以降は移民や難民をテロ行為や犯罪行為と結びつける、いわゆる「安全保障化（securitization）」が進み、国境における主権の再強化が図られている。すなわち、今日の人の国際移動ガバナンスでは、自由化と安全保障化という二つのフレーミングが志向され、国境では国家主権の相対化と強化という矛盾した要請の両立が求められている。国境管理への先端技術の導入はその両立を可能にするものだと言えよう。

　技術利用が進んだ今日の国境は、ポータブルでバーチャルなものと評される。フィジカルな国境への障壁やカメラ・センサー等の設置により国家への脅威の流入を防止する静態的監視に加えて、ネットワークの中でトランスナショナルに移動する脅威のスクリーニングを試みる動態的監視が行われる点ではバーチャルな国境は伝統的な国境概念と一線を画す。このように監視体制が強化された国境では、リスクが低いとみなされた移動者には円滑な越境が担保され、自由化と安全保障化が両立することになる。

（2）　国境管理への生体認証技術（バイオメトリクス）の利用拡大

　本章は数ある国境管理技術のうち、バイオメトリクスに着目する。バイオメトリクスは身体的特徴に基づく個人識別技術であり、代表的なものに顔認証や指紋認証がある。技術の発展により虹彩、静脈、網膜、DNAなど利用可能な生体情報の種類が増加するとともに認証の精度やスピードが飛躍的に向上し、今日では公私を問わず様々な領域で技術が利用されている。

　国境管理におけるバイオメトリクスの利用には、主に二つの方法が存在する。一つは生体情報を用いた個人識別機能をパスポートに搭載した、バイオメトリック・パスポートあるいはIC旅券と呼ばれるものである。パスポートは国境で国民と外国人を区別する手段であると同時に、パスポート発給国が保持者の身元を他国に保証する手段である。身体的特徴はパスポート保持者の識別に有益

であり、19世紀初頭に流通した初期のパスポートにも、氏名とともに、顔の骨格、瞳や髪の色、背の高さなどの身体的特徴が記載されていたことが確認でき、パスポートの国際標準化が進む中でも、顔写真の掲載という形で個人識別機能は維持された。一方、越境移動が活発化し国境審査の効率化が求められる中で、1968年以降は国連の専門機関でもある国際民間航空機関（ICAO）で機械による読み取りが可能なパスポートの導入に向けた議論が始まる。10年に及ぶ議論の末にパスポートへの機械読み取り可能領域の設置が決まったが、そこに掲載される情報は元々パスポートに記載されていた事項にとどまった。[8] このことは当時の仕様変更の目的が国境審査の簡素化にあったことを示している。

　1990年代末の時点でマレーシアで同国でのみ読み取り可能な世界初となるIC旅券が導入されていたものの、[9] ICAOでは国際的なIC旅券の導入に向けた検討が始まったばかりであった。ICAOでの議論を強く後押ししたのは2001年の米国同時多発テロであり、国境管理がテロ対策ガバナンスに組み込まれたことでその一翼を担う存在となったICAOは2003年に記憶媒体を備えたIC旅券の導入のための統一基準を発表し、加盟国にIC旅券への切り換えを求めた。なお、ICAOはIC旅券への掲載情報として、顔画像は必須項目、指紋・虹彩は発給国による任意項目であると定めている。[10]

　ここで挙げたパスポートへの生体情報の搭載の本来の目的はパスポートの偽造防止である。[11] 生体情報は越境者とパスポートが身元を保証する人物の同一性の確認に利用され、フィジカルな国境における静態的監視の強化に資する。さらに、係員の目視に代わり記憶媒体内の画像データを用いた機械認証が導入され国境審査の精度とスピードが向上したことで越境者の利便性が増大し、移動の簡素化にも繋がっていると言えよう。IC旅券の発給は米国の要請もあり同国の査証免除国であった欧米諸国で先行したが、既に140を超える国や機関でIC旅券が発給されており、[12] 徐々に普及が進んでいる。

　それに対して、越境先の国家が主に国境で顔画像および指紋の採取主体となる時、その利用方法や目的はIC旅券搭載情報と異なる。最大の特徴は、各国の国境で収集された生体情報がデータベースと瞬時に照合され、リスクの高い人物のスクリーニングが行われる点にある。そして照合には、各国が独自に構築したデータベースだけでなく、国際刑事警察機構（ICPO）が提供するデータベースも活用される。ICPOのデータベースが加盟国から提供された情報で構

成されていることから、特定の国境における移動がデータベースを介してグローバルなネットワークの管理下に置かれる状況が生み出される。

　代表的なものに米国が2004年に導入したUS VISITと呼ばれる出入国管理システムがあり、同国に入国する外国人から採取された指紋および顔情報は、米国独自のデータベースおよびICPOのデータベース、さらに米国の協定締結国が提供するデータベースと照合される。同システムの導入が同時多発テロの翌年に新設された国土安全保障省のもとで進められたことは、国境管理が安全保障政策と密接に結びついたことを象徴する。一方で、同省の担当者はグローバル経済のもとで合法的に国境を越えて行われる活動を「内部」と表現したうえで、US VISITの効能は国境の開放を悪用しようとする不法な「外部」の活動から「内部」を保護することにあると述べた。⁽¹³⁾こうした発言からは、安全保障を名目にした個人情報の収集に向けられた国外からの批判を躱そうとする狙いが透けて見える。同様のシステムは他国でも採用され、日本では2007年に訪日外国人を対象としたJ-BISの運用が始まっている。

アフリカにおける国境管理能力と外部主体の関わり

(1)　アフリカ国境へ注がれる国際社会の眼差し

　本項では、自国の国境管理へバイオメトリクスの導入を進め、国家主権の再強化を図る先進国の眼差しがどのように途上国に向かうのかをアフリカを例に検討する。2020年の情報をもとに国際的な人の移動の実態を移民の出身地域別に比較すると、アフリカ出身者は世界全体の移民のおよそ14.5％にあたる4060万人ほどにとどまり、⁽¹⁴⁾サブサハラ・アフリカ出身者で地域外に移動するものは3分の1に過ぎない。それにもかかわらず、なぜアフリカにおける国境管理は国際的な関心を集めるのだろうか。

　54カ国もの国家を擁するアフリカ大陸には実に多くの国境が存在する。5000kmを超える陸上国境を持つ国が12カ国にのぼることや、大陸全体を囲む海岸国境の存在を加味すれば、管理すべき国境の長大さが国境管理を困難にしていることは想像に難くない。さらに、国境検問所ではしばしば腐敗や汚職が横行しているとしてガバナンスの欠如を指摘する声もある。⁽¹⁵⁾

　管理に脆弱性を抱える国境は人身取引、麻薬や武器取引といった越境犯罪の

温床となり、その影響は国際社会全体に及ぶ。現にアフリカでは9.11テロを首謀した「アル・カーイダ」や欧州でテロを引き起こした「イスラム国（IS）」などのイスラム過激派やその関連組織が勢力を拡大させており、テロ対策の観点からもアフリカにおける国境管理に大きな関心を寄せる国も多い。20年以上も対テロ戦争を継続している米国もその一つである。

　それに対して、アフリカ大陸に近く直接的な移民の流入先となるヨーロッパ諸国ではテロの発生に加えて移民の流入数の増加が深刻な問題となり、欧州対外国境管理協力機関（FRONTEX、後に欧州国境沿岸警備機関へ改組）の創設による国境監視に関する域内協力と、移民の出身国での流出防止を目的とした国境管理の外部化が同時に進められてきた。国境管理の外部化の具体的な手法には、アフリカ大陸側の起点となるリビア、アルジェリア、モロッコなどの北アフリカ諸国との再入国協定の締結などが含まれる。[16]

　このほか、国際機関である国際移住機関（IOM）が途上国における国境管理能力の向上を途上国開発にとって重要な要素であると位置づけていることからわかるように[17]、アフリカでの国境管理能力の向上と越境貿易や越境労働移動の促進を関連付けながら関与を試みる外部主体も少なくない。

(2)　アフリカ国境へのバイオメトリクス導入に期待される効果

　前項で示したようなアフリカにおける国境管理への国際的な関心の高まりによって、国境管理という国家が主権を排他的に行使できる領域への外部主体の関与が正当化される中で、バイオメトリクスの導入には主にヒューマンエラーの減少によって国境管理能力を向上させる効果が期待される。従来の国境審査では、パスポートと保持者の同一性の確認や越境者のリスク評価は、係員の目視による確認と、入国希望者との質疑応答によって行われる。審査時に被審査者によって提供される情報に係員が依拠することになるこの手法は、被審査者に有利な仕組みであったとの指摘がある[18]。また、係員の目視による個人認証は当人が生来持つ技能に大きく依存し、経験の多寡は認証の精度と相関しないとの研究結果もある[19]。その点、機械により照合することでヒューマンエラーを回避できるほか、担当者の育成も比較的容易となる。また、機械化により審査担当者による不正の回避を期待する声があったとの報告もある[20]。これらの指摘は、バイオメトリクスの導入にはアフリカの国境管理能力を比較的短期間で向上さ

せる効果があることを示唆する。

3 外部アクターによるアフリカ国境での技術利用促進の実態

（1） 技術導入を行う外部主体とその目的

　本項では、国境における生体情報採取とデータベース照合に係る技術導入に焦点を絞って議論を進める。外部主体による関与には、越境者が自国の国境に到達する前に出身国や移動中に通過する経由国に働きかける、いわば国境の遠隔操作を目的としたものがある。例えば、米国は協定締結国に対して「個人識別安全比較評価システム（PISCES）」を導入し、特にテロリストの越境移動を未然に防ぐ試みを行っている。2018 年の時点でアフリカ諸国を中心に 23 カ国の 227 地点で導入され、毎日 30 万人以上がスクリーニングの対象となっているとの報告[21]から、PISCES が途上国の国境管理能力を強化するものであると同時に、システムを介して構築されたバーチャルな国境における米国の主権を強化する機能を果たしていることがわかる。

　それに対して、人道的かつ秩序に基づいた移動が社会や越境者に利益をもたらすとの原則を掲げる IOM は、プライバシーと個人情報保護に関する規則に則り生体情報を国境管理に活用することが、合法的で安全な移動を促進し脆弱な移民の保護に役立つとともに、あらゆる人の安全保障を強化することに繋がるとの立場をとる[22]。バイオメトリクスを用いた国境管理の導入に向けた機運が高まる中で公表された 2004 年の IOM の広報誌では、IOM が各国政府に対して生体情報の利用方法に関する技術支援を行う方針が示されている[23]。本格的な支援が開始されたのは、2009 年の「移住情報データ分析システム（MIDAS）」と呼ばれる国境管理システム導入以降のことである。MIDAS は採取情報を即座に当該国や国際刑事警察機構（ICPO）のデータベースと照合しリスクのある人物の国境を越えた移動を阻止することを可能にするシステムである。IOM 自体は指紋の採取主体とはならず、あくまでも導入国の主権の強化を意図したシステムとなっており、導入国が収集したデータを自国の国境管理政策に活用することも想定されている[24]。2021 年 4 月時点で MIDAS は 23 カ国で導入されており、その大半をアフリカ諸国が占める[25]。国際機関である IOM が主導する当該プロジェクトに対してはドナー国からの支援も投入されており、米国やヨー

ロッパ連合（EU）のほかに、カナダや日本がドナーに名を連ねている。

　国境管理の外部化を促進するEUの取り組みのうち、ICPOへの資金提供を介して行われる「西アフリカ刑事警察情報システム（WAPIS）」の導入は、西アフリカ諸国の警察能力の向上と地域協力の促進を主たる目的としている点で同地域の国境管理の能力強化に特化したプロジェクトとは言えないが、外部主体によるデータベース構築支援として位置づけることができる。また、FRONTEXとアフリカ諸国の協力促進のための枠組みとなるアフリカ－FRONTEX情報機関共同体（AFIC）を2010年に創設し、アフリカ国境における不法越境の斡旋や人身取引といった越境犯罪対策に乗り出した。実質的な技術協力のための機関としてアフリカ諸国に開設されたリスク分析室（Risk Analysis Cells）は、生体情報の採取は行わず、MIDASの情報を用いて国境を越えた移動を監視している。このようなEUの動向からは、ICPOやIOMといった国際機関を媒介として間接的にアフリカ国境のバイオメトリクス化に関与する姿勢が垣間見える。

(2)　導入国におけるシステムの相互利用の進展－ニジェールの事例－

　西アフリカ地域に位置するニジェールは、国土の大半をサハラ砂漠が占める内陸国であり、2021年の時点で32カ所の国境検問所が稼働している。米国国務省によると、ニジェールが隣国と接する7つの国境のうち5つがテロの脅威に晒されており、さらに同国はアフリカからヨーロッパに向かう主要な移民の移動経路である西ルートと地中海ルートの双方の途中にある移民の経由国としても知られる。なお、2023年7月にニジェールでは軍事クーデターが発生し欧米諸国の同国への影響力は失われつつあるが、以下では、政変前の状況をもとに検討を行う。

　米国がニジェールにおけるテロ対策を本格化させたのは2013年以降のことである。米国によるテロ対策支援の中にはPISCESが含まれ、同年、ニジェールは3カ所の国境検問所にPISCESを導入することで合意した。さらに、IOMの支援を得て14カ所の国境検問所にMIDASが導入され、2021年時点で一時停止中のものを除き8カ所で稼働しているほか、2021年時点では一時停止中ではあるもののニジェール北部に移動可能なMIDASトラックが1台配備されているという。前節で述べたようにPISCESとMIDASは導入主体だけでなく

システムの目的も異なる別個のシステムであるが、ニジェールでは相互運用が可能となっており、これによりニジェールは広範囲の国境をバイオメトリクス化することができている。EUとの関連では、ニジェールはベナン、ガーナ、マリと共にWAPISのパイロット国の一つであり、リスク分析室の初の開設国でもあるが[32]、2022年の報告書ではニジェールでWAPISとMIDASの初の相互運用[33]が試みられる予定に言及されており[34]、ニジェールが国境のバイオメトリクス化に前向きであることが示される。

(3) アフリカ諸国による技術利用に見られるフレーミングギャップ

一見すると、外部主体とアフリカ諸国が一体となってバイオメトリクス化を進めているようだが、MIDASの設置場所がIOMやドナーではなくアフリカ諸国の事情や要望に基づいて決定され[35]、外部主体の期待する形では運用されていない可能性があると指摘されている。先進国が主導するテロ対策のフロンティアとして、あるいは不法移民の経由国として、国際社会への貢献姿勢を示し、自らの国際社会での地位を向上させ、先進国とのパワーの不均衡を是正することが、途上国側の積極的なバイオメトリクスの導入を後押ししていることを否定できない。

一方、積極的に国境のバイオメトリクス化を進めるニジェールでは、2020年にMIDASを備えた国境ポストへの襲撃事件が発生し[36]、国境管理へのバイオメトリクスの導入により国境周辺に暮らす人々から移動の機会が奪われ、生活状況が悪化したことが事件に繋がった可能性が指摘される。正規の雇用機会に恵まれないアフリカの人々にとって、脆弱な国境管理体制のもとで黙認されていたインフォーマルな越境移動は、しばしば小規模な越境交易の形態をとり、移動の当事者のみならず国境地域の社会経済全体を支えてきた。アフリカ諸国はこうしたインフォーマルな越境移動の正規化にも前向きな姿勢を示しており[37]、安全保障化とは異なる動機の下で、リスクの高低に関わらず越境者を管理する形での国境における主権の強化をめざしていることが窺える。

以上のことから、アフリカ諸国が単なる技術の受益国ではなく、安全保障化や自由化といった先進国とは異なるフレーミング、すなわち対外的・対内的な主権強化のためにガバナンスに参画している可能性が示唆される。

おわりに

国境管理へのバイオメトリクスの利用は、先進国や国際機関の積極的な働きかけにより途上国にも広がっている。一方で、本章はバイオメトリクスの利用に際し、先進国が安全保障化と移動の自由化の両立を目論むのに対し、アフリカ諸国は必ずしもそうした目的を共有せず対外的・対内的な国家主権の強化に利用するなど、国境管理強化をめぐるフレーミングギャップが存在する可能性について論じてきた。

途上国での移民圧力が強まる中で、途上国国境での技術利用は加速度的に進行すると予測される。一方で、ウクライナ危機以降、国際社会の分断への懸念が深まり第三極となるアフリカ諸国の戦略的重要性が増している状況は、アフリカ諸国に世界的な国境管理強化の機運をさらなる主権強化のために利用する余地を与え、国境管理強化に対するフレーミングギャップが今後さらに拡大することが懸念される。国境管理強化を過度に志向することが国境地域の治安悪化を招き、却って移民圧力を増大させる恐れがある点に留意したうえで、望ましい国境管理の在り方を再考する必要がある。

＊本研究は JSPS 科研費 JP21K01367 の助成を受けたものです。

【注】
（1） ICMPD 2022.
（2） FRONTEX 2023.
（3） Dijstelbloem, Meijer and Besters 2011: 11.
（4） Huysmans 2000.
（5） Lyon 2011: 66.
（6） 川久保 2015.
（7） Salter 2003: 4.
（8） Kc and Karger 2005: 3–4.
（9） Neo, Han-Foon, et al 2014: 220.
（10） Juels, Molnar, and Wagner 2005: 1.
（11） Schouten and Jacobs 2009: 310.
（12） Koslowski 2008: 2 21.
（13） Amoore 2006: 339.
（14） United Nations Department of Economic and Social Affairs 2020.
（15） Haas 2008: 1310.

（16） Adepoju, Noorloos, and Zoomers 2010.
（17） IOM 2009.
（18） Scheel 2019: 7.
（19） White et al. 2014.
（20） Lehtonen, Pinja and Pami Aalto 2017: 216.
（21） United States Department of State, Bureau of Counterterrorism 2019.
（22） IOM 2018: 1.
（23） IOM 2004: 13.
（24） IOM 2018: 8.
（25） Singler 2021: 460.
（26） INTERPOL / ICPO n.d.
（27） FRONTEX 2017.
（28） 独立行政法人国際協力機構 2022: 4.
（29） United States Department of States, Bureau of Counterterrorism 2020.
（30） United States Department of States, Bureau of Counterterrorism 2014.
（31） 独立行政法人国際協力機構 2022: 41.
（32） INTERPOL / ICPO n.d.
（33） FRONTEX 2018.
（34） INTERPOL / ICPO 2022.
（35） Singler 2021: 461.
（36） Donko, Doevenspeck and Beisel 2022.
（37） 中山 2020.

（中山裕美）

第 19 章

気候変動対策としてのエネルギーの 脱炭素化への影響

はじめに

　ロシアによるウクライナへの軍事侵攻は、気候変動に対するグローバル・ガバナンスにも大きな影響を与えている。天然ガスや石油が豊富なロシアは2021年には世界最大の化石燃料輸出国であり、ヨーロッパを中心とする周辺国に多くのエネルギーを供給してきたが、ウクライナへの軍事侵攻によって世界のエネルギー市場は大きく変化した。このことは、脱炭素化を推進してきたヨーロッパでのエネルギー政策や世界の温室効果ガス（GHG）排出量など、国際的な脱炭素化に向けた取り組みにどのような影響をもたらしているのであろうか。

　本章では三つの側面に注目する。まず、ロシアへのエネルギー依存が大きかった欧州連合（EU）に注目し、エネルギーの脱ロシア化と脱炭素化について概観する。次に、ロシアによるエネルギー輸出を外交手段として利用する「武器化」によって、再生可能エネルギー関連のサプライチェーンが経済安全保障の観点から見直されるようになったことを示す。さらに、ウクライナへの軍事侵攻による多くの建物などの破壊行為といった軍隊や軍事活動による GHG 排出の問題について、軍事部門における脱炭素化の動きも含めて検討する。

気候変動問題をめぐるグローバル・ガバナンスの現状

　地球全体の課題である気候変動問題は、国連気候変動枠組み条約（UNFCCC）とその締約国によって形成されたパリ協定に基づいて対応が行われている。気候変動に関しては、気候変動に関する政府間パネル（IPCC）が世界中の研究成

果などの科学的知見を集めており、そうして作成された報告書に基づいて現在
では、産業革命以前からの世界平均気温上昇を1.5℃までに抑えることが国際
的な目標となっている。この1.5℃目標を達成するためには2050年までに
GHG排出を実質ゼロ（カーボンニュートラル）にする必要があるため、石炭、
石油、天然ガスといった化石燃料を太陽光や風力、地熱などの再生可能エネル
ギーに転換させる、エネルギーの脱炭素化が求められている。

　しかしながら、IPCCの分析によると、各国がパリ協定に基づいて自主的に
設定している排出削減目標（NDC）は1.5℃目標の実現には不十分であるとさ
れており、グテーレス（Antonio Guterres）国連事務総長は各国に「野心的な」
目標に改定するよう、強く求めている。実際、2023年夏（6〜8月）の世界平
均気温は観測史上最高を記録し、EUの気象情報機関（C3S）は、2023年が産
業革命以前の平均気温を1.4℃上回り、人類史上最も暑い年になると予測して
いる。IPCCによると、世界平均気温は2020年までにすでに1.1℃上昇してお
り、2030年代には1.5℃上昇する可能性が高い。そのため、今後10年のGHG
排出削減が鍵になるとして、GHG排出量を2030年までに2019年比で45％、
2035年までに60％削減する必要性が指摘されている。

　こうした中で、EUはこれまで国際的な気候変動対策において常にリーダー
シップを発揮してきた。2019年12月に就任したフォン・デア・ライエン
（Ursula von der Leyen）欧州委員会委員長は、2050年までのカーボンニュート
ラル実現をめざして、雇用を創出しながらGHG排出量削減を推進する新たな
成長戦略として「欧州グリーン・ディール」を最優先課題の一つとして発表し
た。そして、2021年に欧州気候法が施行されたことで、2050年までのカー
ボンニュートラル実現が法的拘束力のある目標となるとともに、2030年まで
のGHG排出削減目標がそれまでの1990年比40％から55％に引き上げら
れた。

　他方で、EUは石炭、石油、天然ガスをロシアからの輸入に依存してきてお
り、2021年にはEUの全輸入に占める割合は45％、総消費量の40％を占めて
いた。天然ガスはパイプライン経由で輸入されてきたが、代替策となる液化天
然ガス（LNG）は液化の段階や輸送、再ガス化の際にGHGを排出するために
パイプライン経由の天然ガスよりも排出量が多い。また、燃料を天然ガスから
石炭に切り替えた場合はさらにGHG排出量が増える。そのため、対ロシア政

214

策の転換による GHG 排出量の急増が懸念された。

❷ EUによるエネルギーの脱ロシア化と脱炭素化の追求

　ロシアの政府予算のうち半分近くを石油と天然ガスの収入が占めていること
から、欧米や日本などの西側諸国を中心として、ロシアの資金源を抑え込むた
めに、化石燃料の輸入制限や価格の上限設定を含めた様々な経済制裁が科され
た。EU はロシア産の石油や石炭については比較的早い段階から輸入禁止を決
定したのに対して、天然ガスについては、特にドイツをはじめとして多くの加
盟国がパイプライン経由で輸入されるロシア産ガスに依存してきたことから、
経済制裁の対象にはならなかった。それでも、ロシア側が天然ガスの対 EU 輸
出を大幅に制限したこともあり、折からのエネルギー価格高騰の中で、EU は
ロシアへの経済制裁とエネルギー確保、さらには脱炭素化の取り組みとの間で
難しい対応を迫られることになった。

　こうした状況の中で、2022 年 2 月 24 日のウクライナへの軍事侵攻を受けて、
EU は 3 月 8 日に、ロシア産の化石燃料（天然ガス、石油、石炭）への依存度を
低減させ、ゼロにしていくエネルギー計画として「REPowerEU」を発表した。
また、EU 首脳会合で 3 月 11 日に採択された「ベルサイユ宣言」では、ウクラ
イナ侵攻を受けた 2030 年までの三つの重点対策として、「防衛能力の拡充」と
「強靱な経済基盤の構築」に加えて「エネルギー依存度の低減」が挙げられ、化
石燃料輸入におけるロシア依存を極力早く、段階的に解消することが合意され
た。具体的な方策としては再生可能エネルギーと（再生可能エネルギーを利用し
て生成する）グリーン水素へのエネルギー転換を加速させる方向性が示され、脱
炭素化との両立が指向された。短期的な対応策としては、LNG の調達ルート
の多様化、バイオガスの普及促進、暖房・発電用燃料の石炭から天然ガスへの
切り替えなどにより、2022 年末までにロシア産ガス調達を 3 分の 2 にまで削
減する方針が示された。

　この点に関連して、REPowerEU が発表された 1 週間前に、国際エネルギー
機関（IEA）が、1 年以内にロシア産天然ガスの需要を 3 分の 1 以上削減できる
具体策として、「EU がロシア産天然ガスへの依存を低減するための 10 項目計
画」を発表した。これらの方策は、欧州グリーン・ディールや EU の GHG 削

減政策パッケージである「Fit for 55」に沿ったものであったが、その他に、EU の脱炭素化の方針とは相反する上にコストもかかるものの50％以上削減できる方策として、石炭火力発電所の利用増加や、既存の天然ガス火力発電所での石油などの代替燃料の利用が示された。[8] このように、ロシアによるウクライナ侵攻直後の EU は、ロシアに対する経済制裁と脱炭素化の推進とのジレンマに直面していた。

そうした中で EU は、REPowerEU を打ち出して脱炭素化とエネルギーの脱ロシア化を追求したのであるが、短期的な対応策として LNG 輸入ターミナルの開設や石炭火力発電所の再稼働などを決定したことから、GHG 排出量の増加が懸念された。しかしながら、実際に石炭の使用量は増えたものの、2022 年から 2023 年の冬は暖冬となったことや、効果的な需要管理や省エネなどの結果、2022 年に EU のエネルギー関連の GHG 排出量は 2.5％減少した。[9] また、2022 年末までに風力発電と太陽光発電の総発電量に占める割合は過去最高の 22％を記録し、天然ガス（20％）と石炭（16％）を上回るまでとなった。[10]

2023 年秋までに EU はロシアの化石燃料に対する依存度を大幅に低下させた。ロシアからの石炭の輸入は停止され、石油の輸入は 90％削減された。また、2023 年の天然ガスの輸入は 4 分の 1 程度に減少する見込みとなった。EU には冬の天然ガス需要の約 3 分の 1 に相当する貯蔵施設がある中で 2023 年 10 月時点の貯蔵率は 98％に達し、価格もウクライナ侵攻直後からは低下したこともあり、エネルギー状況は比較的安定した。[11]

その一方で、中国やインドがロシア産原油の輸入を大幅に増加させたため、ロシアの輸出はあまり減少していないことが懸念されたものの、2022 年の GHG 世界排出量は前年から 0.9％の増加に抑えられた。排出量としては史上最大となったものの、天然ガスからの排出量は 1.6％減少したことから、再生可能エネルギーの導入や省エネによって排出増加がかなり相殺されたと見られている。[12] 2022 年の GDP 成長率は 3.2％であったことから、経済成長と化石燃料消費のデカップリング（切り離し）が続いていることも注目される。

 ## 経済安全保障としてのフレンドショアリングの拡大と脱炭素化

ロシアがエネルギー供給を武器化したことで、特に EU を始めとする西側諸

国にとっては化石燃料からのエネルギー転換が安全保障上、重要な意義を持つ
ようになった。同時に、経済安全保障への関心から経済上のリスクを低減させ
るデリスキング（de-risking）として、エネルギーや半導体、重要鉱物など、経
済にとって不可欠な重要物資の自給体制を強化することや、基本的価値を共有
する友好国と安定的なサプライチェーンを構築するフレンドショアリングが重
視されるようになった。

　米国のバイデン（Joe Biden）大統領は 2021 年 2 月の段階で、中国を念頭に
置いた経済安全保障の観点から、半導体、大容量バッテリー、重要鉱物、医薬
品の 4 分野についてサプライチェーンを見直す大統領令（EO14017）を出して
いた。そして、フレンドショアリングとして友好国との経済協力の枠組みを形
成していき、同年 6 月には EU と貿易技術協議会（TTC）、2022 年 5 月にはイ
ンド太平洋の 13 カ国とインド太平洋経済枠組み（IPEF）、さらに 2023 年 1 月
にはラテンアメリカの 11 カ国と経済繁栄のための米州パートナーシップ
（APEP）を形成した。

　このように、バッテリーや重要鉱物といった脱炭素化にとって重要な分野が
デリスキングの対象となっているが、現在、これらの分野で重要な役割を果た
しているのが中国である。国際再生可能エネルギー機関（IRENA）によると、
電気自動車のモーターやバッテリー、太陽光や風力などの発電設備や蓄電池な
どに利用されている重要鉱物は、採掘や精製の過程で水質汚染などを伴うため、
環境規制が比較的緩いとされる中国など一部の途上国に採掘と加工が集中して
いる。中国は精製されたグラファイト（黒鉛）とジスプロシウム（レアアースの
一種）の供給量の 100％、コバルトの 70％、リチウムとマンガンの 60％以上
を占めている。また、太陽光パネルの製造段階（ポリシリコン→インゴット→ウェ
ハー→セル→パネル／モジュール）でも 72〜98％という非常に高いシェアを占め
ており、中国は太陽光発電コストの大幅な低下に大きく貢献してきたと評価さ
れている。

　しかしながら、重要物質やサプライチェーンが特定の国に集中することがリ
スクとして見なされるようになる中で、中国との関係が見直しの対象となって
いる。中国との貿易に関しては、米国が新疆・ウイグル自治区における強制労
働問題を受けて、同自治区からの原材料、部品、最終製品などの輸入を原則と
して禁止するなど、人権問題の側面からも見直しが求められている。また、上

記のように重要鉱物の生産過程における環境汚染や劣悪な労働環境などの問題を受けて、米国、カナダ、英国、フランス、ドイツ、日本、オーストラリアの7カ国が「持続可能な重要鉱物アライアンス」を結成するなど、国際的な枠組みも形成されてきている。[16]

西側諸国によるデリスキングに対して、中国政府は半導体素材となる8種類のガリウム製品と6種類のゲルマニウム製品について輸出管理を強化しており、2023年12月からは2種類のグラファイトも対象となることが発表された。[17]こうした措置による市場の混乱が懸念される一方で、かつて中国が日本へのレアアース輸出を停止した際には、結果的に日本が中国に代わる新たな供給国を開発したように、西側諸国の脱中国化の動きがいっそう強まる可能性もある。

4 GHG排出源としての軍隊・軍事活動への注目

GHG排出削減を実施する上で、各国のGHG排出量を正確に把握することは必要不可欠である。UNFCCCでは、GHGの排出源・吸収源ごとに排出・吸収量を示す一覧表（GHGインベントリ）を提出することが義務付けられている。パリ協定ではGHGとして二酸化炭素、メタン、一酸化二窒素、フロンガス類（六フッ化硫黄、三フッ化窒素、ハイドロフルオロカーボン類（HFCs）、パーフルオロカーボン類（PFCs））について、IPCCのガイドラインに沿って算定することとなっているが、軍事関係のデータについては報告の義務はない。

軍隊は戦闘機や軍用機の飛行、軍艦の航行、演習などの活動に伴いGHGを排出しているが、燃料使用の詳細なデータは国外における活動実態の把握につながりうるという国家安全保障上の理由から、京都議定書ではGHGインベントリの対象から除外された。[18]パリ協定では軍事活動の報告免除が撤廃されて報告対象となったものの、その内容や報告自体も任意となっている。[19]2021年の軍事費上位20カ国を調査したConflict and Environment Observatory（CEOBS）によると、軍事部門からのGHGを報告したのは12カ国で、そのうち軍隊の燃料利用を明確に報告しているのはドイツのみであった。[20]

軍隊や軍事活動によるGHG排出量に関しては、共通のGHGインベントリの枠組みが存在しないことから正確に把握することは困難である。そのため、2019年に発表された、1975年から2017年までの米軍の排出量を算出したク

ロフォード（Neta Crawford）の研究は大きく注目された。それによると、2017年の米軍の排出量はスウェーデンやデンマークを上回り、世界最大の石油消費者であったという。[21]

　軍事的な GHG 排出をインベントリの対象として削減対象とすることについては、環境 NGO を中心に活動が展開されてきたものの、UNFCCC 締約国会議の議題として設定されることはなかった。しかし、ロシア・ウクライナ戦争が勃発し、長期化する中で、戦争による GHG 排出量への関心が高まっている。[22]その背景にはウクライナ政府による積極的な取り組みが指摘される。ウクライナ政府はロシアの軍事侵攻から 2 カ月後に、海外の研究者と共同で「戦争のGHG 算定に関するイニシアティブ（Initiative on GHG accounting of war）」を立ち上げ、直接的・間接的な GHG 排出量調査を行っている。2022 年 11 月に続いて 2023 年 6 月に発表された中間報告書によると、ロシアの侵攻後 1 年間の GHG 排出量（二酸化炭素換算）は 1 億 1900 万 t で、これは同時期のベルギーの排出量に相当するという。内訳としては、戦闘によるものが 2190 万 t、ウクライナの建物・森林・畑の火災によるものが 1770 万 t、民間航空機の飛行ルート変更による燃料などの増加分として 1200 万 t、[23]ウクライナの避難民の移動によるものが 270 万 t、破壊されたインフラの今後の再建で 5020 万 t、となっている。[24]

　ロシアのウクライナ侵攻以降では、2022 年に総合科学誌『Nature（ネイチャー）』に、世界の軍事活動による GHG 排出量は世界全体の 1 ～ 5 ％を占め、航空業界と海運業界（それぞれ 2 ％）に相当するとの研究が発表されている。[25]また、Scientists for Global Responsibility（SGR）と CEOBS の共同研究として、世界の軍隊と軍事産業による GHG 排出量は世界の 5.5 ％を占め、世界 4 位のロシア（4.9 ％）よりも多いとの分析も発表されている。[26]

　軍事部門の GHG 排出量への関心が高まる一方でデータの公表には消極的な国が多いものの、そのことは軍隊が GHG 排出削減に無関心であることを必ずしも意味するものではない。米軍は「世界最大の石油製品消費者」であるが、長期にわたって化石燃料の利用低減と再生可能エネルギーの導入拡大に取り組んできている。燃料補給作業には攻撃や事故のリスクが伴うことに加えて、燃料輸送部隊は攻撃対象にもなりやすい。[27]また、燃料補給回数が少ないほど軍の機動性は向上するし、軍事基地などの施設が太陽光発電などによる自家発電能

力を保有することで、大規模停電やサイバー攻撃などに対する脆弱性は低下する。さらに、気候・安全保障に関する国際軍事評議会（IMCCS）[28]が述べているように、気候変動が国際的な安全保障上のリスクを高めることは、「世界中の安全保障・外交政策コミュニティではよく知られている[29]」ことであり、気候変動の要因である GHG 排出を削減することは、軍隊が派遣されることで隊員を危険にさらすリスクを低下させることにもつながる。

　こうした認識に基づいて、米軍だけではなく英国や北大西洋条約機構（NATO）でも軍の GHG 排出量を削減する取り組みが行われている。NATO では特に 2010 年以降、首脳声明や戦略構想で気候変動が取り上げられるようになり、エネルギー効率の向上を中心とする取り組みが行われてきた。2021 年には「気候変動・安全保障行動計画（Climate Change and Security Action Plan）」が策定され、軍事活動と軍事施設からの GHG 排出を測定する共通の方法を開発した上で、気候変動による安全保障への影響が評価されることになった[30]。ストルテンベルグ（Jens Stoltenberg）NATO 事務総長が 2030 年までに GHG 排出量を少なくとも 45％削減し、2050 年までに実質ゼロにすることを発表したのは、ロシアによるウクライナ侵攻後の 2022 年 6 月のことである[31]。ロシア経済が化石燃料輸出に依存し、ヨーロッパ諸国が主要な輸出先となっていたため、NATO にとって脱化石燃料による戦略的な重要性は強まったと言えよう。このことは、軍事部門が国際的な気候変動対策の対象になることを促進する要素としても注目される。

おわりに

　ロシアによるウクライナへの軍事侵攻を契機として、化石燃料エネルギーや半導体や重要鉱物などの「武器化」が懸念されるようになり、ヨーロッパや米国を中心として経済安全保障の観点からサプライチェーンのデリスキングが重視されるようになった。そのため、脱炭素化がより重要な課題となった一方で、再生可能エネルギー産業の中核に位置する中国との経済関係も見直されるようになったことから、脱炭素化に必要な物資の調達への影響が懸念されている。また、軍事的な GHG 排出はこれまで気候変動のグローバル・ガバナンスでは対象外とされてきたが、その一方で、米国や NATO などの軍事部門では気候変動による安全保障上のリスクは以前から認識されており、脱炭素化の取り組

みが実践されてきた。加えて、ロシアのウクライナ侵攻による GHG 排出量の調査報告が公表され、軍事部門による GHG 排出への関心が高まっている中で、グローバルな GHG 排出削減や脱炭素化の取り組みに軍事部門をどのように組み込むことができるのか、今後の展開が注目される。

　＊ 本研究は JSPS 科研費 JP18K01493 および JP18KT0003 の研究成果の一部である。

【注】
（ 1 ）　United Nations Environment Programme 2021.
（ 2 ）　C3S 2023.
（ 3 ）　IPCC 2023.
（ 4 ）　IEA 2022a.
（ 5 ）　LNG の熱量あたりの二酸化炭素排出量は石炭の 55％。
（ 6 ）　IEA 2022b.
（ 7 ）　Payne, Julia「EU、現時点でロシア産 LNG の輸入禁止計画せず＝議長国」『ロイター』2023 年 9 月 8 日。
（ 8 ）　IEA 2022a.
（ 9 ）　IEA 2023: 12.
（10）　"EU coal rebound smaller than feared in 2022 energy crunch," *Reuters*, January 31, 2023.
（11）　European Commission 2023d.
（12）　IEA 2023.
（13）　Falkner 2023.
（14）　IRENA 2023b.
（15）　Copley 2022; IEA 2022c; IRENA 2023a.
（16）　JETRO 2022.
（17）　「中国、一部黒鉛製品に輸出許可義務付けへ　EV 電池材料」『ロイター』2023 年 10 月 20 日、「中国ゲルマニウム・ガリウム製品輸出、9 月も停止状態　規制措置で」『ロイター』2023 年 10 月 23 日。
（18）　IMCCS 2022.
（19）　CEOBS 2021.
（20）　CEOBS 2022.
（21）　Crawford 2019.
（22）　Brown, et al. 2023、「焦点：軍隊から大量の温暖化ガス、気候変動対策の盲点に」『ロイター』2023 年 7 月 11 日。

（23）　ロシア上空などの飛行制限空域を迂回するために飛行ルートの距離が延びたことによる。

（24）　Initiative on GHG accounting of war 2023.

（25）　Rajaeifar, et al. 2022.

（26）　Parkinson and Cottrell 2022.

（27）　2003 年から 2007 年までにイラクとアフガニスタンで輸送部隊への攻撃により 3000 人の米兵が死傷したと推定されている。

（28）　気候変動の安全保障リスク研究のために軍関係者や専門家によって 2019 年にハーグに設立。フランス国際戦略研究所（IRIS）、ハーグ戦略研究センター（HCSS）、オランダ国際関係研究所（Clingendael）との協力で、米国の戦略リスク評議会（CSR）の関連機関である気候・安全保障センター（CCS）が運営。

（29）　IMCCS 2022.

（30）　NATO 2021.

（31）　NATO 2022.

（小尾美千代）

略 語 一 覧

ACT Group　Accountability, Coherence and Transparency Group　アカウンタビリ
ティ・一貫性・透明性グループ

AFIC　Africa-Frontex Intelligence Community　アフリカ－FRONTEX 情報機関
共同体

AIIB　Asian Infrastructure Investment Bank　アジアインフラ投資銀行

AOIP　ASEAN Outlook on the Indo-Pacific　ASEAN インド太平洋アウトルック
／ASEAN インド太平洋構想

APEP　Americas Partnership for Economic Prosperity　経済繁栄のための米州パー
トナーシップ

APSC　ASEAN Political Security Community　ASEAN 政治安全保障共同体

ARF　ASEAN Regional Forum　ASEAN 地域フォーラム

ASCC　ASEAN Socio-Cultural Community　ASEAN 社会文化共同体

ASEAN　Association of Southeast Asian Nations　東南アジア諸国連合

ASEX　ASEAN Solidarity Exercise　ASEAN 連帯演習

AU　African Union　アフリカ連合

AUKUS　Australia-United Kingdom-United States　オーカス

BEAC　Barents Euro-Arctic Council　バレンツ海欧州北極圏評議会

BRI　Belt and Road Initiative　一帯一路

BRICS　Brazil, Russia, India, China, South Africa　ブリックス

C3S　Copernicus Climate Change Service　コペルニクス気候変動サービス

CBAM　Carbon Border Adjustment Mechanism　炭素国境調整措置

CBM　Confidence Building Measures　信頼醸成措置

CFE　Treaty on Conventional Armed Forces in Europe 欧州通常戦力条約

CFSP　Common Foreign and Security Policy　共通外交・安全保障政策

CiO　Chairman-in-Office　議長国議長

CMEC　China-Myanmar Economic Corridor　中国ミャンマー経済回廊

CoE　Council of Europe　欧州評議会

CSCE　Conference on Security and Co-operation in Europe　全欧安全保障協力
会議

CSDP　Common Security and Defence Policy　共通安全保障・防衛政策

CSTO　Collective Security Treaty Organization　集団安全保障条約機構

CTBT　Comprehensive Nuclear-Test-Ban Treaty　包括的核実験禁止条約

DOC　Declaration on the Conduct of Parties in the South China Sea　南シナ海に
関する関係国の行動宣言

DSM　Digital Single Market　デジタル単一市場

DX　Digital Transformation　デジタル変革／デジタルトランスフォーメーション

EAEU　Eurasian Economic Union　ユーラシア経済同盟

EAS　East Asia Summit　東アジア首脳会議

EC　European Communities 欧州共同体

EDC　European Defence Community　欧州防衛共同体

EEZ　Exclusive Economic Zone　排他的経済水域

EPC　European Political Community　欧州政治共同体（2022 年～）

EPC　European Policy Centre　欧州政策センター

EPF　European Peace Facility　欧州平和ファシリティ

ESDP　European Security and Defence Policy　欧州安全保障防衛政策

EU　European Union 欧州連合

EUGS　European Union Global Strategy　EU グローバル戦略

FMCT　Fissile Material Cut-off Treaty　核兵器用核分裂性物質生産禁止条約／カット
オフ条約

FOIP　Free and Open Indo-Pacific　自由で開かれたインド太平洋

5PC　Five-Point Consensus　5 項目合意（ミャンマー）

FRONTEX　European Border and Coast Guard Agency　欧州国境沿岸警備機関（旧
欧州対外国境管理協力機関）

G7　Group of Seven　7 カ国グループ／主要国首脳会議

G8　Group of Eight　8 カ国グループ／主要国首脳会議

G20　Group of Twenty　20 カ国グループ

GDPR　General Data Protection Regulation　一般データ保護規則

GG　Global Governance　グローバル・ガバナンス

GHA　Global Health Architecture　グローバルヘルス・アーキテクチャー

GPM　Great Power Management　大国による管理

HCNM　High Commissioner on National Minorities　少数民族高等弁務官

HR/VP　High Representative of the Union for Foreign Affairs and Security Policy/
Vice-President of the European Commission　EU 外交安全保障上級代表・欧州
委員会副委員長／EU 外相

ICAO　International Civil Aviation Organization　国際民間航空機関

ICC　International Criminal Court　国際刑事裁判所

ICISS　International Commission on Intervention and State Sovereignty　介入と国
家主権に関する国際委員会

ICMPD　International Centre for Migration Policy Development　移住政策開発国際
センター

ICPO　International Criminal Police Organization　国際刑事警察機構

IEA　International Energy Agency　国際エネルギー機関

IMF　International Monetary Fund　国際通貨基金

INF　Intermediate Nuclear Forces　中距離核戦力

INTERPOL → ICPO

IOM　International Organization for Migration　国際移住機関

IPCC　Intergovernmental Panel on Climate Change　気候変動に関する政府間パネル

IPEF　Indo-Pacific Economic Framework for Prosperity　インド太平洋経済枠組み

IRENA　International Renewable Energy Agency　国際再生可能エネルギー機関

ISAF　International Security Assistance Force　国際治安支援部隊

ITPP　Individually Tailored Partnership Programme　国別適合パートナーシップ計画

JPB　jus post bellum　ユス・ポスト・ベルム（戦争後の正義）

KFOR　Kosovo Force　コソボ治安維持部隊

KLA　Kosovo Liberation Army　コソボ解放軍

KVM　Kosovo Verification Mission　コソボ検証監視団

LIO　Liberal International Order　リベラル国際秩序

LIVEX　Live Military Exercise　野外部隊演習（EU）

LMC　Lancang-Mekong Cooperation　瀾滄江メコン川協力

MD　Missile Defence　ミサイル防衛

MIDAS　Migration Information and Data Analysis System　移住情報データ分析システム

MPAC　Master Plan on ASEAN Connectivity　ASEAN 連結性マスタープラン

NATO　North Atlantic Treaty Organization　北大西洋条約機構

NDB　New Development Bank　新開発銀行

NGO　Non-Governmental Organization　非政府組織

NLD　National League for Democracy　国民民主連盟（ミャンマー）

NPT　Treaty on the Non-Proliferation of Nuclear Weapons　核兵器不拡散条約

NSS2022　National Security Strategy of the United States (2022)　米国国家安全保障戦略（2022 年）

NUG　National Unity Government　国民統一政府（ミャンマー）

OECD　Organization for Economic Co-operation and Development　経済協力開発機構

OSA　Open Strategic Autonomy　開かれた戦略的自立（EU）

OSCE　Organization for Security and Co-operation in Europe　欧州安全保障協力機構

PDF　People's Defence Force　人民防衛軍（ミャンマー）

PESCO　Permanent Structured Cooperation　常設協力枠組み（EU）

PfP   Partnership for Peace   平和のためのパートナーシップ

PGII   Partnership for Global Infrastructure and Investment   グローバル・インフ
ラ投資パートナーシップ

PIF   Pacific Islands Forum   太平洋諸島フォーラム

PISCES   Personal Identification Secure Comparison and Evaluation System
個人識別安全比較評価システム

QMV   Qualified Majority Voting   特定多数決投票

QUAD   Quadrilateral Security Dialogue   クアッド／日米豪印戦略対話

RCEP   Regional Comprehensive Economic Partnership   地域的な包括的経済連携

SA   Strategic Autonomy   戦略的自立／戦略的自律（EU）

SC   Strategic Compass   戦略的コンパス（EU）

SCO   Shanghai Cooperation Organization   上海協力機構

SDGs   Sustainable Development Goals   持続可能な開発目標

START   Strategic Arms Reduction Treaty   戦略兵器削減条約

SWP   Stiftung Wissenschaft und Politik   国際安全保障研究所（ドイツ）

TAC   Treaty of Amity and Cooperation in Southeast Asia 東南アジア友好協力条約

TPNW   Treaty on Prohibition of Nuclear Weapons   核兵器禁止条約

TPP   Trans-Pacific Partnership   環太平洋パートナーシップ

TTC   Trade and Technology Council   貿易技術協議会

UHC   Universal Health Coverage   ユニバーサル・ヘルス・カバレッジ

UN   United Nations   国際連合／国連

UNCLOS   United Nations Convention on the Law of the Sea   国連海洋法条約

UNFCCC   United Nations Framework Convention on Climate Change   国連気
候変動枠組み条約

UNHCR   United Nations High Commissioner for Refugees   国連難民高等弁務官
事務所

UNICEF   United Nations Children's Fund   国連児童基金

WAPIS   West Africa Police Information System   西アフリカ刑事警察情報システム

WHO   World Health Organization   世界保健機関

WTO   World Trade Organization   世界貿易機関

参 考 文 献

【日本語文献】

浅田正彦 2004「軍縮条約における申立て査察（チャレンジ査察）の意義と限界―化学兵器禁止条約を素材として―」黒沢満編『大量破壊兵器の軍縮論』信山社。

足立研幾 2004『オタワプロセス―対人地雷禁止レジームの形成―』有信堂。

足立研幾 2009『レジーム間相互作用とグローバル・ガヴァナンス』有信堂。

足立研幾 2021「核不拡散規範の行方―規範の消滅論の視座から―」『国際政治』第203号、94〜109頁。

五十嵐誠一 2018『東アジアの新しい地域主義と市民社会』勁草書房。

市川顕・髙林喜久生編著 2021『EUの規範とパワー』中央経済社。

臼井陽一郎編 2015『EUの規範政治』ナカニシヤ出版。

浦部浩之 2023「ウクライナにおける選挙監視活動」宮脇昇編『ウクライナ侵攻はなぜ起きたのか―国際政治学の視点から―』早稲田大学出版部。

遠藤乾 2023「フランスとウクライナ戦争―マクロン流安全保障政策の論理―」鹿島平和研究所安全保障外交政策研究会webサイト。

遠藤誠治 2023「自由主義的国際秩序とロシア・ウクライナ戦争―正義と邪悪の二分法を超えて―」塩川伸明編『ロシア・ウクライナ戦争―歴史・民族・政治から考える―』東京堂出版。

大場佐和子 2020「ボスニア・ヘルツェゴヴィナの憲法改革とEUコンディショナリティ」『日本EU学会年報』第40号、199〜218頁。

大庭三枝 2014『重層的地域としてのアジア―対立と共存の構図―』有斐閣。

大矢根聡 2018「グローバル・ガバナンス―国際秩序の『舵取り』の主体と方法―」グローバル・ガバナンス学会編『グローバル・ガバナンス学 I ―理論・歴史・規範―』法律文化社、1〜18頁。

岡部達味 2002『中国の対外戦略』東京大学出版会。

小山晶子 2023「欧州諸国におけるウクライナからの避難民受け入れ」『Human Security』第13号、137〜149頁。

外務省 2022「岸田総理大臣による第10回核兵器不拡散条約（NPT）運用検討会議出席」8月2日。

外務省 2023a「岸田総理大臣のインド世界問題評議会（ICWA）における総理政策スピーチ」3月20日。

外務省 2023b「ウクライナに関するG7首脳声明」5月19日。

外務省 2023c「核軍縮に関するG7首脳広島ビジョン」5月19日。

外務省 2023d「G7広島サミット（セッション2「ウクライナ」概要）」5月19日。

外務省 2023e「強靭なグローバル食料安全保障に関する広島行動声明」5月20日。

外務省 2023f「経済的強靱性及び経済安全保障に関する G7 首脳声明」5 月 20 日。

外務省 2023g「G7 クリーン・エネルギー経済行動計画」5 月 20 日。

外務省 2023h「G7 広島サミット（セッション 8「ウクライナ」概要）」5 月 21 日。

外務省 2023i「G7 広島サミット（セッション 9「平和で安定し、繁栄した世界に向けて」概要）」5 月 21 日。

外務省 2023j「日・ウクライナ首脳会談」5 月 21 日。

外務省 2023k「『ウクライナ復興会議』林芳正外務大臣ステートメント」6 月 21 日。

外務省 2023l「2023 年 G7 日本議長年における保健分野の成果」6 月 28 日。

外務省 2023m「第 29 回日・EU 定期首脳協議共同声明」7 月 13 日。

外務省 2023n「中国経済概要」7 月。

外務省 2023o「第 78 回国連総会における岸田総理大臣による一般討論演説」9 月 19 日。

外務省 2023p「国連総会 UHC ハイレベル会合における岸田文雄総理大臣ステートメント」9 月 21 日。

外務省 2023q「高度な AI システムを開発する組織向けの広島プロセス国際行動規範」10 月 30 日。

外務省 2023r「高度な AI システムを開発する組織向けの広島プロセス国際指針」10 月 30 日。

外務省 2023s「広島 AI プロセスに関する G7 首脳声明」10 月 30 日。

外務省 2023t「安保理決議に基づく対北朝鮮制裁」10 月 31 日。

外務省 2023u『外交青書』。

加藤美保子 2022「ロシアのウクライナ侵攻とアジア―ロシアの軍事・外交政策と今後の地域秩序―」河本和子編『ロシアのウクライナ侵攻―不可解で残酷な戦争は何を意味するか―』NIRA 研究報告書、NIRA 総合研究開発機構。

金谷治 1997『老子』講談社学術文庫。

カプチャン、チャールズ（坪内淳監訳、小松志朗訳）2016『ポスト西洋世界はどこに向かうのか―「多様な近代」への大転換―』勁草書房。

川久保文紀 2015「北米国境のテクノロジー化」『国際政治』第 179 号、83～95 頁。

川島真 2017「大国米中関係の展望と日本外交への示唆」一般財団法人鹿島平和研究所。

川島真 2022「中国から見たアメリカとの『新型大国関係』と挫折」API、2 月 28 日。

菅英輝 2021「冷戦後の日米関係―日米安保再定義を中心に―」『東アジア研究』第 28 号、1～42 頁。

菊池努 2017「東南アジアから見た米中関係とアジアの国際関係」高木誠一郎編『米中関係と米中をめぐる国際関係』日本国際問題研究所、2017 年、209～227 頁。

吉川元 1994『ヨーロッパ安全保障協力会議（CSCE）』三嶺書房。

クローヴァー、チャールズ（越智道雄訳）2016『ユーラシアニズム―ロシア新ナショナリズムの台頭―』NHK 出版。

小泉直美 2023「なぜロシアはウクライナを侵攻したのか」宮脇昇編『ウクライナ侵攻はなぜ起きたのか―国際政治の視点から―』早稲田大学出版部。

小泉悠 2022a『ウクライナ戦争』ちくま新書。

小泉悠 2022b「米中対立とロシア―安全保障面における『問題としての中国』と『パートナーとしての中国』―」『国際安全保障』第 50 巻第 2 号、56〜73 頁。

佐橋亮 2021『米中対立―アメリカの戦略転換と分断される世界―』中公新書。

佐俣紀仁 2021「世界保健機関（WHO）の権限とアカウンタビリティ―国際保健規則（IHR）緊急委員会の透明性改革の課題―」『国際法外交雑誌』第 120 巻第 1・2 号、87〜97 頁。

塩川伸明編 2023『ロシア・ウクライナ戦争―歴史・民族・政治から考える―』東京堂出版。

下斗米伸夫 2004『アジア冷戦史』中央公論新社。

首相官邸 2023「岸田内閣総理大臣記者会見」9 月 13 日。

首藤もと子 2018「ASEAN と国連―補完的関係の進展と地域ガバナンスの課題―」グローバル・ガバナンス学会編『グローバル・ガバナンス学 II』法律文化社。

庄司真理子 2024「研究ノート―国連におけるアカウンタビリティと責任概念―」『敬愛大学国際研究』第 37 号、41〜64 頁。

末澤恵美 2000「ウクライナにおける予防外交」吉川元編『予防外交』三嶺書房、247〜262 頁。

鈴木早苗 2023「ASEAN のミャンマーへの関与とその変化」『アジア研究』第 69 巻第 3 号、71〜83 頁。

総務省 2023「G7 広島 AI プロセス　G7 デジタル・技術閣僚声明」9 月 7 日。

大道寺隆也 2023「EU のウクライナ避難民対応―人道主義とその陥穽―」『青山法学論集』第 65 巻、49〜72 頁。

高橋杉雄編 2023『ウクライナ戦争はなぜ終わらないのか―デジタル時代の総力戦―』文春新書。

玉井雅隆 2014『CSCE 少数民族高等弁務官と平和創造』国際書院。

玉井雅隆 2021『OSCE の多角的分析』志學社。

千々和泰明 2019「戦争終結の理論―平和の回復をめぐるジレンマ―」『国際政治』第 195 号、59〜74 頁。

独立行政法人国際協力機構 2022『アフリカ地域公共サービスのデジタル化にかかる情報収集・確認調査ファイナルレポート（G5 サヘル諸国）』。

中岡大記 2018「国際機構ガバナンスの理念型―参加とアカウンタビリティを手掛かりとして―」『公共政策研究』第 18 巻、115〜127 頁。

中川淳司 2022『国際経済ルールの戦略的利用を学ぶ』文真堂。

中西嘉宏 2022『ミャンマー現代史』岩波書店。

中野潤也 2005「ロシアの OSCE 政策の変遷とその要員」『外務省調査月報』第 3

　　号、35〜57頁。

中村登志哉 2006『ドイツの安全保障政策―平和主義と武力行使―』一藝社。

中村登志哉 2013「ドイツの安全保障規範の変容―1999 - 2011年の海外派兵政策
　　―」『言語文化論集』第35巻第1号、105〜124頁。

中村登志哉 2021「メルケル外交の16年―ドイツに繁栄と安定をもたらしたプラグ
　　マティズム―」『外交』vol. 70、114〜119頁。

中村登志哉 2023a「シビリアンパワー・モデルの修正か終焉か―ウクライナ戦争に
　　苦悩するドイツ―」『Security Studies 安全保障研究』第5巻第1号、1〜18頁。

中村登志哉 2023b「理念としての多国間主義―ドイツ外交のプラグマティズム―」
　　村田晃嗣編『外交と戦略』彩流社。

中村長史 2021「新しい戦争からの出口の条件―二層ゲーム論の発展による撤退決
　　定過程の解明―」『年報政治学』2021 - II号、234〜256頁。

中村長史 2023「序論　出口戦略研究の現在―必要性・困難性・可能性―」『国際安
　　全保障』第51巻第1号、1〜18頁。

中山裕美 2020「日常的に越境移動する人々をめぐる政治的実践―南部アフリカに
　　おける事例から―」松尾昌樹・森千賀子編『グローバル関係学6　移民現象の
　　新展開』岩波書店。

日欧産業協力センター 2022『欧州デジタル政策―EU Policy Insights―』。

野町素己 2020「燻り続けるブルガリア語・マケドニア語問題は解決するか―最近
　　の論争とその背景―」『研究員の仕事の前線』北海道大学スラブ・ユーラシア
　　研究センター。

蓮生郁代 2012『国連行政とアカウンタビリティーの概念―国連再生への道標―』東
　　信堂。

蓮生郁代 2016「国連安保理改革とアカウンタビリティーの概念の歴史的変容―プ
　　ラグマティックな多元的統制メカニズムの構築へ―」『国際政治』第185号、
　　126〜140頁。

長谷部恭男 2023「それでも安保法制は違憲である」『世界』8月号、132〜143頁。

浜由樹子 2010『ユーラシア主義とは何か』成文社。

東大作 2023『ウクライナ戦争をどう終わらせるか―「和平調停」の限界と可能性
　　―』岩波新書。

ビトリア（佐々木孝訳）1993『人類共通の法を求めて』岩波書店。

廣野美和編 2021『一帯一路は何をもたらしたのか―中国問題と投資のジレンマ―』
　　勁草書房。

廣野美和 2023「中国によるミャンマーへの関与―不干渉原則の現実と認識―」『ア
　　ジア研究』第69巻第3号、55〜70頁。

福田耕治編著 2009『EUとグローバル・ガバナンス』早稲田大学出版部。

福田耕治編著 2016『EU・欧州統合研究―BREXIT以後の欧州ガバナンス―　改訂

版』成文堂。

福田耕治 2021a「EU の戦略的自律性と欧州ガバナンス―ブレグジット・新型コロ
　　ナ危機以後の現状と課題―」『JFIR World Review』第 4 号、104～113 頁。

福田耕治 2021b「新型コロナ危機と EU 統合―感染症制御と経済復興のマルチレベ
　　ルガバナンス―」『グローバル・ガバナンス』第 7 号、46～63 頁。

福田耕治 2023a「EU のデジタル・プラットフォーム政策と SDGs」福田耕治編著
　　『EU・欧州統合の新展開と SDGs』成文堂、13～42 頁。

福田耕治 2023b「ウクライナ戦争をめぐる EU の政策対応と課題」『公益学研究』第
　　23 巻第 1 号、13～26 頁。

ブザン、バリー（大中真他訳）2017『英国学派入門―国際社会論へのアプローチ
　　―』日本経済評論社。

藤原帰一 1998「世界戦争と世界秩序―20 世紀国際政治への接近―」東京大学社会
　　科学研究所編『20 世紀システム 1　構想と形成』東京大学出版会。

フランツ、エリカ（上谷直克・今井宏平・中井遼訳）2021『権威主義―独裁政治の
　　歴史と変貌―』白水社。

ブル、ヘドリー（臼杵英一訳）2000『国際社会論―アナーキカル・ソサイエティ―』
　　岩波書店。

細谷雄一 2023「ロシア＝ウクライナ戦争とイギリスの対応、2014 - 2023 年」SSDP
　　安全保障・外交政策委研究会。

眞嶋俊造 2011「戦争後の正義（jus post bellum）構築への試論―アメリカの対日軍
　　事占領を例として―」『社会と倫理』第 25 号、255～266 頁。

益尾知佐子 2022「中国とユーラシア諸国との『相互信頼』―中国的信頼醸成の理
　　想と限界―」『国際安全保障』第 50 巻第 3 号、33～50 頁。

益田実・山本健編著 2019『欧州統合史―二つの世界大戦からブレグジットまで―』
　　ミネルヴァ書房。

松里公孝 2021「シリア戦争とロシアの世界政策」『スラヴ研究』第 68 号、1～105 頁。

松里公孝 2023『ウクライナ動乱―ソ連解体から露ウ戦争まで―』ちくま新書。

松村史紀 2011「東アジア地域の立体像をめざして―国際政治学のなかの近代と現
　　代―」同他編著『東アジア地域の立体像と中国』早稲田大学現代中国研究所。

松村史紀 2013「二つの中ソ同盟の比較考察（1945～1950）」『アジア太平洋討究』
　　第 19 号、71～87 頁。

松村史紀 2014「中ソ共同防衛体制再考（1949～54）―東アジアにおける同盟の東
　　西比較―」『アジア太平洋討究』第 23 号、289～304 頁。

松村史紀 2015「未熟な中ソ分業体制（1949～1954 年）―世界労連アジア連絡局を
　　手がかりに―」『アジア研究』第 61 巻第 1 号、38～54 頁。

松村史紀 2017「ソ連の対中国政策―核分有体制の蹉跌（1955～60 年）―」臼井実
　　稲子・奥迫元・山本武彦編著『経済制裁の研究―経済制裁の政治経済学的位置

づけ―』志学社。

真野森作 2018『ルポ　プーチンの戦争―「皇帝」はなぜウクライナを狙ったのか
　　―』筑摩書房。

宮脇昇 2003『CSCE 人権レジームの研究　ヘルシンキ宣言は冷戦を終わらせた』国
　　際書院。

宮脇昇 2007「OSCE の現地調査団」『国際法外交雑誌』第 106 巻第 2 号、23～
　　51 頁。

宮脇昇 2023「OSCE の機能」広瀬佳一・小久保康之編『現代ヨーロッパの国際政
　　治』法律文化社。

百瀬宏・植田隆子編 1992『欧州安全保障協力会議』日本国際問題研究所。

山影進 1991『ASEAN―シンボルからシステムへ―』東京大学出版会。

山川卓 2019『マイノリティ保護のクロアチア政治史―ネイション化とヨーロッパ
　　化の弁証法―』晃洋書房。

山添博史 2023「ロシアの古典的な大国構想―遠のく『勢力圏』―」増田雅之編著
　　『大国間競争の新常態』インターブックス。

山本直 2001「EU 東方拡大過程の胎動とフランス・ミッテラン政権―歴史的制度論
　　の視点から―」『同志社法学』第 53 巻 1 号、223～264 頁。

山本直 2020「EU の予算」鷲江義勝編著『EU 欧州統合の現在　第 4 版』創元社。

山本直 2023『オルバンのハンガリー―ヨーロッパ価値共同体との相剋―』法律文
　　化社。

湯浅剛 2015『現代中央アジアの国際政治―ロシア・米欧・中国の介入と新独立国
　　の自立―』明石書店。

リチャードソン、ヒュー 2009「Smartening the EU's soft power」福田耕治編著
　　『EU とグローバル・ガバナンス』早稲田大学出版部。

若狭彰室 2023「Jus Post Bellum と出口戦略」『国際安全保障』第 51 巻第 1 号、58
　　～75 頁。

渡邊啓貴 1996「西欧国民国家の変容と欧州統合」萬田悦生編著『現代政治の展望』
　　ナカニシヤ出版。

渡邊啓貴 2006『ポスト帝国』駿河台出版。

渡邊啓貴 2008『米欧同盟の協調と対立』有斐閣。

渡邊啓貴 2019「ベルリンの壁崩壊三十年、岐路に立つ欧州―ロシアに接近するマ
　　クロン仏大統領の思惑―」『外交』vol. 58、54～59 頁。

渡邊啓貴 2021「多極化時代の戦略的自立を模索する EU」『海外事情』9～10 月号、
　　64～85 頁。

渡邊啓貴 2022a「ヨーロッパの『グローバル戦略』の中のユーラシア外交」渡邊啓
　　貴監修、日本国際フォーラム編『ユーラシアダイナミズムと日本』中央公論
　　新社。

渡邊啓貴 2022b「不透明な時代の欧州『世界戦略』を模索する―ウクライナ危機を
めぐる欧州安全保障体制―」『月刊　世界と日本』第 1336〜1337 号、1〜12 頁。

渡邊啓貴 2023「44 か国の元首が一堂に会す／欧州の結束へ新たな試み」『エコノ
ミスト』2 月 7 日、34〜35 頁。

渡部恒雄・長島純・熊野英生・田中理・柏村祐 2022『デジタル国家ウクライナは
ロシアに勝利するか』日経 BP。

和仁健太郎 2022「ロシアによるウクライナ軍事侵攻の合法性と国際社会の対応」
『国際問題』No. 710、15〜24 頁。

JETRO 2022「カナダ、COP15 で日米など 6 カ国と重要鉱物アライアンス形成を
発表」12 月 15 日。

JETRO 2023「ビジネス短信 2022 年の中ロ貿易は輸出入とも 2 桁増、貨物自動車
などでロシアが最大の輸出先に」2 月 13 日。

【欧語文献】

Acharya, Amitav. 2001. *Constructing a Security Community in Southeast Asia:*
ASEAN and the problem of regional order, London and New York: Routledge.

Adepoju, Aderanti, Femke Van Noorloos, and Annelies Zoomers. 2010. "Europe's
Migration Agreements with Migrant-Sending Countries in the Global South:
A Critical Review," *International Migration*, vol. 48, no. 3, pp. 42–75.

Amoore, Louise. 2006. "Biometric Borders: Governing Mobilities in the War on
Terror," *Political Geography*, vol. 25, no. 3, pp. 336–351.

Andersen, Morten Skumsrud and Ole Jacob Sending. 2011. "Accountability in the
United Nations," *Working Paper*, no. 785, Centre for Global Governance, Nor-
wegian Institute of International Affairs.

Anghel, Suzana, Beatrix Immenkamp, Elena Lazarou, Jerôme Leon Saulnier and
Alex Benjamin Wilson. 2020. *'On the Path to 'Strategic Autonomy'. The EU in*
an Evolving Geopolitical Context,' European Parliamentary Research Service.

ARD-Deutschland Trend. 2023. *Deutsche beim Thema "Leopard" gespalten*, Tages-
schau, infratest dimap, 19 Januar.

ASEAN Secretariat. 2011. "Chair's Statement of the 18th ASEAN Summit," 7–8
May.

Association of the Bar of the City of New York and The Center for Human Rights
and Global Justice. 2004. *Torture by Proxy: International and Domestic Law Ap-*
plicable to "Extraordinary Renditions," Center for Human Rights and Global
Justice.

Auswärtiges, Amt. 2023. "Wehrhaft. Resilient. Nachhaltig - Integrierte Sicherheit:
für Deutschland," Juni.

Barker, T. 2020. "Europe Can't Win the Tech War It Just Started," *Foreign Policy* (on-line).

Barry, Robert L. 2000. "After the Bombing: The OSCE in the Aftermath of the Kosovo Crisis," IFSH ed., *OSCE Yearbook 1999*, Baden-Baden, pp. 49–57.

Bartolini, Stefano. 2005. *Restruturing Europe*, New York: Oxford University Press.

Bass, Gary. 2004. "Jus Post Bellum," *Philosophy and Public Affairs,* vol. 32, no. 4, pp. 384–412.

Basso, Davide. 2022. "Macron says 'European political community' no substitute to enlargement," *EURACTIV*, 20 May.

Borrell, Joseph. 2021. "European Foreign Policy in Times of Covid-19," *Groupe d'Études Géopolitiques*, May 5.

Bradford, Anu. 2020. *The Brussels Effect: How the European Union Rules the World*, New York: Oxford University Press. (庄司克宏監訳 2022『ブリュッセル効果・EU の 覇権戦略』白水社)

Brown, Oli, et al. 2023. "The Consequences of Russia's War on Ukraine for Climate Action, Food Supply and Energy Security," *Research Paper*, London: Royal Institute of International Affairs.

Brzozowski, Alexandra. 2022. "Ukraine, Moldova should get EU candidate status, Georgia might need to wait, EU executive says," *EURACTIV*, 17 June.

Brzozowski, Alexandra. 2023. "EU spells out 'homework' for Ukraine, Moldova, Georgia – and for itself," *EURACTIV*, 23 June.

Brzozowski, Alexandra, Davide Basso and Eleonora Vasques. 2022. "Macron teases alternative to EU enlargement," *EURACTIV*, 10 May.

Bundeskanzler Olaf Scholz. 2022. Twitter, 26 Februar.

Bundesregierung. 2022. "Regierungserklärung von Bundeskanzler Olaf Scholz am 27. Februar 2022." (ドイツ外務省による日本語（仮訳)「ショルツ首相 連邦議会演説（2022 年 2 月 27 日)」)

Burwell, Frances G. and Kenneth Propp. 2022. *Digital Sovereignty in Practice: The EU's Push to Shape the New Global Economy*, Atlantic Council.

Byrne, James, Joseph Byrne and Gary Somerville. 2023. "The Orient Express: North Korea's Clandestine Supply Route to Russia," London: Royal United Services Institute, October 16.

C3S. 2023. "2023 on track to be the hottest year ever. What's next?" Royal United Services Institute, October 24.

Cave, Damien, Mujib Mashal and David Pierson. 2023. "Can India Challenge China for Leadership of the 'Global South?" *The New York Times*, September. 12.

CEOBS. 2021. "The Military's Contribution to Climate Change," June 16.

CEOBS. 2022. *A Framework for Military Greenhouse Gas Emissions Reporting: Military Emissions Gap*, June.

Chubb, Andrew. 2020/21. "PRC Assertiveness in the South China Sea Measuring Continuity and Change, 1970–2015," *International Security*, vol. 45, no. 3, pp. 79–121.

Cikra, Mina, Emile G. Bruneau, and Rebecca R. Saxe. 2011. "Us and them: Intergroup failures of Empathy," *Current Directions in Psychological Science*, vol. 20, no. 3, pp. 149–153.

Copley, Michael. 2022. "A Decade into Tariffs, US Solar Manufacturing is Still Deep in Asia's Shadow," S&P Global, May 23.

Council of the European Union. 2022. "Implementing Decision (EU) 2022/382 of 4 March 2022 establishing the existence of a mass influx of displaced persons from Ukraine within the meaning of Article 5 of Directive 2001/55/EC, and having the effect of introducing temporary protection," OJ L 71, 4 March, pp. 1–6.

Crawford, Neta C. 2019. "Pentagon Fuel Use, Climate Change, and the Costs of War," Watson Institute, Brown University, June 12.

Cui, Shunji and Barry Buzan. 2016. "Great Power Management in International Society," *Chinese Journal of International Politics*, vol. 9, no. 2, pp. 181–210.

Cui, Shunji and Barry Buzan. 2019. "Securitization and the Merger of Great Power Management and Global Governance: The Ebola Crisis," *Analyses & Alternatives*, vol. 3, no. 1, pp. 29–61.

Dempsey, Judy. 2012. "Einsatz für Europas Werte – Demokratie und Menschenrechte: Berlins Führung wird dringend gebraucht," *Internationale Politik*, Nr.3, S.32–39.

Department of Defence. 2018. *National Defence Strategy of the United States*.

Department of State. 2017. *National Security Strategy of the United States*.

Deutsche Welle. 2022. "Germany seeks less China reliance after Russia 'mistake'," *DW*, 22 November.

Diamond, Larry. 2019. "Democracy Demotion: How the Freedom Agenda Fell Apart," *Foreign Affairs*, vol. 98, no. 4, pp. 17–25.

Dijstelbloem, Huub, Albert Meijer and Michiel Besters. 2011. "The Migration Machine," in Huub Dijstelbloem and Albert Meijer eds., *Migration and the New Technological Borders of Europe*, Hampshire: Palgrave Macmillan.

Donko, Kamal, Martin Doevenspeck and Uli Beisel. 2022. "Migration Control, the Local Economy and Violence in the Burkina Faso and Niger Borderland,"

Journal of Borderlands Studies, vol. 37, no. 2, pp. 235–251.

Duque, Marina G. 2018. "Recognizing International Status: A Relational Approach," *International Studies Quarterly*, vol. 62, pp. 577–592.

Easterday, Jennifer S., Jens Iverson, Carsten Stahn. 2014. "Exploring the Normative Foundations of Jus Post Bellum: An Introduction," Carsten Stahn, Jennifer S. Easterday, Jens Iverson, eds., *Jus Post Bellum: Mapping the Normative Foundations*, New York: Oxford University Press.

EEAS (European External Action Service). 2023. *ANNUAL PROGRESS REPORT on the Implementation of the Strategic Compass for Security and Defence*, March.

Emmanuel Amiot, Ivan Palencia, Augusto Baena, and Charles de Pommerol. 2020. *European Digital Sovereignty*, OLIVER WYMAN.

Emmerson, Donald K. ed., 2021. *The Deer and the Dragon, Southeast Asia and China in the 21ˢᵗ Century*, Singapore: ISEAS Publishing.

EPCS. 2019. "Rethinking Strategic Autonomy in the Digital Age," *Foreign Policy*, July.

European Commission. 2019. *A Europe fit for the digital age, Priorities 2019–2024*.

European Commission. 2020. *The European Union's Digital Strategy*.

European Commission. 2021a. Trade Policy Review, An Open, Sustainable and Assertive Trade Policy, COM 2021 66 final, Brussels, February 18.

European Commission. 2021b. *2030 Digital Compass: The European Way for the Digital Decade*, March.

European Commission. 2022a. "EU's response to the war in Ukraine," *Flash Eurobarometer*, no. 506.

European Commission. 2022b. COMMUNICATION FROM THE COMMISSION TO THE EUROPEAN PARLIAMENT, THE EUROPEAN COUNCIL AND THE COUNCIL Commission Opinion on Ukraine's application for membership of the European Union, COM 407 final, Brussels, June 17.

European Commission. 2023a. COMMISSION STAFF WORKING DOCUMENT Analytical Report following the Communication from the Commission to the European Parliament, the European Council and the Council Commission Opinion on Ukraine's application for membership of the European Union, SWD 30 final, Brussels, February 1.

European Commission. 2023b. Proposal for a REGULATION OF THE EUROPEAN PARLIAMENT AND OF THE COUNCIL on establishing the Ukraine Facility, COM 338 final, Brussels, June 20.

European Commission. 2023c. DRAFT The Union's annual budget for the 2024 financial year: General statement of expenditure, COM 300 final, July 5.

European Commission. 2023d. "State of the Energy Union 2023: EU Responds Effectively to Crisis, Looks to the Future, and Accelerates the Green Transition," October 24.

European Commission/EACEA/Eurydice. 2022. "Supporting refugee learners from Ukraine in schools in Europe," *Eurydice Report*.

European Council. 2019. *EU Strategic Agenda*.

European Council. 2022. "The Versailles declaration," 10 and 11 March.

European Council on Refugees and Exiles. 2023. "Information sheet: Measures in response to the arrival of displaced people fleeing the war in Ukraine," 31 March.

European Parliament. 2020. "Digital sovereignty for Europe," *EPRS Ideas Paper*, July.

European Parliamentary Research Service (EPRS), Strategic Foresight and Capabilities Unit: Mario Damen. 2022. *EU Strategic Autonomy Monitor: From concept to capacity*, July.

European Union Agency for Asylum. 2023. "Providing temporary protection to displaced persons from Ukraine: A year in review," Situation Analysis.

Falkner, Robert. 2023. "Weaponised Energy and Climate Change: Assessing Europe's Response to the Ukraine War," *LSE Public Policy Review* vol. 3, no. 1, pp. 1–8.

Feng, Huiyun and Kai He. 2020. *China's Challenges and International Order Transition: Beyond "Thucydides's Trap,"* Ann Arbor, MI: University of Michigan Press.

FEPS Policy Brief. 2021. *An Architecture Fit For Strategic Autonomy*, November.

FEPS Policy Brief. 2022. *Partnerships and European Strategy Autonomy: How to turn them into a win-win approach*, July.

FEPS Policy Brief. 2023a. *Progressive Pathway to European Strategic Autonomy*, March.

FEPS Policy Brief. 2023b. *A Five-points Agenda for How Development Cooperation can support the EUs Strategic Autonomy*, March.

Fiott, Daniel. 2018. "Strategic autonomy: towards 'European sovereignty' in defence?" *BRIEF EUISS*, December.

Fiott, Daniel. ed., 2021. "European Sovereignty: Strategy and Interdependence," *Chaillot Paper*, 169, July.

Floridi, Luciano. 2020. "The Fight for Digital Sovereignty: What It Is, and Why It Matters, Especially for the EU" *Philosophy & Technology*, vol. 33, pp. 369–378.

Fowler, Michael and Sumihiro Kuyama. 2009. *Envisioning Reform: Enhancing UN Accountability in the 21st Century*, Tokyo, New York, Paris: United Nations

University Press.

Fox, John and Francois Godement. 2009. *A Power Audit of EU-China Relations,* ECFR (European Council on Foreign Relations), Asia Center, April.

Friedberg, Aaron L. 2022. *Getting China Wrong,* Cambridge: Polity Press.

FRONTEX. 2017. "Frontex Launches Capacity Building Project for Africa during AFIC Meeting."

FRONTEX. 2018. "Frontex Opens First Risk Analysis Cell in Niger."

FRONTEX. 2023. "EU's External Borders in 2022: Number of Irregular Border Crossings Highest since 2016."

Gaiduk, Ilya V. 2011. "The Second Front of the Soviet Cold War: Asia in the System of Moscow's Foreign Policy Priorities, 1945–1956," in Tsuyoshi Hasegawa ed., *The Cold War in East Asia 1945–1991,* Stanford: Stanford University Press, pp. 63–80.

Gilpin, Robert. 1981. *War and Change in World Politics,* Cambridge: Cambridge University Press.

Goemans, H.E. 2000. *War & Punishment: The Causes of War Termination and the First World War,* Princeton, NJ: Princeton University Press.

Götz, Elias and Camille-Renaud Merlen. 2018. "Russia and the Question of World Order," *European Politics and Society,* vol. 20, no. 2, pp. 1–21.

Government of Lithuania. 2023. "Lithuania, Latvia and Estonia have joined the G7 Declaration of Support for Ukraine," A Joint statement of prime ministers of Lithuania, Latvia and Estonia, 17 August.

Graf, Timo. 2022. *Zeitenwende im sicherheits- und verteidigungspolitischen Meinungsbild: Ergebnisse der ZMSBw-Bevölkerungsbefragung 2022,* Forschungsbericht 133, Zentrum für Militärgeschichte und Sozialwissenschaften der Bundeswehr.

Grant, Ruth W. and Robert O. Keohane. 2005. "Accountability and Abuses of Power in World Politics," *The American Political Science Review,* vol. 99, no. 1, pp. 29–43.

Grevi, Giovanni. 2020. "Fostering Europe's Strategic Autonomy A question of purpose and action," EPC (European Policy Centre), December.

Gross, Michael L. 2010. *Moral Dilemmas of Modern War: Torture, Assassination, and Blackmail in an Age of Asymmetric Conflict,* New York: Cambridge University Press.

Gusev, Radmir A. 2020. "Political Accountability: a retrospective approach," *Journal of Society and the State,* no. 2 (7).

Haas, Hein de. 2008. "The Myth of Invasion: The Inconvenient Realities of African Migration to Europe," *Third World Quarterly,* vol. 29, no. 7, pp. 1305–

1322.

Hadi, Syamsul. 2014. "The Dispute of Ambalat in the Perspective of Indonesian Foreign Policy in the Post-New Order Era," *Indonesian Journal of International Law*, vol. 12, no. 1, pp. 1–20.

Harnisch, Sebastian, Hanns W. Maull, eds., 2001. *Germany as a Civilian Power? The foreign policy of the Berlin Republic*, Manchester: Manchester University Press.

Harman, Sophie. 2012. *Global Health Governance*, Oxon: Routledge.

Hart, Melanie and Blaine Johnson. 2019. *Mapping China's Global Governance Ambitions: Democracies Still Have Leverage to Shape Beijing's Reform Agenda*, Center for American Progress.

Hathaway, Oona and Scott Shapiro. 2017. *The Internationalists: How A Radical Plan to Outlaw War Remade the World*, New York: Simon & Schuster.

He, Kai. 2023. "China's institutional responses to the Backlash against the Liberal International Order," Kusano and Katsumata eds., *Non-Western Nations and the Liberal International Order: Responding to the Backlash in the West*, Oxon: Routledge.

He, Kai and Huiyun Feng. 2022. "Role status and status-saving behaviour in world politics: the ASEAN case," *International Affairs,* vol. 98, no. 2, pp. 363–381.

Holsti, K. J. 2014. *Taming the Sovereigns: Institutional Change in International Politics*, Cambridge: Cambridge University Press.

Hudec, Michal. 2022. "Slovakia to secure eastern border, promises solidarity with Ukrainians," *Euractiv*, 25 February.

Human Rights Watch. 2023a. "Landmine Use in Ukraine," 13 June.

Human Rights Watch. 2023b. "Ukraine: Civilian Deaths from Cluster Munitions," 6 July.

Hungary Today. 2022. "PM Orbán: All refugees from Ukraine taken care of in Hungary," 4 March.

Huysmans, Jef. 2000. "The European Union and the Securitization of Migration," *Journal of Common Market Studies*, vol. 38, no. 5, pp. 751–777.

International Commission on Intervention and State Sovereignty. 2001. *The Responsibility to Protect: Report of the International Commission on Intervention and State Sovereignty*, Ottawa: International Development Centre.

ICMPD. 2022. *Fine-Grained: Exploring the Link between Food Security and Migration in Tunisia*, Vienna: ICMPD.

IEA. 2022a. "A 10-Point Plan to Reduce the European Union's Reliance on Russian Natural Gas," March.

IEA. 2022b. "Russia," March 24.

IEA. 2022c. "The World Needs More Diverse Solar Panel Supply Chains to Ensure a Secure Transition to Net Zero Emissions," July 7.

IEA. 2023. *CO$_2$ Emissions in 2022*, March.

Ikenberry, John G. 2001. *After Victory : Institutions, Strategic Restraint, and the Rebuilding of Order After Major Wars*, Princeton, NJ: Princeton University Press.

Ikenberry, John G. 2011. *Liberal Leviathan: The Origins, Crisis, and Transformation of the American World Order*, Princeton, NJ: Princeton University Press.

Ikenberry, John G. 2018. "The End of Liberal International Order?" *International Affairs*, vol. 94, no. 1, pp. 7–23.

Ikenberry, John G. 2022. "The Real Liberal Bet," *Foreign Affairs*, vol. 101, no. 2, pp. 172–175.

Ikle, Fred Charles. 1971/2005. *Every War Must End*, New York: Columbia University Press.

IMCCS. 2022. *Decarbonized Defense: The Need for Clean Military Power in the Age of Climate Change*, June.

Initiative on GHG accounting of war. 2023. *Climate Damage Caused by Russia's War in Ukraine: 24 February 2022 – 23 February 2023*, June 1.

INTERPOL/ICPO. 2022. *WAPIS Newsletter*, no. 21, December.

INTERPOL/ICPO. n.d. "Strengthening Exchange of Police Information in West Africa."

IOM. 2004. *Migration*, December.

IOM. 2009. *Border Management and the Role of IOM* (SCPF/38).

IOM. 2018. *IOM and Biometrics*, November.

IOM. 2022. "Ukraine response 2022: Poland site profile: Hala Kijowska Trade and Storage Center 'Mlyny'," 18 March.

IOM. 2023. "Access to labour markets and employment in Europe for refugees from Ukraine," *IOM Report*.

IPCC. 2023. "Summary for Policymakers," in *Climate Change 2023: Synthesis Report, Contribution of Working Groups I, II and III to the Sixth Assessment Report of the Intergovernmental Panel on Climate Change* [Core Writing Team, H. Lee and J. Romero eds.]. IPCC, Geneva, Switzerland.

IRENA. 2023a "Power Generation Costs (2022 USD/kWh)."

IRENA. 2023b "Diversifying Critical Material Supply Chains Minimises Geopolitical Risks," July 12.

Iverson, Jens. 2021. *Jus Post Bellum: The Rediscovery, Foundations, and Future of the Law of Transforming War into Peace*, New York: Martinus Nijhoff.

Jackson, Robert. 2000. *The Global Covenant: Human Conduct in a World of States*, New York: Oxford University Press.

Jasper, Scott. 2020. *Russian Cyber Operations: Coding the Boundaries of Conflict*, Washington, DC: Georgetown University Press. （川村幸城訳 2023『ロシア・サイバー侵略』作品社）

Johnston, Alastair Iain. 2019a. "The Failures of the 'Failure of Engagement' with China," *Washington Quarterly*, vol. 42, no. 2, pp. 99–114.

Johnston, Alastair Iain. 2019b. "China in a world of orders," *International Security*, vol. 44, no. 2, pp. 9–60.

Juels, Ari, David Molnar, and David Wagner. 2005. "Security and Privacy Issues in e-passports," *First International Conference on Security and Privacy for Emerging Areas in Communications Networks*. IEEE, pp. 1–14.

Juncos, Ana E. and Nieves Pérez-Solórzano Borragán. 2022. "Enlargement," Michelle Cini and Nieves Pérez-Solórzano Borragán eds., *European Union Politics 7th edition*, New York: Oxford University Press.

Kagan, Robert. 2022. "The Price of Hegemony: Can America Learn to Use Its Power?" *Foreign Affairs* (online), April 6.

Kamiński, Michał. 2022. "Minister Kamiński: We will show solidarity and support to all our Ukrainian brothers," Ministry of the Interior and Administration of Poland, 24 February.

Kastner, Scott L., Margaret M. Pearson and Chad Rector. 2019. *China's Strategic Multilateralism: Investing in Global Governance*, Cambridge: Cambridge University Press.

Katsumata, Hiro. 2009. *ASEAN's Cooperative Security Enterprise: Norms and Interests in the ASEAN Regional Forum*, London: Palgrave Macmillan.

Kc, Gaurav S., and Paul A. Karger. 2005. "Preventing Attacks on Machine Readable Travel Documents (MRTDs)," *Cryptology ePrint Archive*, no. 404.

Keating, Vincent Charles. 2014. "Contesting the International Illegitimacy of Torture: The Bush Administration's Failure to Legitimate its Preferences within International Society," *British Journal of Politics and International Relations*, vol. 16, no. 1, pp. 1–27.

Kent, Ann. 2007. *Beyond Compliance: China, International Organizations, and Global Security*, Stanford: Stanford University Press.

Keohane, Robert O. 2003. "The Concept of Accountability in World Politics and the Use of Force," *Michigan Journal of International Law*, vol. 24, no. 4, pp. 1121–1141.

Kim, Samuel S. 1979. *China, the United Nations and World Order*, Princeton, NJ:

Princeton University Press.

Kim, Samuel S. 1999. "China and the United Nations," Elizabeth Economy and Michel Ocsenberg eds., *China Joins the World: Progress and Prospects*, New York: Council on Foreign Relations Press.

Koslowski, Rey. 2008. "Global Mobility and the Quest for an International Migration Regime," Joseph Chamie and Luca Dall'Oglio eds., *Migration and Development Continuing the Dialogue: Legal and Policy Perspectives*, Geneva: IOM.

Krickovic, Andrej. 2023. "Russia's Greater Eurasia Project as a 'Third-way' alternative to Western Liberal order," Kusano and Katsumata eds., *Non-Western Nations, and the Liberal International Order: Responding to the Backlash in the West*, Oxon: Routledge.

Ku, Charlotte and Harold K. Jacobson. 2003. *Democratic Accountability and the Use of Force in International Law*, Cambridge: Cambridge University Press.

Lake, David A., Lisa L. Martin, and Thomas Risse. 2021. "Challenges to the Liberal Order: Reflections on International Organization," *International Organization*, vol. 75, pp. 225–257.

Lanteigne, Marc. 2020. *Chinese Foreign Policy: An Introduction Forth Edition*, London: Routledge.

Larson, Deborah Welch and Alexei Shevchenko. 2010. "Status Seekers: Chinese and Russian responses to US primacy," *International Security*, vol. 34, no. 4, pp. 63–95.

Lehtonen, Pinja and Pami Aalto. 2017. "Smart and Secure Borders through Automated Border Control Systems in the EU? The Views of Political Stakeholders in the Member States," *European Security*, vol. 26, no. 2, pp. 207–225.

Leppert, Rebecca. 2022. "How exactly do countries join the EU?" Washington, DC: Pew Research Center, 26 July.

Lieberthal, Kenneth and Wang Jisi. 2012. *Addressing U.S.-China Strategic Distrust*, Washington, DC: Brookings Institution.

Lippert, Barbara, Nicolai von Ondarza and Volker Perthes eds., 2019. *European Strategic Autonomy: Actors, Issues, Conflicts of Interests*, SWP Research Paper.

Longhurst, Kerry. 2004. *Germany and the use of force: the revolution of German security policy 1990–2003*, Manchester: Manchester University Press.

Lührmann, Anna and Staffan I. Lindberg. 2019. "A Third Wave of Autocratization Is Here: What Is New about It?" *Democratization*, vol. 26, no. 7, pp. 1095–1113.

Lyon, David. 2011. "The Border is Everywhere: ID cards, Surveillance and the Other," Elia Zureik and Mark B. Salter, *Global Surveillance and Policing: Bor-*

ders, Security, Identity, Oxon: Routledge, pp. 66–96.

Maull, Hanns. 2010. "Germany and the Use of Force: Still a Civilian Power?" *Survival,* vol. 42, no. 2, pp. 56–80.

Maull, Hanns, eds., 2019. *Reluctant Warriors: Germany, Japan, and Their U.S. Alliance Dilemma,* Washington, DC: Brookings Institution Press.

Mauro, Frédéric. 2021. "Europe's Strategic Autonomy: That Obscure Object of Desire," *IRIS Analysis,* no. 13.

Mazarr, Michael J. 2017. "The Once and Future Order: What Comes after Hegemony," *Foreign Affairs,* vol. 96, no. 1, pp. 25–32.

Mazarr, Michael J. 2018. Timothy R. Heath and Astrid Stuth Cevallos, *China and the International Order,* Santa Monica, CA: RAND Corporation.

McGrath, Stephen Keith and Stephen Jonathan Whitty. 2018. "Accountability and responsibility defined," *International Journal of Managing Projects in Business* vol. 11, no. 3, pp. 687–707.

Mearsheimer, John J. 2014. "Why the Ukraine Crisis Is the West's Fault: The Liberal Delusions That Provoked Putin," *Foreign Affairs* (online), August 18.

Mearsheimer, John J. 2018. *The Great Delusion: Liberal Dreams and International Relations,* New Haven: Yale University Press.

Mearsheimer, John J. 2022. "Replies," *Foreign Affairs,* vol. 101, no. 2, pp. 184–188.

Meyer, Berthold. 2001. "Never-Ending Stories? - An Interim Balance of Long-Term Missions," IFSH ed., *OSCE Yearbook 2000,* Baden-Baden, pp. 149–161.

Mileham, Patrick ed., 2020. *Jus Post Bellum: Restraint, Stabilisation and Peace,* Leiden: Brill.

Mishchuk, Zoriana. 2023. "Between vague return prospects and limited employment opportunities: The challenges of Ukraine refugees' labour market integration," Globsec website

Mishchuk, Zoriana and Roman Vlasenko. 2023. "Ukrainian refugees in Visegrad countries: Societal attitudes and challenges of accommodating people fleeing the war," Globsec website.

Morawiecki, Mateusz. 2023. "Prime Minister Mateusz Morawiecki at the summit in Brussels on the security of Poland and Europe," Chancellery of the Prime Minister Republish of Poland, 10 February.

Morris, Justin. 2011. "How Great Is Britain? Power, Responsibility and Britain's Future Global Role," *British Journal of Politics and International Relations,* vol. 13, no. 3, pp. 326–347.

Müller-Ullrich, Burkhard. 2011. "Kultur der militärischen Zurückhaltung," *Deutschlandfunk,* 15.06.

Nakanishi Yumiko. 2023. "Autonomy of the European Union Legal Order and Autonomous Interpretation," *Hitotsubashi Journal of Law and Politics*, vol. 51. February, pp. 1–12.

Nathan, Andrew J. 2016. "China's Rise and International Regimes: Does China Seek to Overthrow Global Norms?," Robert S. Ross and Jo Inge Bekkevold eds., *China in the Era of Xi Jingping: Domestic and Foreign Policy Challenges*, Washington, DC: Georgetown University Press.

Nathan, Andrew J. 2022. "The China Threat in Perspective," *Foreign Affairs*, vol. 101, no. 2.

NATO. 2021. "NATO Climate Change and Security Action Plan," June 14.

NATO. 2022. "NATO Releases its Climate Change and Security Impact Assessment," June 28.

Neo, Han-Foon, Devinaga Rasiah, David Yoon Kin Tong, Chuan-Chin Teo. 2014. "Biometric Technology and Privacy: A Perspective from Tourist Satisfaction," *Information Technology & Tourism*, vol. 14, pp. 219–237.

Nugent, Neill. 2017. *The government and Politics of the European Union 8th edition*, London: Palgrave.

Oberschmidt, Randolf. *Improving the Effectiveness of OSCE Missions: The Cases of Ukraine,* The Hague: Clingendael Institute.

OCHA. 2022. "Ukraine humanitarian crisis," *OCHA Report*, 11 March.

OHCHR. 2022. "Situation of Human Rights in Ukraine in the Context of the Armed Attack by the Russian Federation: 24 February - 15 May 2022," 29 June.

Orend, Brian. 2002. "Justice After War," *Ethics and International Affairs,* vol. 16, no. 1, pp. 43–56.

Organski, A. F. K. 1968. *World Politics,* 2nd ed., New York: Knopf.

Organski, A. F. K., and Jacek Kugler. 1980. *The War Ledger*, Chicago: University of Chicago Press.

OSCE. 2021. *Trends and Observations 2021.*

OSCE. 2023a. "OSCE Chairpersonship of North Macedonia convenes reinforced meeting of the OSCE Permanent Council."

OSCE. 2023b. "Building long-term political support key for restoring Ukraine's territorial integrity, OSCE PA President Kauma says in Prague."

Oudenaren, John V. 2004. "Unipolar Versus Unilateral," Hoover Institution website.

Parkinson, Stuart and Linsey Cottrell. 2022. *Estimating the Military's Global Greenhouse Gas Emissions*, Scientists for Global Responsibility (SGR) and the Conflict and Environment Observatory (CEOBS), November.

President of Russia. 2007. "Speech and the Following Discussion at the Munich Conference on Security Policy," February 10.

President of Russia. 2022. "Joint Statement of the Russian Federation and the People's Republic of China on the International Relations Entering a New Era and the Global Sustainable Development," February 4.

President of Ukraine Official website. 2023. "We need global leadership of democracy - President Volodymyr Zelenskyy's speech at the session of the G7 Summit and Ukraine," May 21.

Presse- und Informationsamt der Bundesregierung. 2023. "Bundesregierung kündigt Lieferung von Leopard-2-Panzern an die Ukraine an, Pressemitteilung," 24, 25 Januar.

Rajaeifar, Mohammad Ali, et al. 2022. "Decarbonize the Military: Mandate Emissions Reporting," *Nature*, November 2.

Reiter, Dan. 2009. *How Wars End*, Princeton, NJ: Princeton University Press.

Renshon, Jonathan. 2016. "Status Deficits and War," *International Organization*, vol. 70, no. 3, pp. 513–550.

Reuter, Jens. 2000. "Kosovo 1998," *OSCE Year book 1999*, Baden-Baden, pp. 183–194.

Richins, Matt T., Manuela Barreto., Anke Karl., and Natalia Lawrence. 2019. "Empathic responses are reduced to competitive but non-competitive outgroups," *Social Neuroscience*, vol. 14, no. 3, pp. 345–358.

Rolland, Nadège. 2020. *China's Vision for a New World Order*, Washington, DC: The National Bureau of Asian Research.

Ross, Robert S and Jo Inge Bekkevold. 2016. "Introduction: China's New Leadership in Domestic and International Politics," Robert S. Ross and Jo Inge Bekkevold eds., *China in the Era of Xi Jingping: Domestic and Foreign Policy Challenges*, Washington, DC: Georgetown University Press.

Salter, A.W. 2015. "Sovereignty as exchange of political property rights," *Public Choice*, no. 165, pp. 79–96.

Salter, Mark B. 2003. *Rights of Passage: The Passport in International Relations*, London: Lynne Rienner Publishers.

Samata, Norihito. 2022. "Resolution establishing the World Bank Accountability Mechanism," *Oxford Public International Law*, OXIO 668.

Saurugger, Sabine. 2013. *Theoretical Approaches to European Integration*, Basingstoke, European Union Series, London: Palgrave Macmillan.

Scharpf, Fritz W. 1988. "The Joint-Decision Trap. Lessons From German Federalism and European Integration," *Public Administration,* vol. 66, no. 2, pp. 239–78.

Scheel, Stephan. 2019. *Autonomy of Migration? Appropriating Mobility within Biometric Border Regimes,* Oxon: Routledge.

Schmitter, Philippe C. 2007. "Political Accountability in 'Real-Existing' Democracies: Meaning and Mechanisms," European University Institute.

Schouten, Ben, and Bart Jacobs. 2009. "Biometrics and their Use in e-passports," *Image and Vision Computing,* vol. 2, no. 3, pp. 305–312.

Seldon, Anthony and Peter Snowdon. 2016. *Cameron at 10: The Verdict,* London: William Collins.

Seah, S. et al. 2020. *The State of Southeast Asia: 2020 Survey Report,* Singapore: ISEAS Yusof Ishak Institute.

Seah, S. et al. 2021. *The State of Southeast Asia: 2021 Survey Report,* Singapore: ISEAS Yusof Ishak Institute.

Seah, S. et al. 2022. *The State of Southeast Asia: 2022 Survey Report,* Singapore: ISEAS Yusof Ishak Institute.

Seah, S. et al. 2023. *The State of Southeast Asia: 2023 Survey Report,* Singapore: ISEAS Yusof Ishak Institute.

Security Council Report. 2022. "Ukraine: Vote on Draft Resolution on Referendums in Ukraine," 30 September.

Shalal, Andrea, Steve Holland and Andrew Osborn. 2021. "Biden warns Putin of sanctions, aid for Ukraine military if Russia invades," *Reuters,* December 8.

Shambaugh, David. 2013. *China Goes Global: the Partial Power,* New York: Oxford University Press.

Shoji, Mariko. 2015. "Global Accountability and Transnational Corporations: The UN Global Compact as the Global Norm," *Journal of East Asia and International Law,* vol. 8, no. 1, pp. 29–45.

Singler, Samuel. 2021. "Biometric Statehood, Transnational Solutionism and Security Devices: The Performative Dimensions of the IOM's MIDAS," *Theoretical Criminology,* vol. 25, no. 3, pp. 454–473.

Stahn, Carsten. 2008. "The Future of Jus Post Bellum," Carsten Stahn, Jann K. Kleffner, eds., *Jus Post Bellum: Towards a Law of Transition from Conflict to Peace,* New York: T.M.C. Asser Press.

Stahn, Carsten and Jann K. Kleffer eds., 2008. *Jus Post Bellum, Towards a Law of Transition from Conflict to Peace,* New York: TMC Asser Press.

Stahn, Carsten and Jennifer S. Easterday and Jens Iverson eds., 2014. *Jus Post Bellum: Mapping the Normative Foundations,* New York: Oxford University Press.

Stahn, Carsten and Jens Iverson eds., 2020. *Just Peace After Conflict: Jus Post Bellum and the Justice of Peace*, New York: Oxford University Press.

Stanley, Elizabeth. 2009. *Paths to Peace: Domestic Coalition Shifts, War Termination and the Korean War*, Stanford, California: Stanford University Press.

Stockholm International Peace Research Institute. 2022. "Trends in International Arms Transfers, 2021."

Stürmer, Stefan, Mark Snyder, Alexandra Kropp, and Birte Siem. 2006. "Empathy-motivated helping: The moderating role of group membership," *Personality and Social Psychology Bulletin*, vol. 32, no. 7, pp. 943–956.

Sutter, Robert G. 2021. *Chinese Foreign Relations: Power and Policy of an Emerging Global Force Fifth Edition*, Maryland: Rowman & Littlefield.

Tajfel, Henri, and John C. Turner. 1979. "An integrative theory of intergroup conflict, Austin et al. eds., *The social psychology of intergroup relations*, California: Brooks/Cole.

Taliaferno, Jeffery. 2004. *Balancing Risks: Great Power Intervention in the Periphery*, Ithaca: Cornell University Press.

Theodorou, Martha. 2021. "INTERVIEW WITH JOSEP BORRELL FON-TELLES, HIGH REPRESENTATIVE OF THE EUROPEAN UNION FOR FOREIGN AFFAIRS AND SECURITY POLICY AND VICE-PRESIDENT OF THE EUROPEAN COMMISSION," Economic and Social Council of Greece.

The White House. 2002. "President Bush Delivers Graduation Speech at West Point," United States Military Academy, June 1.

The White House. 2017. *National Security Strategy of the United States of America*.

The White House. 2022. *National Security Strategy of the United States of America*.

The World Bank. n.d. "Growth Rate, Growth Rate-Russian Federation."

Thomas, Ward. 2001. *The Ethics of Destruction: Norms and Force in International Relations*, Ithaca: Cornell University Press.

Tobin, Liza. 2019. "Xi's Vision for Transforming Global Governance: A Strategic Challenge for Washington and Its Allies," in S.D. McDonald and M.C. Burgoyne eds., *China's Global Influence: Perspectives and Recommendations*, Honolulu: Daniel K. Inouye Asia-Pacific Center for Security Studies.

Tocci, Nathalie. 2021 "European Strategic Autonomy: What It Is, Why We Need It, How to Achieve It," Rome: Istituto Affari Internazionali.

Tolstov, Sergei. 1999. "The Ukraine and the OSCE," *OSCE Yearbook 1999*, Baden-Baden, pp. 105–123.

Turner, John C., Michael A. Hogg, Penelope J. Oakes, Stephen D. Reicher and Margaret S. Wetherell. 1987. *Rediscovering the social group: A self-categorization theory*, Basil Blackwell.

Umland, Andreas. 2021. *SCEEUS Reports on Human Rights and Security in Eastern Europe, no. 3: Achievements and Limitations of the OSCE's Special Monitoring Mission to Ukraine.*

United Nations. 2023. "Risk of Nuclear Weapons Use Higher Than at Any Time Since Cold War, Disarmament Affairs Chief Warns Security Council," Meetings Coverage (SC/15250), 31 March.

United Nations Department of Economic and Social Affairs, Population Division. 2020. *International Migration 2020 Highlights* (ST/ESA/SER.A/452).

United Nations Environment Programme. 2021. *Emissions Gap Report 2021: The Heat Is On: A World of Climate Promises Not Yet Delivered, Executive Summary.*

UNFPA. 2023. *8Billion Lives, INFINITE POSSIBILITIES: the case for life and choices, state of world population 2023.*

UNHCR. 2023. "Education on hold: Addressing barriers to learning among refugee children and youth from Ukraine-challenges and recommendations," *Education Policy Brief.*

United States Department of State, Bureau of Counterterrorism. 2014. *Country Reports on Terrorism 2013.*

United States Department of State, Bureau of Counterterrorism. 2019. *Country Reports on Terrorism 2018.*

United States Department of State, Bureau of Counterterrorism. 2020. *Country Reports on Terrorism 2019.*

V-dem Institute. 2023. *Democracy Report 2023: Defiance in the Face of Autocratization*, Gothenburg, Sweden: V-dem Institute.

Waltz, Kenneth. 1979. *Theory of International Politics*, Illinois: Waveland Press.

Watling, Jack, Oleksandr V Danylyuk and Nick Reynolds. 2023. "Preliminary Lessons from Russia's Unconventional Operations During the Russo-Ukrainian War, February 2022–February 2023," London: Royal United Services Institute, March 29.

Weiss, Jessica Chen and Jeremy L. Wallace. 2021. "Domestic Politics, China's Rise, and the Future of the Liberal International Order," *International Organization*, vol. 75, pp. 635–64.

White, David, Richard I. Kemp, Rob Jenkins, Michael Matheson, A. Mike Burton. 2014. "Passport Officers' Errors in Face Matching," *PloS one*, vol. 9, no. 8, pp. 1–6.

Yang, Suzanne Xiao. 2014. *China in UN Security Council Decision-Making on Iraq: Conflicting Understandings, Competing Preferences*, London: Routledge.

Youde, Jeremy. 2012. *Global Health Governance*, Cambridge: Polity Press.

Youde, Jeremy. 2018. *Global Health Governance in International Society,* New York: Oxford University Press.

Zabrodskyi, Mykhaylo, Jack Watling, Oleksandr V Danylyuk and Nick Reynolds. 2022. "Preliminary Lessons in Conventional Warfighting from Russia's Invasion of Ukraine: February–July 2022," London: Royal United Services Institute, November 30.

Zagorski, Andrei. 2021. "Russia and the OSCE," *OSCE Insights 2021*, pp. 77–83.

Zahran, M. Mounir. 2011. "Accountability Frameworks in the United Nations System," *Joint Inspection Unit,* JIU/REP/2011/5, Geneva: United Nations.

Zeit Online. 2022. 'Ukraine lehnt Besuch von Bundespräsident Frank-Walter Steinmeier ab,' 12 April.

Zelenskyy, Volodymyr. 2022a. "Address by President of Ukraine Volodymyr Zelenskyy to the Bundestag," PRESIDENT OF UKRAINE Official website, 17 March.

Zelenskyy, Volodymyr 2022b, "Ukraine has always been a leader in peacemaking efforts; if Russia wants to end this war, let it prove it with actions" (speech by the President of Ukraine at the G20 Summit, 15 November).

70th General Assembly of the United Nations. 2015. *Political Statement on the suspension of the veto in case of mass atrocities*, Presented by Mexico and France, Open to the signature to the members of the United Nations (Veto Political Declaration).

年　　表

時期	ロシアにおける動き	ウクライナにおける動き	国際社会における動き
1954 年	ロシア、クリミアをウクライナへ移管		
1991 年	ウクライナ、旧ソ連からの独立宣言		
2004 年 11 月		オレンジ革命 ⇒「親欧米派」大統領就任	
2008 年 4 月			NATO 首脳会議、ウクライナとジョージアを将来の加盟候補国と宣言
2010 年 2 月		「親露派」大統領就任	
2014 年 2 月		マイダン革命 ⇒「親露派」政権崩壊	
3 月	ロシアのクリミア半島併合		
5 月		ドネツク人民共和国、ルガンスク人民共和国の独立宣言	
9 月	ミンスク合意 I		
2015 年 2 月	ミンスク合意 II		
2019 年 2 月		ウクライナ憲法改正 （将来的な NATO 加盟をめざす方針を明記）	
5 月		ゼレンスキー大統領就任	
2021 年 3 月	国境地帯にロシア軍集結（10 月に本格化）		
12 月	米露オンライン首脳会談において、NATO 東方拡大放棄の法的確約を要求		米露オンライン首脳会談において、侵攻があった場合には強力な経済的手段等で対応すると表明
2022 年 2 月 21 日	ドネツク人民共和国、ルガンスク人民共和国を承認		
2 月 24 日	ロシアのウクライナ侵攻		

2月25日		ロシア非難の国連安保理決議案否決
2月28日	EUに対して加盟申請	
2月28日	停戦交渉開始（ベラルーシ）	
3月2日		侵略認定の国連緊急特別総会決議採択
3月10日	停戦交渉、場所を移して開始（トルコ）	
4月	ロシア軍撤退後のキーウ近郊で民間人の遺体が発見 ⇒ウクライナ、「虐殺」であると批判 ロシア、停戦交渉終了を宣言	ウクライナ防衛コンタクトグループ設立
5月		フィンランドとスウェーデン、NATO加盟申請
6月	欧州向けガスパイプラインの供給を段階的に削減	欧州理事会、ウクライナを加盟候補国とする決定 NATO、新指針でロシアを「最大の脅威」と認定
9月中旬	部分的動員を発表。核兵器使用の可能性を示唆	ハリコフ州要衝イジュームの奪還宣言
9月下旬	ロシアが占領するウクライナ東部・南部4州で「住民投票」強行⇒ロシアによる併合宣言	
10月	クリミア橋爆破（後にウクライナが関与認める）	
11月	ゼレンスキー大統領がG20サミット（バリ）にオンライン参加し、「平和の公式」提示	
2023年 1月		英独米が主力戦車の供与を発表
2月		中国が和平案提示
3月		ICCがプーチン大統領への逮捕状を発行 習近平国家主席が訪ロ
4月		フィンランドがNATOに加盟
5月	ゼレンスキー大統領がG7サミット（広島）に参加	

6 月	戦術核をベラルーシに搬入、ワグネルが武装蜂起を宣言も翌日部隊撤退を表明		
7 月			NATO 首脳会議、ウクライナの加盟時期を明示せず
10 月	プーチン大統領が訪中、習近平国家主席と会談		
12 月			欧州理事会、ウクライナとの加盟交渉開始で合意
2024 年 3 月	プーチンが大統領選挙に勝利し、通算 5 期目へ		スウェーデンが NATO に加盟

事項索引

【アルファベット】

ACT Group 189
BRICS 142, 149
EUMAMウクライナ 78
FRONTEX 207, 209
Fit for 55 216
G20 170
　——ニューデリー・サミット 177
G7広島サミット 130, 169–174, 176–178
GHGインベントリ 218
NSS2022 128
REPowerEU 215, 216

【あ】

アイデンティティ 19
アカウンタビリティ 181–189
　——決議 181, 182, 185, 189
アジア安全保障会議 133
アジアインフラ投資銀行（AIIB）139, 144, 149, 152
アジア版NATO 133
アフガニスタン 38
アブハジア 30
アフリカ 170
安倍政権 126–128, 134
安全保障化 204, 211
安全保障協力に関する日豪共同宣言 132
安全保障のディレンマ 126
安定化・連合協定 106
安保関連3文書 126, 128, 129

【い】

移住情報データ分析システム（MIDAS）208–210
イスラエル・ハマス戦争 107
一時的保護 94
一帯一路（BRI）139, 144, 147, 149, 150, 158
一般データ保護規則 83
イルピン 53
インド太平洋 128, 169, 170
インド太平洋経済枠組み（IPEF）217
『インド太平洋戦略』 131
陰謀論 108

【う】

ウィーン体制 28
ウクライナに関するG7首脳声明 173
ウクライナ・ファシリティ 108
ウクライナ復興会議 173
ウクライナ防衛コンタクトグループ 41

【え】

英国学派 59, 60, 63
英国のEU離脱（BREXIT）72, 148
エボラ出血熱 62
エリート 106

【お】

欧州安全保障協力機構（OSCE）18, 19, 113–121
欧州安全保障・防衛政策（ESDP）78
欧州委員会 103, 105, 106, 108, 110
欧州議会 105–108, 110, 111
欧州気候法 214
欧州共同体（EC）106
欧州グリーン・ディール 214
欧州司法裁判所 107
欧州進歩研究基金 75, 76
欧州政策センター（EPC）73
欧州政治共同体（EPC）79, 109
欧州戦闘グループ 78
欧州中央銀行（ECB）108
欧州評議会（CoE）18, 19
欧州平和ファシリティ（EPF）79
欧州防衛共同体（EDC）78
欧州理事会 103, 105
　——常任議長 108
欧州連合（EU）37, 71, 93, 94, 98, 103, 104, 209, 210, 215
　——外交安全保障上級代表・欧州委員会副委員長（HR/VP、EU外相）79, 108
　——グローバル戦略 71
　——戦略的自立2013〜2023 75
　——の共通防衛政策演習計画「MILEX23」 78
　——理事会 105, 106, 110
　——理事会議長国 107
欧州連合（EU）運営条約 108
欧州連合（EU）条約（マーストリヒト条約）78, 105

オーカス（AUKUS）131, 140
汚職　　　　　　　106, 110
オバマ政権　　　　　　127
オリガルヒ　　　　　　110
オレンジ革命　　　　　20

【か】

外務・防衛担当閣僚会議
　（2＋2）　　　　　　127
化学兵器禁止条約　　　195
『核態勢レビュー』　　134
核兵器禁止条約　196, 197
核兵器不拡散条約（NPT）
　　　　　195, 197, 199
核兵器用核分裂性物質生産禁
　止条約／カットオフ条約
　（FMCT）　　　　　174
学校　　　　　　　96, 97
ガバナンス　91, 158, 165
加盟条約　　　　105, 106
カラー革命　　　　　　64
環境保護　　　　　　　106
環太平洋パートナーシップ協
　定（TPP協定）　　131
関与政策　　　　　　　150

【き】

気候変動　　　　75, 153
気候変動に関する政府間パネ
　ル（IPCC）　213, 214, 218
岸田政権　　　　　　　129
北大西洋条約機構（NATO）
　18, 37, 104, 125, 130,
　131, 133, 137, 140, 220
　――戦略概念　　　125
　――との常設合同評議会
　　　　　　　　　　18
　――ロシア理事会　　18
規範力（規制力）　　　77
九段線　　　　　　　　150
9.11同時多発テロ　18, 196

旧ユーゴスラビア紛争　38
教育　　　　　　　　　96
共通安全保障・防衛政策
　（CSDP）　　　　　75
共通外交・安全保障政策
　（CFSP）　　　　38, 78
共同決定の罠　　　　　107

【く】

クアッド（QUAD）／日米豪
　印戦略対話　131, 133, 140
クラスター弾　193, 196-199
クラスター弾条約　196, 199
クリミア　　30, 52, 54, 55,
　　　　　　　　116, 117,
クリーン・エネルギー　175
グローバル・インフラ投資
　パートナーシップ（PGII）
　　　　　　　　　　175
グローバル・サウス　24, 170,
　　　　　　　　　　171
グローバルヘルス・アーキテ
　クチャー（GHA）　176

【け】

経済安全保障　　175, 216
経済協力開発機構（OECD）
　　　　　　　　　　149
経済制裁　　　　　　　53
経済繁栄のための米州パート
　・ナーシップ（APEP）　217
経済連携　　　　　　　107
権威主義　　　　147, 148
現状維持　　　　147, 153
現状変更　147, 148, 151

【こ】

交戦法規　　　　　　　186
国際移住機関（IOM）　93,
　　　　　　　　207-209
国際エネルギー機関（IEA）

215
国際刑事警察機構（ICPO）
　205, 206, 208, 209
国際刑事裁判所（ICC）　53
国際再生可能エネルギー機関
　（IRENA）　　　　217
国際人道法　　　193, 198
国際治安支援部隊（ISAF）38
国際通貨基金（IMF）　139
国際民間航空機関（ICAO）
　　　　　　　　　　205
国際レジーム　　　　　151
国際連合（国連）（UN）　17,
　　　　147, 152, 193
国際連盟規約　　　　　194
国内法　　　　　　　　106
国民投票　　　　　　　106
国連安全保障理事会　　169
国連海洋法条約（UNCLOS）
　　　　　　　　　　142
国連気候変動枠組み条約
　（UNFCCC）　213, 218
国連緊急特別総会　　　52
国連憲章　　　　　　　169
国連児童基金（UNICEF）93
国連難民高等弁務官事務所
　（UNHCR）　　　　93
5項目合意（5PC）　162, 163,
　　　　　　　　　　165
個人識別安全比較評価システ
　ム（PISCES）　208, 209
コソボ紛争　　　　　　39
国家安全保障戦略（ドイツ）
　　　　　　　　　　38
国家安全保障戦略（日本）126
『国家防衛戦略』　　　132
子ども　　　　　　96, 97
コペンハーゲン基準　　105,
　　　　　　　　　　106

【さ】

再生可能エネルギー　　214
サイバー空間　　81–83
サイバーセキュリティ82, 87
サラミ戦術　　40

【し】

シェンゲン規則　　99
資金洗浄（マネーロンダリン
　グ）　　110
市場経済　　105
持続可能な開発目標（SDGs）
　　159
持続可能な重要鉱物アライア
　ンス　　218
時代の転換点　　37
シビリアンパワー　　38
上海協力機構（SCO）　　142,
　152
自由化　　204, 211
修正主義　　148, 149
自由で開かれたインド太平洋
　（FOIP）　　139, 174
自由民主主義　　149
住民投票　　184
重要鉱物　　217, 218
主権国家　　147, 153
ジュネーブ諸条約　　194
ジュネーブ諸条約追加議定書
　　194
少数者　　105
常設協力枠組み（PESCO）78
食料安全保障　　171
ジョージア（グルジア）　　18
シーレーン防衛　　74
新開発銀行（NDB）149, 152
人権　　105
新権威主義　　148
人工知能（AI）G7広島サミット
　　176

人類運命共同体　　150
新冷戦　　74

【せ】

正義派　　57
勢力圏　　27
世界貿易機関（WTO）　　138,
　153
責任（Responsibility）　　182–
　184, 187–189
責任ある大国　　36
接近による変化　　38
全欧安全保障協力会議
　（CSCE）　　113–116, 120
全会一致　　105
専守防衛　　129
戦争違法化　　194, 195, 198,
　199
戦争のGHG算定に関するイ
　ニシアティブ　　219
戦争の正当化理由（jus ad
　bellum）　　186
戦争のやり方（jus in bello）
　　186
戦略的コンパス（SC）78, 79
戦略的自立／戦略的自律
　（SA）　　71, 72, 83

【そ】

組織的犯罪　　94
ソラナ報告　　71

【た】

大交代理論　　108
大国としての役割　　28, 35
大国による管理（GPM）　　61–
　63, 65
第三世界　　154
対人地雷　　193
対人地雷禁止条約　　195, 197,
　199

体制上のライバル　　45
体制転換　　51, 54, 56, 64
台湾　　147
台湾海峡危機　　154
多極化　　19, 147, 148
多国間主義　　148
「正しい終戦」49–51, 54, 55
ただ乗り　　153
単一市場　　104
炭素国境調整措置（CBAM）
　　77

【ち】

地域的な包括的経済連携
　（RCEP）　　160
中華人民共和国（中国）152–
　154, 217
中国共産党　　147
中国戦略　　38
中国ミャンマー経済回廊
　（CMEC）　　163
中ソ同盟　　154
中ソ分業　　154
中立化　　52, 53, 55
直接効果　　107

【て】

ディカップリング　　45
ディリスキング／デリスキン
　グ（de-risking）　　46, 217,
　218
敵基地攻撃能力　　126, 129
デジタルコンパス　　85
デジタル主権／デジタル・ソ
　ブリン　　84–88
デジタル単一市場　　83–85
デジタル変革（DX）　　81
テロ　　204–207, 209

【と】

ドイツ国際安全保障研究所

（SWP） 73

ドイツ連邦軍軍事史・社会科
　学センター 42

東西冷戦 105

東南アジア諸国連合（ASE-
　AN） 157, 159, 162–165,
　177

　──インド太平洋アウト
　　ルック／インド太平洋構
　　想（AOIP） 162, 177

　──憲章 157, 158

　──社会文化共同体
　　（ASCC） 159

　──政治安全保障共同体
　　（APSC） 158

　──地域フォーラム
　　（ARF） 157

　──中心性 157, 162, 165

　──連結性マスタープラン
　　（MPAC）2025 160

東南アジア友好協力条約
　（TAC） 157, 158

東方政策 38

特定多数決投票（QMV） 77,
　107

特定通常兵器使用禁止・制限
　条約 194, 196

「特別な戦略的パートナー」
　132

ドネック 32, 52, 117, 118

ドーハ・ラウンド 153

トルコ 19

ドンバス地方 20

【な】

内政不干渉 153, 158

難民 91, 94

【に】

西アフリカ刑事警察情報シス
　テム（WAPIS） 209, 210

西側陣営 154

西側世界 147

日・NATO国別適合パート
　ナーシップ計画（ITPP）
　177

日米安全保障協議委員会
　（2+2） 126

日本版NSS 126

入国管理 94

人間の安全保障 171

【ね】

ネットゼロ 177

【の】

ノルドストリーム2 37

【は】

バイオメトリクス 204, 206–
　211

ハイブリッド戦争 82

ハーグ規則 194

覇権 128, 137, 149

ハマス・イスラエル戦争 134

パリ協定 213, 218

パリ憲章 115

ハリコフ 55

反軍国主義 39

反撃能力 129

半導体 217, 218

【ひ】

控えめの文化 45

東アジア首脳会議（EAS） 157

東側陣営 154

庇護 94

非承認国家 20

非同盟 148

人の自由移動 108

避難民 92, 95, 99

開かれた戦略的自立（OSA）

71, 75

【ふ】

武器支援 53

ブチャ 53

「不必要な苦痛を与える兵器」
　禁止規範 194

武力行使の三要件 127

武力紛争ガバナンス 193

武力紛争法 193

ブルー・ドット 93

フレーミング 203, 204, 210,
　211

フレンドショアリング 216

文民保護規範194, 195, 198–
　200

【へ】

平和安全法制（安保法制） 126

平和の公式（Peace Formula）
　23

平和のためのパートナーシッ
　プ（PfP） 18

ベニス委員会 110

ヘルシンキ宣言 115

【ほ】

『防衛力整備計画』 129

貿易技術協議会（TTC） 217

貿易による変化 38

包括的核実験禁止条約
　（CTBT） 174

法の支配 105, 106

亡命 52

保護する責任 153, 189

ポピュリスト 108

【み】

南オセチア 30

南シナ海 147, 149, 150, 161

　──に関する関係国の行動

宣言（DOC）　　　160
——問題　　　　　160
民主主義　　　　　105
ミンスク合意　　21, 31

【め】

メディア　　　　　110

【や】

野外部隊演習（LIVEX）　78

【ゆ】

ユス・アド・ベルム（jus ad
　bellum）　　　　　50
ユス・イン・ベロ（jus in bello）
　　　　　　　　　50
ユス・ポスト・ベルム（jus post
　bellum）　　　50, 51
ユニバーサル・ヘルス・カバ
　レッジ（UHC）　　176

【ら】

瀾滄江メコン川協力（LMC）
　　　　　　　　　160

【り】

利益圏　　　　　　28
リベラル国際秩序（LIO）148,
　　　　　　152, 153

【る】

ルガンスク／ルハンスク　32,
　　　　　　52, 54
ルール・シェイパー　　46

ルールに基づく国際秩序　38

【れ】

レアアース　　217, 218
レオパルト2A6　　41

歴史認識　　　　　108

【わ】

話語権　　　　　　149
和平派　　　　　　57

人名索引

【あ行】

安倍晋三　　126–128, 139
アルバニージー, A　　132
アレストビッチ, A　　55
尹錫悦　　173
ウォルツ, K　　136
エリツィン, B　　18, 29
王毅　　59
オスマニ, B　　120
オバマ, B　　127
オルバン, V　　92, 107
オースティン, L　　42

【か行】

カダフィ, M　　141
カミンスキ, M　　92
岸田文雄　126, 128–132, 143,
　　169–172, 174, 176–178
キャメロン, D　　141
グテーレス, A　　214
クリチコ, V　　41
クレバ, D　　109
ケリー, J　　126, 128
ゴルバチョフ, M　　17

【さ行】

シャルプフ, F　　107
習近平　59, 125, 139, 148,
　　149
シュレーダー, G　　38
ジョコ W　　173
ショルツ, O　　37
スターリン, J　　20
ストルテンベルグ, J　130, 220
ズレンコ, A　　115
ゼレンスキー, V　31, 41, 52–
　55, 103, 118, 170, 172,
　　173

【た行】

トラス, E　　53
トランプ, D　31, 43, 73, 128,
　135, 140, 148–150

【は行】

バイデン, J　31, 43, 54, 61,
　64, 128, 129, 131, 140,
　　149, 217
林芳正　　132, 173
バール, E　　38
バルトリーニ, S　　72
ピストリウス, B　　42
ビン・ラーディン, O　　197
ファン・デア・シュトール, M
　　116
フェドロフ, M　　81
フォン・デア・ライエン, U
　　75, 76, 103, 111, 214
ブザン, B　　62
シュタインマイヤー, F　　41
プーチン, V　18, 30, 41, 53–
　56, 64, 103, 141, 184,
　　198
ブラント, W　　38
ブリンケン, A　　61, 120
ブル, H　27, 61, 63, 67
ブルトン, T　　85
ヘーゲル, C　　126
ヘゲル, E　　92
ペロシ, N　　133, 140
ボーヌ, C　　109
ボレル, J　　76, 78

【ま行】

マウル, H　　46
マクロン, E　31, 59, 73, 78,
　　109
マスク, E　　81
マールズ, R　　132
ミシェル, C　　109
ミッテラン, F　　109
ミロシェビッチ, S　　114
メルケル, A　38, 73, 76, 78
モディ, N　　170
モラビエツキ, M　　99
モリラス, P　　83

【や行】

ヤヌコヴィチ, V　　30
ユンカー, J-C　　83

【ら行】

ラブロフ, S　　120
ランブレヒト, C　　41
李強　　59
李尚福　　133
ルカシェンコ, A　　116
レズニコフ, O　　55
レッタ, E　　109
レーニン, V　　20

責任編集者紹介

中村登志哉（なかむらとしや）

学位：

メルボルン大学（豪州）大学院政治学研究科博士課程修了。Ph.D.（Political Science）。

現職：

名古屋大学情報学研究科教授

主著：

『外交と戦略』共著、彩流社、2023 年。

『ドイツ・パワーの逆説―〈地経学〉時代の欧州統合―』訳書、一藝社、2019 年。

Power Transition an International Order in Asia, Shearman, P. ed., Routledge, 2013.

『ドイツの安全保障政策―平和主義と武力行使―』一藝社、2006 年。

小尾美千代（おびみちよ）

学位：

筑波大学大学院国際政治経済学研究科博士課程単位取得退学。博士（国際政治経済学）。

現職：

南山大学総合政策学部教授

主著：

Environmental Risk Mitigation: Coaxing a Market in the Battery and Energy Supply and Storage Industry, Weiss, B. and M. Obi, Palgrave Macmillan, 2016.

『日米自動車摩擦の国際政治経済学―貿易政策アイディアと経済のグローバル化―』国際書院、2009 年。

首藤もと子（しゅとうもとこ）

学位：

一橋大学大学院法学研究科博士課程単位取得退学。博士（法学）。

現職：

　　筑波大学名誉教授

主著：

　　「労働移動をめぐる ASEAN の地域ガバナンス―制度化の進展と課題
　　―」『グローバル・ガバナンス』第 6 号、2020 年、33 ～ 53 頁。

　　"Patterns and Views of China's Public Diplomacy in ASEAN
　　Countries: Focusing on Confucius Institutes," *Journal of
　　Contemporary East Asia Studies*, Vol. 7, Issue 2, 2018, pp. 124–148.

山本　直（やまもとただし）

学位：

　　同志社大学大学院法学研究科博士後期課程退学。博士（政治学）。

現職：

　　日本大学法学部教授

主著：

　　『オルバンのハンガリー―ヨーロッパ価値共同体との相剋―』法律文
　　化社、2023 年。

　　『欧州統合史―二つの世界大戦からブレグジットまで―』共著、ミネ
　　ルヴァ書房、2019 年。

　　『EU 人権政策』成文堂、2011 年。

中村長史（なかむらながふみ）

学位：

　　東京大学大学院総合文化研究科博士課程単位取得退学。博士（学術）。

現職：

　　東京大学総合文化研究科特任講師

主著：

　　『地域から読み解く「保護する責任」』共編著、聖学院大学出版会、
　　2023 年。

　　『E・H・カーを読む』共著、ナカニシヤ出版、2022 年。

　　『時政学への挑戦』共著、ミネルヴァ書房、2021 年。

執筆者紹介

足立研幾（あだちけんき）第 17 章担当
　立命館大学国際関係学部教授

小尾美千代（おびみちよ）第 19 章担当
　南山大学総合政策学部教授

菅　英輝（かんひでき）第 11 章担当
　大阪大学レーザー科学研究所招聘教授

小松志朗（こまつしろう）第 5 章担当
　山梨大学総合研究部生命環境学域准教授

四方敬之（しかたのりゆき）第 15 章担当
　内閣広報官

首藤もと子（しゅとうもとこ）第 14 章担当
　筑波大学名誉教授

庄司真理子（しょうじまりこ）第 16 章担当
　敬愛大学国際学部教授

武田　健（たけだけん）第 8 章担当
　青山学院大学国際政治経済学部准教授

中村登志哉（なかむらとしや）序章、第 3 章担当
　名古屋大学情報学研究科教授

中村長史（なかむらながふみ）第 4 章担当
　東京大学総合文化研究科特任講師

中山裕美（なかやまゆみ）第 18 章担当
　東京外国語大学国際社会学部准教授

畠山京子（はたけやまきょうこ）第 12 章担当
　新潟県立大学国際地域学部教授

福田耕治（ふくだこうじ）第 7 章担当
　早稲田大学政治経済学部教授

松村史紀（まつむらふみのり）第 13 章担当
　宇都宮大学国際学部准教授

宮脇　昇（みやわきのぼる）第 10 章担当
　立命館大学政策科学部教授

山添博史（やまぞえひろし）第 2 章担当
　防衛研究所地域研究部米欧ロシア研究室長

山本　直（やまもとただし）第 9 章担当
　日本大学法学部教授

湯浅　剛（ゆあさたけし）第 1 章担当
　上智大学外国語学部教授

渡邊啓貴（わたなべひろたか）第 6 章担当
　帝京大学法学部教授・東京外国語大学名誉教授

［グローバル・ガバナンス学叢書］

ウクライナ戦争とグローバル・ガバナンス

■発　行──2024年5月25日初版第1刷

■編　者──グローバル・ガバナンス学会

■責　任──中村登志哉／小尾美千代／首藤もと子／
　編集者　　山本直／中村長史

■発行者──中山元春　　〒101−0048東京都千代田区神田司町2−5
　　　　　　　　　　　　電話03−3293−0556　FAX03−3293−0557
■発行所──株式会社芦書房　http://www.ashi.co.jp

■印　刷──モリモト印刷

■製　本──モリモト印刷

©2024

ISBN978-4-7556-1334-0 C0031